普通高等教育应用创新系列教材·经管基础课程系列

市场营销学

池 重 李 研 编著

科学出版社

北 京

内 容 简 介

本书依据高校经济管理类专业核心课程——市场营销学的基本教学要求编写，以经典市场营销理论作为论述框架，系统介绍了市场营销的基本概念、理念、营销工具以及市场营销学在理论和实践运用领域的新发展，主要包括以下内容：市场与市场营销学、市场营销环境分析、市场营销信息系统与市场调研、市场营销战略与营销管理、消费者购买行为分析、目标市场营销、产品策略、价格策略、渠道策略、促销策略、服务市场营销和网络营销。本书在编写过程中注重市场营销原理与市场实践的结合，在各个章节中插入了大量的近三年的真实案例介绍，以反映经典市场营销理论在新市场形势下的运用趋势与发展特征。

本书主要用作高等学校经济管理类专业学生的本、专科课程教材，也可用作市场营销从业人员、企业管理者的参考用书。

图书在版编目（CIP）数据

市场营销学 / 池重，李研编著. —北京：科学出版社，2020.6
普通高等教育应用创新系列教材·经管基础课程系列
ISBN 978-7-03-059583-6

Ⅰ. ①市… Ⅱ. ①池… ②李… Ⅲ. ①市场营销学-高等学校-教材 Ⅳ. ①F713.50

中国版本图书馆 CIP 数据核字（2018）第 261764 号

责任编辑：方小丽 / 责任校对：贾娜娜
责任印制：赵　博 / 封面设计：蓝正设计

科学出版社 出版
北京东黄城根北街 16 号
邮政编码：100717
http://www.sciencep.com

保定市中画美凯印刷有限公司印刷
科学出版社发行　各地新华书店经销

*

2020 年 6 月第　一　版　开本：787×1092　1/16
2024 年 8 月第六次印刷　印张：17 1/2
字数：410 000

定价：48.00 元
（如有印装质量问题，我社负责调换）

前　言

　　市场营销学是高校经济管理类专业学生的核心课程之一,该课程的最大特点是强调应用性和实践性。近年来,随着经济的快速发展和互联网经济的兴起,无论是居民的消费行为、消费习惯,还是企业的营销行为、营销渠道,都发生了非常大的变化,经典市场营销理论在实践运用过程中不断展现出新的形式和特征,服务营销、内容营销领域也出现了新的指导思想。因此,在市场营销教学中,我们一直试图从以下两个方面帮助学生更好地理解市场营销理论的发展和应用:第一,从发展的角度看待和理解经典营销理论,利用较新的案例向学生展现经典营销理论在新经济形势下的创新应用;第二,向学生介绍现代营销学中新思想的发展及其相关的市场案例。为了更好地实现上述教学目的,我们一直在为编写符合新经济和新市场形势的市场营销教材做准备。经过多年的教学实践,以及在此过程中整理了大量新形势下的市场营销案例,尤其是国内市场上的新案例,我们在充分借鉴国内外相关文献的基础上,编写了此书。

　　在本书的编写过程中,我们强调市场营销学的经典理论,严格限定了市场营销学的研究范畴。本书以菲利普·科特勒所主张的"创造顾客价值"为基本价值观,对现代市场营销学的基本概念和原理进行了梳理与界定。

　　我们重视案例教学,为本书配备了大量的案例。为了激发学生的学习兴趣,我们在每章的开头部分都设置了案例导入;为了加深学生对营销理论的理解和活跃学生的思维,我们在每个章节都穿插了大量的案例;为了提高学生对营销理论的实践运用能力,我们在每章结尾部分都增设了实操性题目,通过在预设情境下进行营销策略制定来增强学生对营销实践的感知力和实际动手能力。本书在案例的选取和编排上,非常注重案例的多样化和时代性,既包括一些有代表性的经典案例,又包括很多近年内出现的、有很强时代性的企业营销案例。让学生更好地理解中国市场以及感受中国市场的发展变化,是我们的教学目标之一,因此,我们在案例的选取上更多地倾向于本土化的典型的市场营销案例。

　　本书在结构体系上保持了市场营销学体系的基本构架,全书分为12章。第一章介绍了市场与市场营销学的基本概念范畴,帮助学生对市场营销学有基本理解;第二章介绍了企业的市场营销环境以及常用的环境分析工具;第三章介绍了市场营销信息系统和常用的市场调研方法;第四章是市场营销战略与营销管理,介绍了市场营销战略在企业整体战略中的位置及制定市场营销战略的基本方法;第五章是消费者购买行为分析;第六章是目标市场营销;第七章至第十章以4P理论为基础,分别介绍了产品(product)、价格（price）、渠道（place）和促销（promotion）四个市场营销工具；第十一章、第十二章分别介绍了服务市场营销和网络营销。

本书在编写过程中参考和引用了大量国内外文献资料及同类教材，在此对前人所做的相关研究表示致敬，并深表感谢。

由于编著者水平有限，书中可能会有欠缺和疏漏之处，恳请广大读者指正。

编著者
2020年5月

目　录

第一章　市场与市场营销学 ... 1
　第一节　市场营销及其相关概念 ... 4
　第二节　市场营销观念的形成与发展 ... 9
　第三节　市场营销学的研究对象与研究方法 ... 17
第二章　市场营销环境分析 ... 22
　第一节　市场营销环境概述 ... 23
　第二节　市场营销的微观环境 ... 26
　第三节　市场营销的宏观环境 ... 30
第三章　市场营销信息系统与市场调研 ... 45
　第一节　市场营销信息系统与市场调研概述 ... 47
　第二节　市场调研的方法 ... 53
　第三节　市场调研报告 ... 59
　第四节　市场需求预测 ... 63
第四章　市场营销战略与营销管理 ... 69
　第一节　企业战略与市场营销战略 ... 70
　第二节　市场营销战略规划 ... 74
　第三节　市场营销活动管理 ... 80
第五章　消费者购买行为分析 ... 85
　第一节　消费者市场 ... 87
　第二节　消费者购买行为概述 ... 89
　第三节　消费者购买的决策过程 ... 95
第六章　目标市场营销 ... 101
　第一节　市场细分 ... 102
　第二节　目标市场选择 ... 110
　第三节　市场定位 ... 115
第七章　产品策略 ... 121
　第一节　产品与产品组合 ... 123
　第二节　产品生命周期 ... 129
　第三节　新产品开发 ... 134

第四节　产品品牌与包装 …………………………………………… 137
第八章　价格策略 ……………………………………………………………… 148
　　第一节　影响定价的因素 …………………………………………… 150
　　第二节　定价方法 …………………………………………………… 153
　　第三节　定价策略 …………………………………………………… 157
　　第四节　价格变动与企业对策 ……………………………………… 164
第九章　渠道策略 ……………………………………………………………… 171
　　第一节　分销渠道设计 ……………………………………………… 173
　　第二节　分销渠道管理 ……………………………………………… 186
　　第三节　中间商 ……………………………………………………… 193
第十章　促销策略 ……………………………………………………………… 205
　　第一节　促销与促销组合 …………………………………………… 206
　　第二节　人员推销策略 ……………………………………………… 211
　　第三节　广告策略 …………………………………………………… 218
　　第四节　公共关系策略 ……………………………………………… 224
　　第五节　营业推广策略 ……………………………………………… 226
第十一章　服务市场营销 ……………………………………………………… 230
　　第一节　服务市场营销概述 ………………………………………… 233
　　第二节　服务市场营销组合策略 …………………………………… 240
　　第三节　服务营销管理 ……………………………………………… 253
第十二章　网络营销 …………………………………………………………… 262
　　第一节　网络营销概述 ……………………………………………… 263
　　第二节　网络营销策略 ……………………………………………… 268
参考文献 ………………………………………………………………………… 274

第一章　市场与市场营销学

学习目标：了解市场营销理论产生的历史背景与阶段特征；掌握市场与市场营销学的相关概念，市场营销学的研究意义、研究对象及其研究方法；熟悉市场营销观念的发展演变过程。

关键术语：

市场营销　marketing
营销观念　marketing concept
生产观念　production concept
关系营销　relationship marketing
销售观念　selling concept
社会营销观念　societal marketing concept

案例导入

回天之力，看回力如何死而复生

回力的前身是由刘永康、石芝珊集资创办的义昌橡皮物品制造厂，成立于1927年，生产八吉牌套鞋。1934年，厂名变更为正泰信记橡胶厂，时任厂经理的薛铭三，考虑要创立一个新商标，新商标既要表明产品具有款式新颖、经久耐用的特性，又要体现企业在激烈的市场竞争中不畏艰难的毅力和勇气。在多方征集的过程中，浙江美术专科学校毕业的青年袁树森，采用西洋手法设计的"WARRIOR"（战士、勇士、斗士）商标和一个弯弓搭箭的古希腊勇士形象，因贴合当代青年人崇尚勇敢、想做勇士的心态而成功入选。薛铭三把"WARRIOR"译成中文谐音"回力"，寓意"回天之力""能战胜困难的巨大力量"。于是，1935年，中文"回力"和英文"WARRIOR"商标正式注册，"回力"正式问世。

之后，在薛铭三等人的带领下，正泰信记橡胶厂选拔精干人才，着眼于布面球鞋的不断翻新，并首创成型工艺流水操作法，大大增强了功效，降低了成本。同时，回力品牌还采取灵活的销售策略，大做广告。1948年，正泰信记橡胶厂推出新型弓形特制球鞋。当时正值全国规模的运动会在江湾体育场举行，它们雇用飞机飞撒宣传单，同时在运动场内设置醒目的大型广告牌，一时名声大噪。该运动会结束后，辽宁省篮球队10多人因交通中断难以返乡，正泰信记橡胶厂收留这支队伍，成立了回力篮球队。

后来，这支篮球队逐渐成为上海篮球场上著名的劲旅，转战内地及香港，为"回力牌"打响了声誉。

从20世纪50年代起，回力成为中国专业体育界的首选用鞋。1956年10月，回力为国家篮球队参加奥运会研发出回力牌565型经典篮球鞋。1979年，WB-1篮球鞋横空出世。1981年，中国女排穿着回力球鞋夺得第三届世界杯冠军。此外，乒乓鞋、网球鞋、田径鞋，从许多中国国家队队员的脚上也都能看见回力比赛专用鞋。

数据统计，在20世纪七八十年代，回力年销售额一度高达8亿元，风靡一时。然而，进入1990年后，一方面，整个鞋业市场竞争残酷、激烈，效益普遍下滑；另一方面，中国的运动鞋产业迎来了广东和福建系鞋厂的时代，安踏、特步、李宁等品牌迅速占领市场，成为新一代的国货象征。除了国内新兴品牌的崛起，耐克、阿迪达斯等一大批国外企业也纷纷进驻中国市场，严重冲击了回力品牌的人气。2000年2月，回力因上海回力鞋业总厂宣告破产而正式停产。幸运的是，"回力"系列商标随后转至上海华谊集团得以保全。同年5月，上海华谊集团通过结构调整，重新组建了上海回力鞋业有限公司，延续了回力的命脉。

随后回力也大胆地进行了第一次转型，将低附加值的生产加工产业链阶段交由社会资源解决，回力则牢牢把握技术研发和市场网络的高附加值产业链阶段，提高了企业自身的创新能力和抗风险能力，由生产型企业转变为品牌运作的贸易型企业。回力在激烈的市场竞争中体现了一定的优势，抵御了经济危机大环境中的各种冲击，挺过了经营亏损的低谷阶段。

然而，新回力虽然守住了基本的市场阵地，渡过了自身的生存难关，但因为企业营销模式仍然以大批发为主，产品线狭窄，产品毛利遭受生产商和批发商的两头挤压，品牌价值难以真正体现出来，不仅利润低，还遭遇了市场上假冒产品的强大冲击，企业经营仍然非常艰难，时刻都有被"红海"市场吞没的危险。

有趣的是，彼时，法国人派特斯·巴斯坦在上海街头无意中发现了回力，并把回力推广到海外。令人惊讶的是，当初签署协议时，这位法国人竟然把在中国地摊上廉价到12元一双的回力鞋在国外卖到50多欧元（按当时的汇率，约合人民币500元）。更令人意外的是，2008年，《指环王》里的精灵王子奥兰多·布鲁姆在曼哈顿的《纽约，我爱你》片场穿着一双回力鞋的装扮迅速传遍网络，引得越来越多的好莱坞明星开始穿中国的回力球鞋，让回力球鞋一时间成了国外的香饽饽。ELLE杂志法国版曾在报道中这样写道，"这绝对是挑战匡威在年轻人心目中的时尚主导地位"。

这次意外成功，成为当时一直谋求再次转型的回力的"天时"。回力积极审视自身运作模式，吸取国外品牌运作公司经验，努力打造自身核心竞争力，并抓住这次机遇，在海外加大宣传推广力度。

2008年北京奥运会期间，蒙古国总统、比利时王储、丹麦副首相等国外政要到北京商厦选购中国国货回力球鞋。

2010年上海世博会期间，回力品牌获得世博会特许生产商和零售商资格，并获世博会安保员用鞋和保洁员用鞋内部招募订单，回力手绘鞋还进入世博会场馆展示，吸引了大量顾客排队到旗舰店购买，并随后引发众多市场经营者加盟热潮，据悉打算谈合作的加盟商达 800 多个。于是，回力逐步试行终端专卖模式，以授权经营方式进行回力产品多系列、多品种的拓展，快速丰富回力产品线。

统计显示，从 2008 年起，回力每年推出新款，总计已开发出 200 多个系列 5000 多个款式。2015 年，回力产品在市场上的销量达到了 6000 万双左右。而从 2010 年到 2015 年，回力的销售收入和利润总额平均增幅分别达到 28%和 33%，实现了 1.8 亿双的销售数量。现在，回力已有上千家专卖店，其中时尚精品专卖已进入部分大城市一线商圈，与国际名牌同台迎客，原本售价 2 欧元的回力鞋销售价格已经达到 50 欧元，上涨了 24 倍之多。回力品牌霸气归来。

目前，随着消费习惯的改变和互联网技术的日益成熟，回力又启动了品牌升级战略，开始尝试第三次转型，试图将产品触及中高端消费者；同时，回力还启动"终端直供平台＋电商平台"的营销新模式，走"双轮驱动"的发展道路。"经典不能丢，但必须有突破。逐步在体验店和线上旗舰店铺开新产品，单价在 200~500 元，我们的产品品质不输阿迪达斯、耐克。"事实上，2016 年，回力在电商的销售额已突破 1 亿元。

当然，对海外市场，回力也格外重视。回力表示，现主打东南亚国家，尤其是马来西亚，一年的销售额超过 3000 万元，长期稳坐鞋类品牌第一阵营。今后，非洲市场也将是回力发力的另一重要海外阵地。

此外，回力还将智能可穿戴设备作为下一个突破口。为此，2016 年，回力设计了 4 款概念鞋：雨鞋不仅防水，拆下鞋底还能变成救生圈套在手上；休闲鞋底下装了 8 个轮子，累的时候就能变身为平衡车；鞋子内安装定位芯片，可以防止孩子和老人走丢；有独家专利技术的"回力撑"安装在鞋底内，可以减震并保护脚踝。专业、健康、时尚是回力鞋业目前的定位。

资料分析，目前，中国是全球制鞋产业最大的生产国及出口国，一年制造出 24 亿双鞋子，占全球鞋类总产量的 40%。尤其是女鞋市场，作为中国鞋类市场的主力，年增长率有望保持在 12%以上，预计其中名牌鞋的销售增长率可超过 16%。同时，中国网上鞋类购买规模在 2016 年已增加到 1850 亿元。

根据对 2016 年度全国老字号品牌在阿里零售平台销售额的统计，恒源祥、回力和茅台名列老字号电商排行榜的前三名。

由此可见，随着回力的三次转型，涅槃重生的回力将延续着民族品牌的顽强生命力，用那一抹红白的经典，伴着新时代的印记，迎着行业市场的东风，在新一代人的记忆中留下浓墨重彩的一笔。

资料来源：郑晓舒：《销售与市场》杂志管理版，2017 年第 8 期. http://www.cmmo.cn/article-206832-1.html，有改动

市场营销学于 20 世纪初创建于美国。随着生产力的发展而不断完善，20 世纪 50 年代，市场营销有了比较成熟的理论体系，成为管理学科体系的重要组成部分。**市场营销学是一门研究市场营销活动过程及其规律性的学科**，也是建立在管理学、社会学、心理学等学科基础上的综合性学科，正如营销大师菲利普·科特勒在 1987 年美国市场营销协会（American Marketing Association，AMA）成立 50 周年纪念大会上所言：营销学之

父为经济学,其母为行为学,哲学和数学为其祖父、祖母。

第一节　市场营销及其相关概念

一、市场与市场营销

要想了解市场营销首先要认识市场,在准确了解市场概念的基础上,开展相关市场营销工作。

(一)市场

1. 市场的概念

传统的市场就是指商品交换的场所,如集市、商场、批发市场等。这是一个狭义的时空(时间与空间)市场概念,《易经·系辞下》中"日中为市,致天下之民,聚天下之货,交易而退,各得其所",就是对这种市场的描述。

后来,随着商品经济的不断发展和繁荣,商品交换过程和机制也日益复杂起来,传统的市场概念已远远不能概括全部商品经济的交换过程,也反映不了商品和服务交换中所有的供给与需求关系。因此,市场这个概念已不再局限于原来的时空范围,而演变为一种范围更广、含义更深的市场概念。

广义的市场是由那些具有特定需要或欲望,愿意并能够通过交换来满足这种需要或欲望的全部顾客构成的。

2. 市场的构成要素

根据广义的市场概念可以看出,市场是由人、购买力和购买欲望这三要素组成的。只有当三要素同时具备时,企业才拥有市场,即

$$市场 = 人 + 购买力 + 购买欲望$$

人是构成市场最基本的因素,是决定市场大小的前提;购买力是指人们对所购买的商品进行货币支付的能力;购买欲望支配人的购买行为,是购买力得以实现的先决条件。构成市场的这三个因素相互联系、相互制约、缺一不可,结合在一起构成现实的市场。

案例 1-1

某代理公司代理销售一款净水器,售价为 1380 元。刚开始,公司采取了"人海推销"策略,聘请一批业务员逐个小区发放传单,在小区设置展台进行展销。这种方式虽然取得了一定的成果,但是由于推广成本过高,公司并没有获得利润,反而略有亏损。公司又想到在桶装水上做推广广告,投入了一定的广告费,但依然收效甚微。

经过对消费者进行具体分析,公司开始聚焦一群最具需求特征的客户:刚刚出生的宝宝的父母。因为刚刚当上父母,他们总想给宝宝最全面的呵护,其中也包括水质这一块的呵护。确定了这一细分人群需求后,下一个问题就是客户购买力判断。

经过调研与分析,公司注意到每家医院在生育这一块都有不同的套餐,对应不同的消费水平。于是公司制定了一个杠杆借力策略,与院方谈好合作,免费提供 500 元的消费抵用券,让医院把这 500 元的消费抵用券添加到那些高消费的套餐中。例如,一个医院有 A~E 的生育套餐,公司就在 C~E 的套餐中加入一项:免费获得 500 元的消费抵用券。

通过与医院的合作,公司精准地锁定了那些具有消费力与购买力的宝宝父母。营销人员在宝宝出生第三天,带上玫瑰花、贺信与小礼品,以及产品的消费抵用券,来到医院送上祝福。在这样的场景下,营销人员做一个简单的水质检测,并询问那些宝宝的父母:"你愿意用这样的水给孩子泡奶粉与洗澡吗?"答案不言而喻!最终公司砍掉了 65%的费用,利润直线上升!

资料来源:搜狐网.http://www.sohu.com/a/154797991_178902,有改动

(二)市场营销

市场营销,英文为"marketing",其原义:一是指市场上的买卖活动,它是现代企业管理活动中一个重要的组成部分;二是指一门学科。市场营销是一个动态发展的概念,伴随着社会经济环境的不断发展变化,近几十年来,西方学者从不同角度给市场营销下了许多不同的定义,其中较具代表性的有以下几种。

美国市场营销协会的定义是:市场营销是在创造、沟通、传播和交换产品中,为顾客、客户、合作伙伴以及整个社会带来价值的一系列活动、过程和体系。

菲利普·科特勒的定义是:市场营销是个人和集体通过创造产品与价值,并同别人自由交换产品和价值,来获得其所需所欲之物的一种社会过程。

格隆罗斯的定义是:营销是在某种利益基础之上,通过相互交换和承诺,建立、维持、巩固与消费者及其他参与者的关系,实现各方的目的。

我国学者纪宝成的定义是:市场营销就是在变化的市场环境中,旨在满足消费者需要,实现企业目标的商务活动过程。

纵观现有理论,本书认同菲利普·科特勒教授给市场营销下的定义。

二、市场营销相关概念

（一）需要、欲望和需求

1. 需要

需要（needs）是指没有得到某些基本满足的感受状态，是对人们生理、心理上的匮乏状态的描述。人类在生存与发展中不断产生各种生理和心理的需要，如空气、食品、衣服、住所、安全、感情以及其他一些东西，这些需要都不是社会和企业所能创造的，而是人类自身本能的基本组成部分，是人类活动的原动力，也是市场营销活动的出发点和落脚点。在马斯洛需求层次理论中早有说明，需要是有层次性的、不断向上发展的，市场营销者的任务就是善于洞察消费者的需要，并尽力有效地满足。

2. 欲望

欲望（wants）是指想得到满足人们基本需要的具体满足品的一种愿望。欲望是将需要与具体满足对象相联结的心理因素。人们对具体购买的产品做何选择，并不完全由需要决定，单一需要可能有若干产品可以满足，具体选择哪个，取决于欲望。欲望的形成受到社会生产方式、文化、各种相关群体、学校、阶层等因素的影响。例如需要被人尊重，想要得到一所大房子还是一辆豪华小汽车，要看消费者的欲望。市场营销者不仅要掌握消费者的需要，还要通过开发并提供与消费者欲望相一致的产品或者以创新产品影响欲望，创造营销机会。

3. 需求

需求（demands）是指有能力购买并且愿意购买某个具体产品的欲望。当具有购买能力时，欲望便转化成需求。人们的欲望几乎没有止境，但可支配的资源却有限。因此，人们想用有限的金钱选择那些价值和满意程度最大的产品或服务，当有购买力可以支付时，欲望就变成需求。市场营销者不仅需要弄清楚有多少顾客需要本企业的产品，更要明确有多少人具有现实的支付能力。

案例 1-2

在物质极大丰富的时代，世界正交付到"高感性族群"手中，认知盈余与商品盈余叠加形成势能，导致了他们对动心内容的饥渴，右脑经济大行其道，就像《消费社会》所述：消费的目的不是满足"实际需求"，而是不断追求被刺激起来的欲望。也就是说，人们消费的不再是商品和服务的使用价值，而是它们的"符号意义"。而淘宝的必修课就是追随消费者由"need"（需要）向"want"（想要）的飞跃，善于用相应的"内容"激发人心，造就用户大量神经元与缔合分子的生理反应，从而在高感性、高参与度的互联网世界中掘金。就好比手淘产品"问大家"——其"商品页面"或"宝贝评价"中有一个新提问，25%的概率会在1分钟之内获得回答，60%的问题在10分钟之内被回答。而活跃答主的优质回答会被筛选出来，在相应圈子里加精推广，影响更多的用户和消费行为。以至于某些产品下，各种奇葩内容齐聚，淘友称："淘宝不仅承包了我的买买买，还包下了我全年的笑话。"——反而刺激更多用户为其"剁手"。

资料来源：派代网. http://bbs.paidai.com/topic/1078824，有改动

（二）产品

市场营销概念中提到的产品包括任何能满足人类某种需要或欲望的东西。产品总共有十类：有形产品、无形服务、事件、体验、人物、地点、财产权、组织、信息、观念。市场营销者应当注意，产品或服务在市场竞争中能否获胜的关键在于其与顾客欲望预期的吻合程度。

（三）价值、费用与顾客满意

从市场营销的角度来看，价值是指消费者对产品或服务满足各种需要的能力的评估。费用是消费者为购买该产品而必须支付的成本。顾客满意（satisfaction）解释为顾客通过对某商品可感知的效果与他的价值期望相比较后所形成的愉悦或失望的感觉状态。

满意水平可表示为感知效果与价值期望之间的差异函数，即

$$满意水平 = 感知效果 - 价值期望$$

如果感知效果超过期望，顾客就会高度满意；如果效果与期望相等，顾客也会满意；但如果效果低于期望，顾客就会不满意。一般来说，顾客根据产品或服务对其提供价值的主观评价和要支付的费用来做出购买决定。例如某人为解决其出行需要，要对能满足他这种需要的产品组合（如电动车、自行车、汽车、出租车等）和他的需要组合（如经济、舒适、便捷、速度、安全等）进行综合评价，以决定购买哪种产品。如果他对速度和舒适感兴趣，他可能会选择汽车，但汽车的费用又比较高，不太满足他对经济性的考虑，因此他将全面衡量产品的费用和价值，期望获得最大的心理满意。因此，在这个强调顾客满意的营销时代，市场营销者必须提供更好、更丰富的客户体验，以提升消费者对产品或服务的感知效果。

案例 1-3

日本仙台市的一个小镇里有一对老夫妻经营着一家普通的小超市，年营业额却高达惊人的7.8亿日元，被人们惊呼"零售业的奇迹"。奇迹是从30年前卖熟食开始创造的，那时日本的便利店几乎没有卖熟食的，这让夫妻两人看到了商机，他们决定从这一点切入尝试。有了目标，他们就拼尽全力去做。每天凌晨3点，小镇的人都还在梦乡，妻子已经起床开始制作熟食。所有食材只挑最新鲜的，因为不加任何防腐剂，所以保质期只

有短短24小时。除了保证新鲜,她还将所有食物分开煮,当时日本只有高档餐厅才会这样做,家常菜不会如此,但她坚持用高档餐厅的标准要求自己,这才是真正地做到极致。即便做到了极致,也不能让所有客人满意,甚至有客人毫不客气地指出:你做的熟食太难吃,还不如我在家做的。面对这样的指责,妻子始终微笑着,并且一个个打电话"拜访",认真听取建议:客人抱怨蛋卷盐放太多时,下次她会少放盐。"即使是最小的要求,都一一采纳。"就这样,30年如一日,如今店里的爆款,一年卖285万日元的豆沙馅甜味牡丹饼,制作时为了保证最佳口感,糖度丝毫不差地控制在40%,因为只有在这个甜度,才能激发红豆的香甜。

小店的成功,不光是妻子的功劳,丈夫也功不可没。每天凌晨5点,不管刮风下雨,他都准时出门扫地,从家门口一直扫到公交站牌,足足100多米。"因为这是顾客来的路。"除了扫地,还有一件事丈夫也坚持了30年,就是认真记录下每天的天气、销售量和客人数量,这是他的"大数据"分析最重要的一步。有了大数据,现在他能根据天气状况,准确判断出当天的客人数和销量,日本有电视台为他们拍摄纪录片,拍摄的那天飘着雪,丈夫看了一眼外面的天气就决定:今天的熟食减少30%。记者不相信,但结果却是不多不少,当天的熟食恰好卖完。另外,厨房的监控也起到极大的作用。后厨的员工看到某样熟食卖完了,就会做出协调:"再做两盒六个装的牡丹饼,只要两盒。"极致的新鲜,极致的协调,既让客人吃到最新鲜的美食,又避免了不必要的浪费。

从苦苦经营、举步维艰,到如今年营业额7.8亿日元的行业楷模,这对老夫妻创造了日本实体小商店的一个奇迹。30年来,老夫妻用极其认真负责,甚至可以说"虔诚"的工作方式,不知不觉颠覆了一个行业,如今超过600家大型超市派管理人员来这取经。老夫妻总是很大方地说出30年来成功的秘诀,这个秘诀总结起来就一句话——"做出好东西来"。只要你做到这一点,销量和利润自己就跟上了。让每位顾客都开心、满意,就是最重要的,这就是一切。

资料来源:搜狐网. http://www.sohu.com/a/168228162_467138,有改动

(四)交换与交易

需要和欲望只是市场营销活动的序幕,只有通过交换(exchange),营销活动才真正发生。交换是提供某种东西作为回报而与他人换取所需东西的行为,它需要满足以下五个条件。

(1)至少有两方;
(2)各方均有对方认为有价值的东西;
(3)各方均能沟通信息和传递物品;
(4)各方均有权接受或拒绝对方的产品;
(5)各方均认为交换是满意的。

交换是营销的核心概念,而交易则是营销的度量单位。如果交换成功,就有了交易,如货币交易、实物交易等。如何达成交易是市场营销者一直关注的焦点,各种各样的营销课题理论上都可还原为对这一问题的不同看法。

(五)市场营销者和目标市场

从一般的意义上认识,市场交易是买卖双方处于平等条件下的交换活动。但市场营销学则是站在企业的角度研究如何同其顾客实现有效交换的学科,所以说市场营销是一种积极的市场交易行为,在交易中主动积极的一方为市场营销者,而相对被动的一方则为营销者的目标市场,市场营销者采取积极有效的策略与手段来促进市场交易的实现。营销活动的有效性既取决于市场营销者的素质,也取决于营销企业的组织与管理。

第二节 市场营销观念的形成与发展

一、市场营销观念的概念

市场营销观念又称市场营销管理哲理,是指企业在一定时期、一定生产经营技术和市场环境条件下进行的全部营销活动中,正确处理企业、顾客、社会三者利益关系的指导思想、思维方式和行为准则。市场营销工作的指导思想正确与否对企业经营的成败兴衰,能否实现企业最终的盈利目标具有决定性的意义。

二、市场营销观念的演变

市场营销观念是在一定的社会经济环境下形成的,并随着这种环境的变化而变化。这种市场营销观念的演变,反映了社会生产力的进步、生产力与生产关系矛盾的发展,以及从卖方市场向买方市场这一市场趋势的转变。一个世纪以来,西方企业的市场营销观念经历了一个漫长的演变过程,从最初的生产观念、产品观念、推销观念发展到市场营销观念和社会营销观念。

(一)生产观念

生产观念又称以生产为导向的营销观念,盛行于资本主义工业化初期以及第二次世界大战末期和战后一段时期内,是指导企业营销行为的最开始的观念。由于当时物资短缺,市场产品供不应求,因此这种重生产轻营销的观念就在卖方市场条件下应运而生。生产观念认为,消费者喜欢那些购买方便、价格低廉的产品,因此,企业应该致力于提高生产效率和分销效率，不断扩大生产、降低成本，以达到拓展市场的目的。

我国在过去计划经济体制下，由于市场产品匮乏，无法满足需求，企业不愁其商品没有销路，因此其在经营管理过程中也奉行以生产为导向的营销观念，具体表现为：工业企业集中力量发展生产，轻视市场营销，实行以产定销；商业企业集中力量抓货源，工业企业生产什么就收购什么，工业企业生产多少就收购多少，完全不关心消费者需求。

但是，随着买方市场的到来，这种生产观念的局限性就越发凸显，在这种经营思想指导下运作的企业也面临着重大的风险，即过分狭隘地注重自己的生产经营，忽视顾客真正所需要的东西，重眼前利益，少长远打算，易被市场淘汰，最终使企业面临困境。

案例 1-4

烟台张裕集团有限公司的前身——烟台张裕酿酒公司创办于1892年，至今已有120多年历史。它是中国第一个工业化生产葡萄酒的厂家，也是目前中国乃至亚洲最大的葡萄酒生产经营企业。主要产品有白兰地、葡萄酒、香槟酒、保健酒、中成药酒和粮食白酒六大系列数十个品种，年生产能力8万余吨，产品畅销全国并远销世界20多个国家和地区。1892年，著名华侨巨商张弼士先生在烟台创办张裕酿酒公司。张裕之命名，前袭张姓，后借"昌裕兴隆"之机，经过十几年的努力，张裕终于酿出了高品质的产品。1915年，在世界产品盛会——巴拿马太平洋万国博览会上，张裕的白兰地、红葡萄、雷司令、琼瑶浆（味美思）一举荣获4枚金质奖章和最优等奖状，中国葡萄酒从此为世界所公认。

改革开放后，社会经济环境为其提供了前所未有的发展机遇。张裕产品凭借其卓越的品质，多次在国际、国内获得大奖，成为家喻户晓的名牌产品。然而，名牌不等于市场，金字招牌对于张裕来说是一个极大的优势，但是，这个优势却不足以使张裕在市场上所向披靡。在社会主义市场经济体制探索的头两年，由于市场观念差，企业缺乏适应市场竞争的能力，盲目生产，等客上门，受到了市场的惩罚：1989年，张裕的产值较上一年下降了2.5%，产量下降了26.2%，6条生产线停了4条，1/4的职工没有活干，近一半的酒积压在仓库里，累计亏损400多万元，生存和发展都面临着严峻的挑战。

关键时刻，张裕人并没有躺在历史的功劳簿上顾影自怜。在积极反思失败原因、努力摸索市场规律、下功夫钻研营销后，公司树立了"市场第一"的经营观念和"营销兴企"的发展战略，实现了两个根本性转变：一是企业由"销售我生产的产品"转变为"生产我销售的产品"，一切围绕市场转；二是由"做买卖"转变为"做市场"，从"推销"变成"营销"。这两个转变使企业的经营不再是单纯的生产和推销问题，而是以市场为导向的调研、决策、实施、监控的有机结合，在满足消费者利益的同时为企业创造最佳效益。在正确营销观念的指导下，1997年、1998年连续两年产销量、销售收入和市场占有率均高居同行业榜首；在1998年度全国产品市场竞争力调查中，荣获消费者心目中的理想品牌、实际购买品牌和购物首选品牌三项第一。

资料来源：北京大学 市场营销学60例. https://www.docin.com/p-1009225151.htm，有改动

（二）产品观念

随着供不应求的市场现象在西方社会得到缓解，产品观念应运而生。如果说生产观念强调"以量取胜"，那么产品观念则是"以质取胜"。产品观念的基本假设是：顾客喜欢质量好、操作性强、创新功能多的产品。因为相比生产观念阶段，社会生活水平已有了较大幅度的提高，消费者已不再仅仅满足于产品的基本功能，而是开始追求产品在功能、质量和特点等方面的差异性，所以公司应该集中力量改进产品、优化产品。

产品观念的局限性在于重质量，轻视消费者需求，虽然生产的产品质量优良，但是品种单一、款式老旧，缺乏宣传。此外，还会导致营销近视症，如自行车生产企业认为顾客需要的是自行车而不是运输，从而忽视了来自电动车、摩托车、汽车企业的严峻挑战。

案例 1-5

1985 年，一位用户来信反映，电冰箱厂生产的"瑞雪"牌冰箱有质量问题，张瑞敏突击检查了仓库，发现库存中不合格的冰箱 76 台。张瑞敏召开全厂各部门人员参加的现场会，确认了每台不合格冰箱的生产人员后，拿出一把重磅大锤，由事故负责人当着全厂职工的面，将 76 台不合格冰箱全部砸毁。

砸冰箱事件在当时引起轰动，议论纷纷。显然，当时在张瑞敏看来，制造好的电冰箱，就能赢得客户的青睐，顾客也愿意花较多的钱购买质量上乘的产品，这是意识的觉醒和产品观念的确立，与生产观念彻底决裂。20 世纪 90 年代以前，中国仍是计划经济体制，厂商缺乏营销观念，市场缺少竞争，处于短缺经济的时代，厂家生产什么样的产品，消费者就得接受。

厂家生产的消费品常常以合格品、等外品、二级品来区分，即使二级品也有人购买，这种质量标准即使到了 20 世纪 80 年代后期，还有许多服装、日用轻工业产品仍沿袭着。但 20 世纪 80 年代以来，宏观经济环境正在发生变化，消费者已经开始选择：他们需要的是质量高、多功能和具有特色的产品，并在寻找信得过的厂商；同时，市场上出现了竞争，竞争主要集中在产品质量、产品功能和产品的差异化上。

张瑞敏是把握住市场变化并采取行动的人，砸冰箱事件在内部震醒了全体员工，厂里开始建立"零缺陷"质量标准。厂里引进德国的生产线，也引进了 ISO（International Organization for Standardization，国际标准化组织）标准，在 1985 年海尔推出第一代四星级冰箱——"琴岛-利勃海尔"后，开始走上创立名牌产品之路。砸冰箱事件也是一个真正意义上的公关事件，张瑞敏利用这个契机，成功地将海尔品牌牢牢烙在消费者心里。适逢 1986 年电冰箱市场进入普及前期的爆炸性增长阶段，琴岛-利勃海尔产品借势进入全国主要的大城市市场。砸冰箱事件在当时具有划时代的象征意义，它宣告了中国企业的第一次转型，宣告了在中国企业开始以市场为导向，并确立市场营销观念，中国的企业真正开始走进市场。

客观地说，张瑞敏代表了 20 世纪 80 年代一批先知先觉的企业家，很多企业经营者一方面在产品质量上下功夫；另一方面开足马力，生产市场热销的产品。纵观当时的市场，张瑞敏造就了今日的海尔，而相当一部分企业停止了思考和探索，也就造成了在20世纪90年代的一些企业纷纷被兼并、破产。问题的根本在于观念的进步，不能故步自封。

资料来源：北京大学 市场营销学60例. http://guanli.100xuexi.com/SpecItem/SpecDataInfo.aspx?id=EF73659F-EE01-4B5D-8CE6-4F6D73EC0782，有改动

（三）推销观念

推销观念盛行于20世纪三四十年代西方资本主义国家由"卖方市场"向"买方市场"的过渡阶段。在这一阶段由于科学技术的进步，科学管理和大规模生产的推广，产品的产量不断增加，市场逐渐供过于求，企业之间开始展开激烈的竞争，经营不善的企业有大量积压的库存。许多企业意识到，光有好的产品，消费者不一定购买，因此企业应该积极地进行推销和促销，以诱导消费者购买产品。在这种推销观念的指导下，企业致力于产品的推广和促销活动，招集大批推销专家，以抵抗消费者的购买惰性，刺激产品的消费。

从某种角度说，在产品丰富和销售网点健全的情况下，人们已不再需要像物资短缺的时期那样大量存储产品，产品大量生产和供应的情况下也没有必要担心商品涨价。买商品只求"够用就行"已成为主导性的消费观念。另外，在买方市场条件下，过多的产品追逐过少的消费者也使得消费者有了更多的挑选空间。因此，加强推销工作以扩大本企业的产品信息，劝说消费者选择购买本企业产品，都是非常必要的。

但是，推销观念仍然注重的是企业的产品和利润，不注重消费者需求的研究和满足，不关注社会利益。有时，在消费者不自愿的情况下强行推销产品不仅会引起消费者的反感，还可能使消费者购买了不需要的商品，严重损害了消费者利益，这样，反过来又对企业造成不良的口碑和社会资源的浪费。

案例 1-6

从推销到营销

梳子厂的经理招聘销售员，六个人来应聘，经理出的题目是将梳子卖给寺庙的和尚。

第一个人出了门就骂，什么经理，和尚都没有头发，还卖什么梳子！他找个酒馆喝起了闷酒，睡了一觉，回去告诉经理，和尚没有头发，梳子无法卖！

第二个人来到一个寺庙，找到了和尚，对和尚说，我想卖给你一把梳子。和尚说，我没用。那人就把经理的作业说了一遍，说如果卖不出去，就会失业，你要发发慈悲啊！和尚就买了1把。

第三个人也来到一个寺庙卖梳子，和尚说，真的不需要。那人在庙里转了转，对和尚说，拜佛是不是要心诚？和尚说，是的。心诚是不是需要心存敬意？和尚说，是的。那人说，你看，很多香客远道而来，他们十分虔诚，但是却风尘仆仆、蓬头垢面，如何对佛心存敬意？如果庙里买些梳子，让这些香客把头发梳整齐了，把脸洗干净了，不是

对佛的尊敬？和尚话说有理，就买了10把。

第四个人也来到一个寺庙卖梳子，和尚说，真的不需要。那人对和尚说，如果庙里备些梳子作为礼物送给香客，又实惠、又有意义，香火会更旺的。和尚想了想，认为有道理，就买了100把。

第五个人也来到一个寺庙卖梳子，和尚说，真的不需要。那人对和尚说，你是得道高僧，书法甚是有造诣，如果把您的字刻在梳子上，刻些"平安梳""积善梳"送给香客，是不是既弘扬了佛法，又弘扬了书法？和尚微微一笑，善哉!就买了1000把梳子。

第六个人也来到一个寺庙卖梳子，和尚说，真的不需要。那人告诉和尚，梳子是善男信女的必备之物，经常被女香客带在身上，如果大师能为梳子开光，成为她们的护身符，既能积善行善，又能保佑平安。很多香客还能为自己的亲朋好友请上一把，保佑平安，弘扬佛法，扬我寺院之名，岂不是天大善事？大师岂有不做之理？阿弥陀佛，善哉！善哉！和尚双手合十，施主有这番美意，老衲岂能不从？就这样，寺院买了1万把，取名"积善梳""平安梳"，由该和尚亲自为香客开光。当然，开光所捐的善款也不菲啊！

资料来源：互联网的壹些事.http://www.yixieshi.com/17260.html，有改动

（四）市场营销观念

市场营销观念是以消费者需要和欲望为导向的经营哲学，是消费者主权论在企业营销管理中的体现，形成于20世纪50年代。市场营销观念的形成是市场观念的一次"革命"，它与生产观念、产品观念、推销观念及其他传统的经营思想存在着根本的不同。市场营销观念认为实现企业各项目标的关键在于确定消费者的需求和欲望，并且更努力地比竞争对手更好地满足这些需求。这种营销观念的具体表现是顾客需要什么，就卖什么，而不是企业自己能制造什么，就卖什么。西奥多·莱维特曾对推销观念和市场营销观念做过深刻的比较，并指出：推销观念注重卖方需要，市场营销观念则注重买方需要。推销观念以卖主需要为出发点，考虑的是如何把产品变为现金，增加企业收益；而市场营销观念则考虑如何通过制造、传送、交易产品来满足消费者的需要。

推销观念与市场营销观念的区别如图1-1所示。

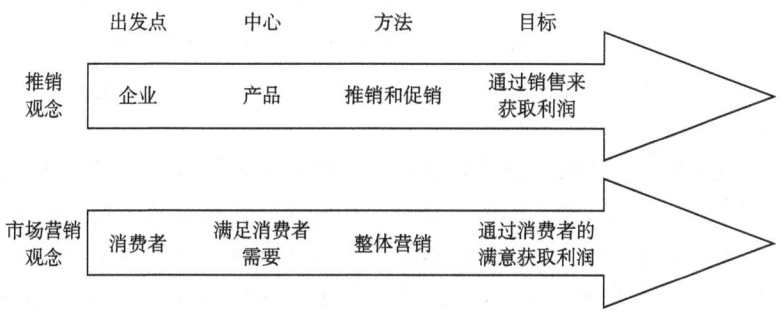

图1-1 推销观念与市场营销观念的区别

市场营销观念在企业市场营销活动中具有如下特点：①经营指导思想是"顾客需要什么，我们就生产什么"。②企业经营活动的中心和出发点是满足消费者需求。③企业提高经济效益的重要手段是建立以顾客为中心的完整营销体系。④企业追求的目标是长远利益。⑤市场营销观念适合的市场环境是买方市场。

市场营销观念符合"生产是为了消费"的基本原理，既能较好地满足市场需要，同时也提高了企业的环境适应能力和生存发展能力，因而得到了企业和消费者的广泛认同，为众多企业所追捧，并成为当代市场营销学研究的重点。需要注意的是，市场营销观念过多地强调了被动地满足消费者需求，忽视了企业创造需求、引导需求的主观能动性；全部关注消费者的利益，也容易忽略社会、环保等其他利益的存在。

案例 1-7

焕轻是蒙牛推出的一款专注于中老年营养健康的功能性牛奶，在营销上也要完美契合使用者"中老年"和购买者（很有可能是其子女）的不同需求。

现代社会，年轻人大多离家打拼，奔波在外，倾心工作的同时，往往会忽视家中日渐老去、身边却缺少陪伴的父母；同时中国老龄化现象愈加严重，空巢老人也日益增多。这是两代人都有的痛点和诉求，焕轻正是迎合了这样的消费诉求，并在营销方式上营造"温情社会"氛围。

2016 年底，蒙牛旗下焕轻品牌，携手国家游泳运动员、影视演员、蒙牛高管等社会各界知名人士，共同发起了"致敬伟大，感恩父母"的系列公益活动，以致敬和感恩为主题，依托亲情来做社会化传播，以期唤起儿女们对父母的关注，倡导大众无论工作多忙，都要记得关爱父母、陪伴父母。这一举措受到社会各界的极大关注，引起了消费者的积极参与。

此次焕轻的"致敬伟大，感恩父母"公益活动独到地首先把目光聚焦到蒙牛集团内部，邀请到蒙牛集团 COO（chief operating officer，首席运营官）白瑛等 10 余位蒙牛集团高管带头加入致敬的阵营。此举在公司内激发了圈层效应，吸引了无数的蒙牛人参与。

其后，叶诗文、史婧琳等国家游泳队队员，林允、高晓攀等知名影视明星，百合网 CEO（chief executive officer，首席执行官）田范江等数十位社会知名人士，纷纷借助焕轻这个平台，温情又恳切地向父母们细细诉说那些平日难以当面表达的爱意和感谢。

随着时间的推移，活动由内向外发酵，在网络上及社会中都引发了极为热门的话题，不断有消费者和群众自发加入活动的队伍中来，一起携手向父母传递他们的感情，表达爱，分享爱，让老人们的心不再孤单。

2017 年 1 月 10 日，焕轻凭借"致敬伟大，感恩父母"项目获得了第六届中国公益节 2016 年度公益项目奖。2017 年 5 月 5 日，焕轻凭借其独特的营销策略及实战效果，从众多申报案例中脱颖而出、一举斩获第九届广告主峰会暨金远奖综合类金奖。

资料来源：白洪宇：《销售与市场》2017 年第 6 期. http://www.cmmo.cn/article-206278-1.html，有改动

（五）社会营销观念

进入20世纪60年代以后，随着全球资源短缺、环境破坏、人口爆炸、通货膨胀和忽视社会利益等问题日益严重，要求企业顾及消费者整体利益和社会长远利益的呼声越来越高，市场营销观念在美国等西方国家开始受到质疑。从20世纪70年代起，西方市场营销学界提出了一系列新的理论及观念，如生态准则观念、人性观念、理智消费观念等，其共同点都是要求企业在确定营销决策时权衡三方面的利益，即企业利益、消费者利益和社会利益。具体来说，社会营销观念希望摆正企业、消费者和社会三者之间的利益关系，使企业既发挥特长，在满足消费者需求的基础上获取经济效益，又能符合社会利益，从而使企业具有强大的生命力。许多企业通过采用和实践社会营销观念，不仅获得了高额的利润，也赢得了消费者的尊重和社会的认可。

营销工作者应该大力践行社会营销观念，从宏观上保护消费者和企业生存与发展的良好营销环境，符合社会合理、有序发展的需要，从微观上提升企业在消费者心目中的形象，引发良好口碑的发酵，为企业可持续发展创造一个稳定的环境。

案例1-8

婴幼儿的健康关系到一个民族、一个国家的未来，所以它是一个特殊的朝阳产业，有着无穷的开拓和发展的潜力。无论是站在深远的人类发展的角度还是站在纯粹商业的角度，对婴幼儿事业的关注、对婴幼儿产业的开发都有着极其重要的意义。由谢宏领导的贝因美集团敏感地意识到了这一点，从而果断地走进了婴幼儿产品市场。

早在20世纪80年代初期，外国品牌就已经开始垂涎中国婴幼儿产品市场这块巨大的处女地，到80年代后期，外国的婴幼儿食品品牌已经成功抢滩中国市场，并曾一度在国内占据了极高的市场份额。作为本土企业，贝因美集团从诞生开始，就面临着国外品牌的压力。

但是，贝因美在承受压力的同时也发现了巨大的市场机会。通过认真的分析和研究，贝因美发现种族、地域等差异性形成了不同的基因种群，不同种群构成决定了人们从外界摄取营养元素的多样性和复杂性，并形成各自独具特色的种群和民族饮食文化。众多国外品牌的涌入，导致中国市场的婴幼儿食品同国外同类产品趋同，但作为婴幼儿食品的受体——婴幼儿本身并不存在同国外婴幼儿趋同之说。所以，适合国外婴幼儿的食品不一定就适合中国的婴幼儿。基于这样的认知，贝因美集团进行了更为深入的研究，发现市场上的一些米粉蛋白质含量只有5%，且以动物蛋白为主，乳糖含量很高，而将近有10%的中国婴幼儿对乳糖有不适应症，另外，中国婴幼儿容易患碘缺乏症，因而必须在辅食中进行补充，中国婴幼儿的特殊体质决定了他们需要的是含有碘的、蛋白质含量丰富又易于吸收的断奶期食品。若选用了不适合中国婴幼儿的食品，将在无形中影响到中国婴幼儿的健康成长，从而带来巨大的难以弥补的影响。贝因美发现许多中国家长因为缺乏育儿知识方面的科学指导，并不能真正地判断什么样的食品是自己的孩子所需要的，从而影响了孩子的成长。意识到这一点，贝因美集团既看到了机遇，也感到了责任，如果能够生产出真正符合中国婴幼儿特质的产品，指导家长正确地养育自己的孩子，将为中国婴幼儿成长做一些实事，同时也将真正获得社会的认同，从而争取市场份额，有效地实现社会利益的同时也有效地实现企业利益。可见，在起步时，贝因美就意识到了实现社会利益和企业效益双赢才是真正可行的发展道路，在这样的认知基础上，贝因美从诞生开始就确定了走社会营销的道路，通过运用丰富的社会手段来发现、引导消费者的需求并予以满足。

基于这样的定位，贝因美提出了"育婴工程"的概念，竭力完善这个概念的内涵和外延，并运用这个概念进行了有效的市场推广，从而在一个制高点上实现了社会利益和企业利益的统一，巧妙地避开了国外品牌以巨大资金为后盾的强大的广告攻势，在几十年的企业发展中不断在市场取得胜利。

资料来源：https://wenku.baidu.com/view/ea78ba0e79563c1ec5da71c2.html，有改动

三、传统营销观念与现代营销观念的区别

企业营销观念的形成与发展，按出发点、目的、手段等不同分为传统营销观念和现代营销观念两类。传统营销观念产生于20世纪50年代以前，包括生产观念、产品观念和推销观念，其实质都是"以产定销"；现代营销观念产生于20世纪50年代以后，包括市场营销观念和社会营销观念，其实质都是"以销定产"。这两类营销观念在内容上存在着质的区别：前一类观念的出发点是企业自身的利益，它紧紧围绕着生产和产品，以卖方的需要为中心，通过增加生产、加强促销、刺激需求、推动购买为手段，目的是扩大销售，获取利润；后一类观念的出发点是消费者需求，是以消费者及其需求为中心，以整体市场营销为手段，集中企业的一切资源，安排适当的营销组合策略，目的是通过满足消费者的需求来获取利润。

总之，传统营销观念和现代营销观念产生的历史条件不同，经营出发点、营销重点、经营方法、经营目的、经营导向等都有各自的特点，具体如表1-1所示。

表1-1 传统营销观念与现代营销观念的区别

营销观念		经营出发点	营销重点	经营方法	经营目的	经营导向
传统营销观念	生产观念	企业自身	企业内部	单一营销	短期利益	生产导向
	产品观念	企业自身	企业内部	单一营销	短期利益	生产导向
	推销观念	企业自身	企业内部	单一营销	短期利益	生产导向
现代营销观念	市场营销观念	消费者需求	企业外部	整体营销	长期利益	市场导向
	社会营销观念	消费者需求	企业外部	整体营销	长期利益	市场导向

第三节　市场营销学的研究对象与研究方法

一、市场营销学的研究对象

市场营销学作为一门独立的学科，和其他学科一样，都有自身的研究对象。基于我国的市场营销环境，综合国内外学者对现代市场营销学研究对象的不同表述，可以得到市场营销学的研究对象主要是企业的营销活动及其规律性，即企业如何在动态市场中满足消费者利益的基础上，合理有效地组织企业的整体营销活动，适应、引导和激发消费者的需求，提供满足消费者需求的商品和服务，以实现企业最大的经济效益和社会效益的整个过程。

根据市场营销学的研究对象和研究内容，市场营销学的结构体系由以下四部分组成。

（1）市场营销学基本概念与原理：包括市场营销及其相关概念、市场营销观念、市场营销环境、购买者市场行为分析等理论。

（2）市场营销实务：包括目标市场营销策略、定价策略、分销渠道策略、促销策略、市场营销组合策略等。

（3）市场营销管理：包括营销战略、计划、组织和控制等。

（4）特殊市场营销：由服务市场营销和网络营销组成。

市场营销学构成内容及各部分主要功能之间的关系如图1-2所示。

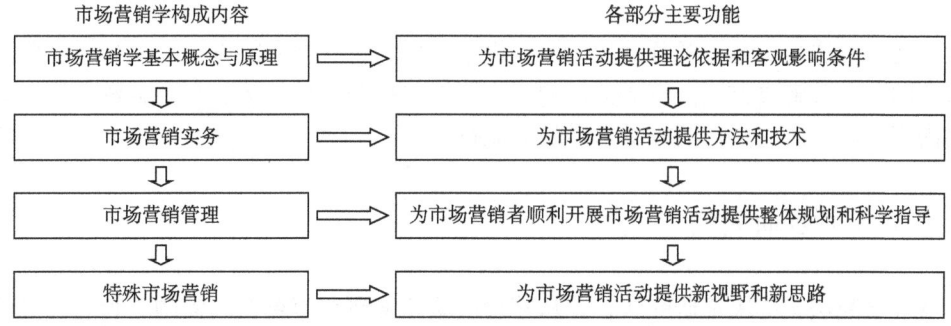

图1-2　市场营销学构成内容及各部分主要功能之间的关系

二、市场营销学的研究方法

市场营销学的研究方法是随着市场营销学的发展而变化的，根据市场营销学特定的研究对象，市场营销学的研究应贯彻理论联系实际的原则，注重分析预测、调查研究、案例分析，掌握规律性，指导市场营销活动，并在实践中不断总结提高。在20世纪50年代前，对市场营销学的研究主要采用传统的研究方法，包括产品研究法、组织研究法、职能研究法。20世纪50年代以后，市场营销学从传统市场营销学演变为现代市场营销学，研究方法主要是现代科学方法，包括管理研究法、系统研究法及社会研究法。

（一）产品研究法

产品研究法是以产品为研究主体，分为工业品市场营销和消费品市场营销，具体研究其设计、价格、品牌、包装与分销渠道等。其中，工业品可细分为原料、半成品及零件、大型设备等；消费品可细分为快速消费品和耐用消费品。产品研究法的优点是具体实用，可详细地分析研究各类产品市场营销中遇到的具体问题；不足是消耗大量人力、物力，在许多方面造成重复研究。

（二）组织研究法

如果说产品研究法是以物为中心研究市场营销学，那么组织研究法则是以人为中心来研究市场营销学。组织研究法是对分销的各个环节，如生产者、代理商、批发商、零售商等市场营销组织内成员进行研究的方法，组织研究法侧重分析研究流通过程的这些环节，分别研究其功能和作用，并形成批发学、零售学等研究结果。

（三）职能研究法

职能研究法是研究市场营销的交换、供给和便利这三类职能以及在执行这些职能中所遇到的问题及解决方法。市场营销的三大职能包括购、销、运、存、金融、信息等方面的内容。职能研究法在西方学术界颇为流行。

（四）管理研究法

管理研究法又称决策研究法，是从管理决策角度研究市场营销问题。管理研究法将企业营销决策分为目标市场和营销组合两大部分，强调在结合外部营销环境和自身资源条件的基础上通过营销组合决策对组织与产品实行合理有效的目标市场定位，采用相关论，将市场营销决策与管理问题具体化、科学化。管理研究法的研究目的是希望能在适当的时间、适当的地点，以适当的价格，将适当的产品用适当的方法提供给消费者，并达到企业的最终目标。

（五）系统研究法

系统研究法是一种将现代系统理论与方法运用到市场营销学的研究方法。系统研究法是指企业市场营销决策者在进行市场营销管理决策时，把企业的有关环境因素和市场营销活动过程作为一个完整的系统，统筹兼顾其市场营销系统中各个互相影响、互相作用的因素，从而使各部分协同活动，达到效益最优化的方法。系统研究法在现代市场营销活动中被广泛地使用。

（六）社会研究法

社会研究法主要是研究企业各种营销活动对社会利益的影响。近年来，西方一些市场营销学的研究学者不断强调，市场营销活动一方面带来了社会经济繁荣，提高了社会及广大居民的福利；另一方面造成了某些负面效应，诸如激烈的竞争易造成巨大的广告资源浪费和社会损失，过度的包装污染自然环境、破坏社会生态平衡等。因此，有必要通过社会研究方法，研究怎样把企业的市场营销目标与消费者需求、社会发展的长期利益结合起来，以此指导企业的行为。

★本章案例

电动车新常态　呼唤产品主义

下滑，下滑，还是下滑！电动车行业经历20年的发展之后，到2013年达到顶峰，产量达到3695万辆，2014年，电动车行业开始进入新的拐点。2015年，相关调研显示，全行业同比下滑10%~15%。对于行业整体下滑的问题，从积极的角度来看，这种下滑有利于行业的结构优化和长远发展。

电动车行业步入新常态。客观来看，下滑对电动车行业未必是一件坏事，一方面，从产业集中度来看，行业内的企业仍然太多。从成熟的行业来看，赚钱的企业不会超过5家（很多行业是双寡头局面）。另一方面，在高速增长阶段，企业拼的是存量，这在营销运作上，我们看到的就是企业拼渠道、拼传播。在行业整体下滑的态势之下，企业不得不拼存量，这迫使企业进行营销创新，尤其是在产品上，实际上从2015年的天津展和南京展，我们也能够很清楚地看到这个趋势。一些领军企业已经开始展现出产品主义的况味，一些领军企业的产品，无论是设计、工艺还是创意，都已经深深打上了自己的烙印，这正是电动车行业开始走向成熟的标志。

至于产能过剩的问题，我们认为，所谓的产能过剩，主要指的是落后的产能，对于先进的产能，不仅不是过剩的，反而是稀缺的。媒体曾经报道过某服装品牌，成功实现了大规模定制和个性化需求之间的平衡，在服装行业竞争日趋激烈的今天，反而出现供不应求的局面。

这是一个不颠覆自己，就被别人颠覆的时代。互联网时代，电动车更需要产品主义精神。消费者需要的不是技术或者其跌价，消费者需要的是满足其需求的产品。正如德鲁克所说，消费者要的是墙上的洞，而不是打洞的锥子。如何通过产品的创新，深化与消费者之间的联系，实现从交易到交易关系的关系转换是最应该被思考的问题。

实际上，上述过程或者做法，就是产品主义。所谓产品主义，就是将产品本身作为企业的战略，围绕产品来配置各种资源，不断提升产品品质，在公司上下形成一种精益求精、不断创新的企业文化。

为什么在移动互联网时代，电动车行业更需要产品主义精神？相比之下，在工业时代，我们强调的是技术和规模，不断地强调营销的重要性，因为产品到消费者的中间环节较多，消费者和产品之间存在相当程度的信息不对称，消费者的消费行为在某种程度上是被动的，要被商家的广告或营销引导，才能最终完成购买行为。在"互联网+"时代，消费者、厂商、产品之间通过微信、微博等平台连接到了一起，信息不对称的局面被彻底颠覆。

消费者在互联网上可以瞬间聚集和分散，这既是巨大的商机，也是巨大的挑战。即使曾经如日中天的品牌，如果无法持续开发迎合消费者需求的有热度的产品，所谓品牌，可能也仅仅是一个 Logo[①]而已。

这个时代，更加印证了我们一直以来的主张："产品是皮，品牌是毛，皮之不存，毛将焉附。"产品主义是内生式增长的必然要求。产品主义更深远的含义在于，随着"黄金十年"[②]的落幕，电动车行业必将面临增长方式的转变：从外生式增长转变为内生式增长。

所谓外生式增长，主要是指依靠整合外部资源的方式来实现规模和质量的增长。与之相对应的就是内生式增长，即内部通过不断创新（如研发创新、组织创新、提升供应链组织效率、提升人力资本等方式），不断进行产品的迭代，从而实现一种内涵式的增长。

如果说在电动车"黄金十年"中，企业更多依靠整合外部资源来获得增长的话，那么在未来，电动车企业必须适应依靠内生式增长的方式来取得市场。在内生式增长方式之下，从表面来看，企业之间是产品之争，其背后实际上是不同产品链组织效率的拼争。

很多人认为，电动车行业主要面临产品同质化的问题。其实，产品只是表象，其背后的问题实质是：供求分离现象仍然比较突出，产业链的效能和产业组织形式仍然比较落后，供应链不能做到快速响应消费者的需求。

未来，特别是在移动互联网时代，电动车行业面临的一个重大课题就是：如何实现大规模生产和个性化定制之间的平衡。

资料来源：赵晓萌：《销售与市场》2015 年 12 期. http://www.cmmo.cn/article-198111-1.html，有改动

思考：1. 电动车未来发展的方向是什么？
2. 结合营销观念谈谈本文提到的产品主义和产品营销观念是相同的吗？

---

① Logotype 的缩写，商标。
② 业内指的是 2003 年至 2013 年。

★ 本章实训

（一）内容

（1）组建营销团队，了解营销流程。
（2）建立虚拟企业，确定营销产品。
（3）分析目标客户的需求特点。
（4）交流讨论。

（二）要求

（1）50分钟内完成。
（2）注重团队合作。
（3）每个团队3~5人。
（4）完成实训总结。

★ 本章思考题

1. 什么是市场营销？
2. 市场的三个核心是什么？
3. 市场营销学的相关理论和概念是什么？
4. 市场营销管理观念的类型是什么？各种类型存在的条件、特点及局限是什么？
5. 市场营销学的研究对象是什么？

第二章 市场营销环境分析

学习目标：了解市场营销环境对市场营销活动的重要影响作用；掌握市场营销环境的内涵、特征及分类以及宏观环境六方面相关内容及对营销活动的影响；熟悉企业微观环境的含义、微观环境六方面的内容及对营销活动的影响。

关键术语：

市场营销环境　　marketing environment
微观环境　　micro environment
宏观环境　　macro environment
环境分析　　environmental analysis

案例导入

互联网时代下的OPPO手机

"充电五分钟，通话两小时"，这句深入人心的广告词不知道给大众洗了多少遍脑。OPPO（广东欧珀移动通信有限公司），作为一家成立于2004年，全球性的智能终端制造商和移动互联网服务提供商，致力于为客户提供最先进和最精致的智能手机、高端影音设备和移动互联网产品与服务，业务覆盖中国、美国、俄罗斯、欧洲、东南亚等广大市场。它因创新的功能配置和精致的产品设计而广受欢迎，并在手机拍照领域拥有突出表现。

近几年来，OPPO凭借其强大的创新实力和独特的销售手段，在手机市场闯出了自己的天地。据中国权威市场调研机构赛诺统计，2014年中国智能手机市场销售额排行中，OPPO排名第四。自从2015年OPPO R7系列上市以来，OPPO手机凭借极致美颜和vooc闪充两大特点，在国产手机市场上站稳了脚跟，2016年OPPO R9系列上市，迅速在国内市场掀起一股抢购热潮，在2016年上半年的市场排名中位居国产前三，也连续多个季度保持了国产第一集团的地位。而在2016年第三季度的中国手机市场报告中，OPPO、vivo、华为也力压苹果、三星。那么，OPPO集团是如何在短短的12年之间迅速发展，一跃赶超小米成为中国第二大智能手机厂商的呢？除了OPPO在技术上充分发挥其极致美颜、vooc闪充的特点之外，其独特的销售手段也可圈可点。

很重要的一点是OPPO手机准确地找到了自己的消费群体，并对消费人群的喜好、经济水平、消费特征、媒介接触习惯等特点做出合理的分析，在准确地把握了这一切之后再去设计产品、制定宣传策略是品牌取得巨大成功的基础。而在此基础上，品牌形象的塑造要伴随自己的品牌拥趸群共同成长，给他们留下来的理由。

OPPO的创始人陈明永在一开始推出OPPO系列手机时，就准确地把品牌的消费者定位为"追求时尚的年轻人"。找到自己的准确定位后，OPPO在产品的设计上下了很大的功夫，为了契合年轻人的审美和对时尚的追求，OPPO推出的每一款产品都很大方、简洁时尚，符合年轻人的审美观念。据统计，OPPO的消费者中所占比例最大的是20~29岁的年轻人，这类年轻人的消费水平在社会上并不算高，所以OPPO手机的价钱也属于中等层次，在其目标受众所能接受的范围之内。

当然OPPO的消费者定位并不是一成不变的，它是随着消费者的成长而成长的，当时追求年轻时尚的青年人群随着时间的变化慢慢进入消费成熟期，对手机的性能和品质有了不一样的要求，他们不再仅仅关注手机的外表是否简约大方，他们更关注产品的发展理念是否注重质的改变。这一点也体现在OPPO手机代言人的前后变化上，从之前人气十足、颜值爆表的李易峰、杨洋、杨幂、TFBOYS升级为实力派硬汉张震，并拍摄了以"美因苛求"为主题的视频广告。张震在人物刻画上的投入和精益求精一直被大众所推崇，从年少成名到现在，张震一直坚持着自己的苛影之路。这和OPPO"美因苛求"的理念不谋而合，而且张震的影响人群较之李易峰等当红偶像的粉丝年龄稍大一点，再加上张震本身给人成熟稳重的直观印象，这样OPPO便把自己的目标消费人群逐渐往中青年阶层扩展。同时该广告视频的拍摄风格不同以往，并没有提到手机的性能和某一特点，视频全程都在突出张震拍戏时对自己的严格要求，直到最后才打出了OPPO"美因苛求"的理念，是一则典型的品牌形象广告。这则广告不管是在代言人的选择还是拍摄风格上，都显示了OPPO由注重外表向注重内涵的转变。粉丝经济虽然能在短时间内给品牌带来极大的效益和知名度，但想要长久地站稳市场，单靠粉丝经济的刺激是不可取的。不得不说，OPPO是很聪明的，利用粉丝经济为品牌打开知名度，在手机市场上开拓出自己的一片天地，又恰到好处地适可而止，走成熟稳重的内涵路线，所以OPPO的成功绝不是偶然。

资料来源：李帆，张笑：《销售与市场》2017年第6期. http://www.cmmo.cn/article-205966-1.html，有改动

第一节　市场营销环境概述

任何一家企业作为社会经济组织或社会细胞，其市场营销活动都需要在一定的外界环境条件下进行，这些环境条件是不断变化的，变化的过程中既可能给企业带来新的营销机会，也可能给企业带来一些外部威胁。因此，市场营销者必须重视对市场营销环境的分析和研究，善于分析和识别由于环境变化而造成的机会与威胁，从而制定与环境相适应的营销策略，增强企业的生存与发展能力。

一、市场营销环境的概念

市场营销环境是指企业营销职能外部的因素和力量,这些因素和力量影响企业的生存与发展。市场营销环境是企业不可控的,但并不意味着企业对营销环境的无能为力,现代营销理论强调企业对营销环境的反作用。企业必须重视和加强对营销环境变化的监测并加强自身营销策略的可调整性,发挥主观能动性,把握环境变化,抓住时机,免遭威胁。

菲利普·科特勒将市场营销环境分为微观环境和宏观环境。需要注意的是,宏观环境和微观环境不是并列关系而是主从关系,宏观环境因素决定微观环境因素,宏观环境常常通过微观环境作用于企业的营销活动。微观环境也对宏观环境有重要的反作用。

企业与市场营销环境的关系如图 2-1 所示。

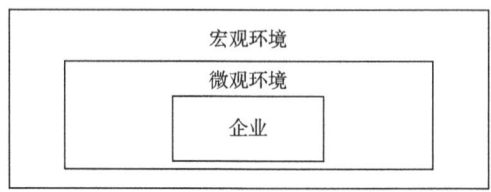

图 2-1 企业与市场营销环境的关系

二、市场营销环境的特征

(一)客观性与企业能动性的统一

客观性是市场营销环境的首要特征,因为市场营销环境作为一种客观存在,是不以企业的意志为转移的,有着自己的运行规律和发展趋势。一般来说,企业是无法摆脱和控制市场营销环境的。特别是宏观环境,企业难以按自身的要求和意愿随意改变它。但这并不能代表企业在面对营销环境时只能被动地面对,实际上,企业营销者可以主动通过安排营销组合、调整营销策略适应环境甚至影响环境,这就是企业能动性的体现。

案例 2-1

胰岛素是一种治疗糖尿病的特效药,20 世纪 80 年代末期,由于宏观管理原因,国内市场大批进口胰岛素,国内生产受阻,积压大量库存,1989 年一季度几乎全面停产。根据这一情况,国家下文规定 1990 年不准进口胰岛素。政策颁布之后,杭州肉联厂生化制药分厂对胰岛素市场进行了全面的分析,认为本厂与其他生产厂商一样面临着严峻的威胁,但同时也潜伏着良好的市场机会,其依据是:①胰岛素的有效期为两年,1987 年、1988 年进口的产品最迟到 1990 年 4 月过期失效。②据了解,国内各厂家 1989 年起均不打算生产胰岛素。③胰岛素的生产需要一定的周期。根据以上的分析，该厂预测1990年4月起市场上将出现胰岛素的脱销现象。据此，该厂在1989年10月毅然决定投料生产，12月开始出成品。果然，1989年底在武汉召开的全国医药订货会上，胰岛素价格回升。1990年2月在广州召开的医药订货会上胰岛素出现了紧缺形势，与会者纷纷向该厂订货，仅此一项产品在这几个月中就为该厂创净利20万元以上。

资料来源：豆丁网. http://www.docin.com/p-2092140494.html，有改动

（二）动态性与相对稳定性的统一

动态性又称变化性，是指市场营销环境随着时间的推移经常处于变化之中，而且这种变化具有不确定性，各种环境因素发生变化的时间、方向、幅度、范围等都是不确定的。例如，市场上消费主体的行为变化和人均收入的提高均会引起购买行为的变化，但是收入提高的幅度和购买行为变化之间的关系是不固定的。另外，市场营销环境中的因素变化的速度也不同，像科技、经济、法律等因素对企业市场营销的影响变化较快、较强。自然、社会、人口等因素的变化对企业市场营销影响较慢。因此，市场营销环境的相对稳定性是指与任何其他事物一样，市场营销环境中诸因素在一定的时期内总是有某种相对稳定性，即使是变化最快的科技因素也总有一定的强度和时限。这种相对稳定性为企业预测环境变化并采取相应的对策提供了可能性。

（三）差异性与同一性的统一

市场营销环境的差异性是指不同的国家或地区之间，宏观环境不尽相同，不同的企业之间，微观环境也千差万别。差异性表现在不同企业受不同环境的影响，同样一种环境对不同企业的影响也不尽相同，甚至同一环境对同一企业不同时期影响也不同。而同一性是指同一国家或同一行业，企业面临的环境有共同性。同样的外部环境下，考验市场营销者能否制定与环境适宜的营销策略帮助企业在激烈的竞争中脱颖而出。

（四）相关性

市场营销环境的相关性是指构成营销环境的诸因素和力量是相互联系、相互制约的。在整个环境系统中，某一因素的变化往往也会带动其他因素的相互变化，形成新的营销环境。如经济因素不能脱离政治因素而单独存在；同样，政治因素也要通过经济因素来体现。如果政治条件改变了，经济环境就会有或多或少的改变。又如我国的手机生产企业面对的市场需求不仅受到消费者收入的制约，也会受到消费者偏好、消费者学历水平、社会文化以及政府对手机生产行业相关规定的影响。

案例 2-2

1997年，美国和加拿大之间围绕"古巴睡衣"问题发生了一场政治纷争，而夹在两

者之间的是一家百货业的跨国公司——沃尔玛公司。当时,美国禁止其公司与古巴进行贸易往来,并颁布了赫尔姆斯-伯顿法。而沃尔玛加拿大分公司采购了一批古巴生产的睡衣,美国认为这样做违反了该法。而加拿大则是因为美国法律对其主权的侵犯而恼怒,它认为加拿大人有权决定是否购买古巴生产的睡衣。这样,沃尔玛公司便成了加拿大和美国对外政策冲突的牺牲品。沃尔玛在加拿大的公司如果继续销售那些睡衣,则会因违反美国法律而被处以100万美元的罚款,还可能会因此而判刑。但是,如果按其母公司的指示将加拿大商店中的睡衣撤回,按照加拿大法律,会被处以120万美元的罚款。

资料来源:豆丁网. https://www.docin.com/p-1285625130.html,有改动

第二节 市场营销的微观环境

市场营销的微观环境是指对企业服务其顾客的能力构成直接影响的各种力量与因素,包括企业本身、供应商、营销中介、顾客、竞争者和公众。其中,"供应商—企业—营销中介—顾客"这一渠道链条构成了企业的核心营销系统。而竞争者和公众两个因素也对企业营销活动的成功与否产生直接的影响。

企业微观营销环境如图2-2所示。

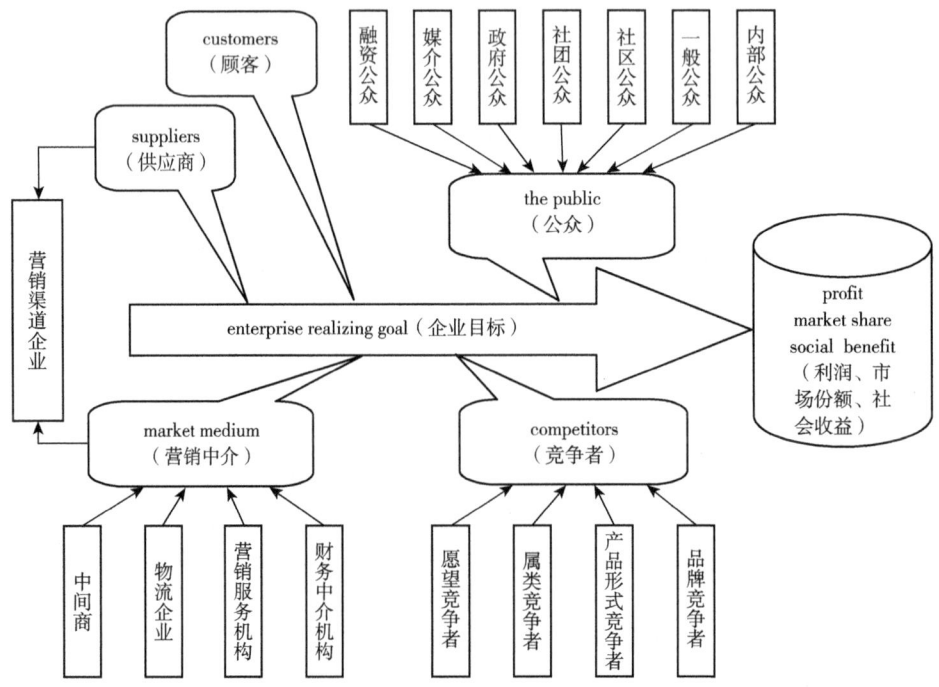

图2-2 企业微观营销环境

一、企业

企业自身环境包括企业内部的各个部门及其相互关系。从横向看，企业内部由研发、采购、生产、技术、营销、财务、行政等部门组成；从纵向看，企业内部由执行层、管理层和最高决策层组成。企业自身作为重要的微观环境要素是因为在市场营销部门制定决策时，一方面市场营销部门要考虑其他职能部门的情况，并与之密切协作，共同研究制订年度计划和长期计划；另一方面市场营销部门要考虑最高决策层的意图，以决策层制定的企业目标和战略为依据，制订市场营销活动计划，并报给决策层批准后执行。

需要注意，营销工作开展过程中，职能部门与营销部门可能会产生一系列的矛盾或冲突。原因在于在企业内，各职能部门的经营目标、工作侧重点各不相同，如营销部门往往是先花钱再赚钱（如进行产品促销时要先花掉一大笔促销费用），这就有可能与财务部门在所需资金的具体数目上发生分歧，因为财务部门更关注资金的使用效率；或者，营销部门为避免因缺货或交货不及时而影响到企业在中间商、顾客心目中的信誉与形象，往往要求较高的库存水平，财务、生产部门却往往会因库存成本等问题要求较低的库存水平，解决上述冲突的办法是营销部门与其他部门一起达成折中的协议。这需要决策层保证营销部门与其他部门在组织地位上是平等的，指导各部门围绕企业目标紧密配合，促使企业的营销活动健康、高效运转。

二、供应商

供应商是向企业供应原材料、部件、能源、劳动力和资金等资源的企业或个人。供应商是影响企业营销的微观环境的重要因素之一，其对企业营销活动的影响主要表现在供应商可以控制资源的价格、品种以及交货期，直接制约着企业产品的成本、利润、销售量及生产进度的安排。因此，企业营销人员必须对供应商的情况有比较全面的了解和透彻的分析，与供应商建立长期稳定、良好双赢的协作关系。为了获取更大的收益，还要积极寻找和开发其他备选的供应来源，以减少对特定供应商的过分依赖，任何时候，寻找质量和效率均可靠的供应商都是企业取得竞争优势的重要条件。

三、营销中介

营销中介是指协助企业促销、销售和经销其产品给最终购买者的机构，包括中间商（商人中间商、代理中间商）、物流企业、营销服务机构和财务中介机构等。

（一）中间商

中间商可分为商人中间商和代理中间商。

商人中间商是从事商品购销活动，并对所经营的商品拥有所有权的中间商，如批发商、零售商等。

代理中间商是指协助买卖成交、推销产品，但对所经营的产品没有所有权的中间商，如企业代理商、销售代理商、寄售商等。

（二）物流企业

物流企业是指协助生产企业储存产品和把产品从原产地运往销售目的地的专业企业，包括仓储公司和运输公司等企业，它们承担着包装、运输、仓储、装卸、搬运、库存控制和订单处理等职能。

（三）营销服务机构

营销服务机构主要是指为厂商提供营销服务的各种机构，如市场调查公司、广告代理公司、宣传媒介和营销咨询公司等。企业可自设营销服务机构，也可委托外部营销服务机构代理有关业务，并定期评估绩效。

（四）财务中介机构

财务中介机构是指协助厂商融资或分担货物购销储运风险的机构，如银行、保险公司等，财务中介机构负责为企业和顾客之间的交易融通资金，为企业财产和货物提供风险保障，对企业的营销活动有着显著的影响。

四、顾客

顾客是企业服务的对象，是产品的最终使用者和评价者，也是营销活动的出发点和归宿。企业的一切营销活动都应该以满足顾客的需求为中心。因此，顾客是企业最重要的微观环境因素。顾客的范围十分广泛，根据不同的标准和特点可以分为消费者市场、生产者市场、中间商市场、政府市场和国际市场五种市场。

（一）消费者市场

消费者市场是指个人或家庭为满足生活需求而购买或租用商品的市场。

（二）生产者市场

生产者市场是指为达到盈利或其他目的，组织机构购买产品和劳务供生产其他产品及劳务所用的市场。

（三）中间商市场

中间商市场是指组织机构购买产品与劳务用于加工或出售并从中盈利的市场。

（四）政府市场

政府市场是指政府部门购买产品及劳务以提供公共服务或把这些产品及劳务转让给其他需要的人的市场。

（五）国际市场

国际市场是指提供产品及服务给国外消费者、厂商、中间商及政府的市场。

不同的顾客有不同的需求，企业要对各类市场进行细致的分析，明确市场的类型，了解顾客的变化趋势，制定相应的营销策略，以不同产品和劳务满足不同顾客的需求。

五、竞争者

竞争是市场经济的基本特征，竞争给企业以压力，也增强了企业的活力。企业通过竞争实现优胜劣汰以及资源的优化配置。因此企业在对目标市场进行营销活动的过程中，会不可避免地遇到竞争者的挑战。从消费者需求的角度划分，企业的竞争者包括愿望竞争者、属类竞争者、产品形式竞争者和品牌竞争者。其具体见表2-1。

表2-1 竞争者的分类

分类	含义
愿望竞争者	提供不同产品以满足不同需求的竞争者
属类竞争者	提供能够满足同一种需求的不同产品的竞争者

续表

分类	含义
产品形式竞争者	生产同种产品但提供不同规格、型号、款式的竞争者
品牌竞争者	产品、规格、型号等相同,但品牌不同的竞争者

各类竞争者的营销策略及营销活动的变化会直接影响到企业的营销,所以企业要通过有效的产品定位,使得企业产品与竞争者产品在消费者心目中形成明显的差异,从而取得竞争优势。

六、公众

公众是指对企业实现其目标的能力有实际或潜在的兴趣或影响的任何团体。企业在争取目标市场时,不但要与竞争对手竞争,而且它的营销活动也会影响到公众的利益,因而公众必然会关注、监督、影响和制约企业的营销环境。一般情况下,公众的分类如表 2-2 所示。

表 2-2 公众的分类

分类	含义
融资公众	对公司筹资、融资有直接影响的机构,如银行、投资公司、保险公司、证券公司
媒介公众	各种大众宣传媒介,如报纸、杂志、电台、电视、互联网
政府公众	社会利益的调节者和政策的制定者
社团公众	各种群众团体,如消费者协会、妇联、工会等
社区公众	企业所处的某一具体地区的群体
一般公众	上述各种关系公众之外的公众
内部公众	公司的管理人员和普通员工

第三节 市场营销的宏观环境

市场营销的宏观环境是指那些对企业造成市场机会和环境威胁的主要社会力量,是企业赖以生存的外部空间,对市场营销微观环境具有制约作用。宏观环境分析主要包括以下因素:人口环境、经济环境、自然环境、政治法律环境、科学技术环境和社会文化环境。

市场营销的宏观环境如图 2-3 所示。

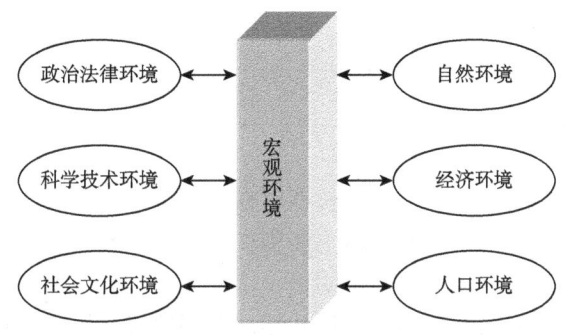

图 2-3 市场营销的宏观环境

一、人口环境

市场是由具有购买力和购买欲望的人组成的，人口环境对市场需求有着整体性、长期性的深刻影响。人口环境的主要因素包括人口总量、年龄结构、人口密度及地理分布、家庭结构和性别结构等。

（一）人口总量

人口总量即总人口的多少，是指一个地区在一定时间内的人口总和。人口总量是影响基本生活消费品的一个决定性因素。虽然人口总量的多少与社会购买力水平的高低并没有必然的联系，如一个人口众多的发展中国家的总体购买力可能比一个人口少得多的发达国家的总体购买力还要低。但是，由于消费者的购买力总是首先投向基本生活消费品，人口越多，这部分基本消费需求及其派生出来的产业用品的需求绝对数量就会越大，因而，人口规模仍然是许多企业在营销活动中相当看重的因素，特别是那些与基本消费品生产相关的企业。

从世界范围看，人口发展趋势是稳中有升，人口总量增速逐渐放缓。2015 年全球人口 73 亿，预计 2030 年 85 亿，2050 年 97 亿。全球人口增速将由 2015 年的 11.4‰下降到 2050 年的 5.3‰。届时，人口过 3 亿的大国除了中国，还有印度（预计 17.05 亿）、尼日利亚（预计 3.99 亿）、美国（预计 3.89 亿）、印尼（预计 3.22 亿）和巴基斯坦（预计 3.10 亿）。增长率过高，特别是发展中国家增长过快。

20 世纪末世界人口已达到 60 多亿，其中的 80%在发展中国家。人口总量的不断增长对企业的市场营销存在两方面影响：一是增长的人口意味着具有更多的购买力，消费品市场刚性需求增加，给企业带来更多市场机会；二是人口增长主要在发展中国家，购买力未随之等比例增加，势必引起食物、住房、能源、交通等的压力，引发一系列的社会问题，从而恶化企业的营销环境。同时，发达国家的人口出生率总体上说呈下降趋势，这背后有很多社会、文化的原因，包括年轻人更加注重自身的生活质量、越来越多的妇女参加工作等。

（二）年龄结构

在发达国家，一方面，人口出生率长期以来不断下降，年轻人越来越少，使人口平均年龄居高不下；另一方面，人的寿命不断延长，老年人越来越多，使人均年龄不断上升。所以，发达国家的人口老龄化趋势明显。这种人口动向对儿童食品、用品、服装、玩具等行业是一种外环境威胁。因此，近几年来美国等发达国家某些经营儿童食品和用品的公司，或者到人口出生率高的国家去寻找市场，或者采取转移目标市场的对策，转为经营其他业务。如美国吉宝公司过去经营儿童食品，现在转向老年人食品、人寿保险等盈利较多的行业。另外，这种人口动向对某些行业有利。例如，许多年轻丁克夫妇有更多的闲暇时间和收入用于旅游、娱乐、餐饮，因而给旅游业、酒店业、餐饮业、体育娱乐业提供了有吸引力的市场机会，促进了生活服务产业的发展；伴随着人口老龄化，老年人的医疗保健用品、旅游、娱乐、养老等市场需求迅速增加，这样就会给经营老年人用品的行业提供巨大的发展潜力。

2019年1月21日，国家统计局发布最新的人口数据：2018年末，60周岁及以上人口24 949万，占总人口的17.9%，与2017年末相比，增长了859万，增长了0.6%，其中65周岁及以上人口16 658万，占总人口的11.9%。这就意味着我国开始步入人口老龄化国家的行列。与此同时，人口基数大是我国人口环境的重要特点。这使得我国市场发展的潜力极大，营销机会增多。特别是儿童市场，伴随着二孩政策落地实施，儿童食品、服装、玩具、婴幼儿用品以及相关的产业面临着很好的发展机遇。

（三）人口密度及地理分布

消费者由于居住在不同地区，地理位置、气候条件、传统文化、生活习惯不同，从而表现出不同的消费行为和购买习惯。特别是人口迁移的趋势和人口的密度值得市场营销者关注。

1. 人口迁移

我国人口迁移的特点是从西北部流向东南部，农村流向城市，内地流向沿海，不发达地区流向发达地区；随着城镇化的快速发展，直接从事农业的人口迅速减少，每年因农闲、农忙和春节而形成的农民短期流向城市打工，再返回农村，再流向城市的迁移现象越来越明显。

2. 人口密度

从我国来看，人口主要集聚在东南沿海一带，人口密度由东南向西北逐渐递减；城市人口比较集中，特别是在大中城市，农村人口则比较分散。

（四）家庭结构

家庭是商品的主要采购单位。一个国家或地区家庭单位的多少，直接影响着许多消费品市场的需求量。例如，新的家庭单位的出现，势必会增加对住房、家具、家用电器等家庭用品的需求量。随着经济的发展和家庭观念的更新，越来越多的年轻夫妇选择不和父母同住，三世同堂的情况越来越少，家庭规模不断趋于小型化。这就要求市场营销者和企业在消费者市场上多开发一些小型化产品，在数量、规格、型号、包装上适应现代家庭的需求状况和购买习惯。

家庭结构的另一个变化趋势是"非传统家庭"的出现和逐渐增多，传统家庭是指由丈夫、妻子和孩子（有时也包括祖父母）所组成的家庭。但是，今天的家庭还应包括独身、单亲、"丁克"（不要小孩的夫妇）、"空巢"（年长的夫妇，无子女同住）等这些"非传统家庭"。各个家庭群体都有自己的需求和购买习惯。例如，独身、分居、丧偶、离婚者群体需要较小的公寓、小包装食品以及小型化的器具、家具和设备等。又如日本"一人居"已成为家庭形态的主流，针对"一人居"这种单身家庭，许多像单身情歌馆等有针对性的产品应运而生，赢得了消费者的青睐。因而，市场营销者应当考虑"非传统家庭"的各种需求，密切关注家庭结构的发展动向，抓住市场机会，调整市场营销策略。

（五）性别结构

我国人口性别结构比例差异明显，男女比例失调：2010年中国第六次人口普查结果显示男性人口占51.27%，女性人口占48.73%，总人口性别比由2000年人口普查的106.74下降为105.20（以女性人口为100.00）。在传统的营销观念中，女性是市场购买的主体，但随着年轻一代的男性消费群体的成长与崛起，一些被视为传统女性消费市场的产品，如化妆品、首饰等，也越来越多地被男性接受。市场营销者应适应这一环境变化趋势，开发更多的男性消费者市场。

二、经济环境

购买力是构成市场并影响市场规模大小的重要因素，而社会整体购买力又直接或间接地受消费者收入、消费者支出、储蓄与信贷和社会整体经济发展状况等因素的影响。可以说，社会购买力是众多经济因素的函数。因此，市场营销者在研究外部环境时，应密切注意这些经济因素的变化趋势。

（一）消费者收入

消费者的购买力来自消费者的收入，但消费者并不是把全部收入都用来购买商品或服务，因此，购买力只是消费者收入的一部分。在研究消费者收入时，就需要考虑如下问题。

1. 人均国内生产总值

人均国内生产总值（gross domestic product，GDP）是指一个国家或地区，所有常住单位在一定时期内（一般一年内），按人口平均所生产的全部货物和服务的价值，超过同期投入的全部非固定资产货物和服务价值的差额。这个指标大体反映了一个国家人民生活水平和消费水平的高低。

2. 个人收入

个人收入是指消费者个人从各种来源所得到的货币收入，包括工资、奖金、其他劳动收入、馈赠、出租收入等。

3. 个人可支配收入

个人可支配收入是指个人收入减去直接缴纳的各种税款和其他经常性的开支，如保险费等的余额，它是个人收入中可以用于消费或者储蓄的部分，构成实际的购买力。

4. 个人可任意支配收入

个人可任意支配收入是指个人可支配收入减去维持生活必需的固定开支，如食品、服装、房租、水电等的余额，是影响需求的最直接、最活跃的因素。

（二）消费者支出

随着社会发展和消费者收入的变化，消费者支出的水平和模式会发生相应的变化，继而一个国家或地区的消费结构也会发生变化。19 世纪，德国统计学家恩格尔研究得出了人们收入增加后的支出变化规律：一个家庭收入越少，其总支出中用来购买食物的比例就越大；随着家庭收入增加，用于购买食物的支出占总支出的比例下降，而用于其他方面的开支和储蓄所占的比重将上升。

消费者支出模式除了主要受消费者收入影响外，还受以下因素影响。

1. 家庭生命周期阶段

家庭生命周期是一个家庭从产生到消亡的全过程。一般经历单身期、新婚期、满巢期、空巢期和鳏寡期五个阶段，这几个阶段家庭支出模式是不同的。没有孩子的家庭更倾向把收入用于购买电器、家具等耐用消费品，而有孩子的家庭，收入更多用于娱乐、运动和教育，等孩子长大独立，另组家庭，父母的收入则较多用于医疗保健、储蓄或者旅游。

2. 家庭所在地点

居住在不同地点的家庭用于食品、房屋、交通等方面的支出也不同。例如，居住在一线城市的家庭和居住在三线城市的家庭相比，前者在房屋、交通等方面的支出更多。

（三）消费者储蓄与信贷

整个社会的购买力不仅直接受到消费者收入的制约，也受消费者储蓄倾向和信贷情况的影响。储蓄来源于消费者的货币收入，最终目的还是消费。在收入固定的情况下，储蓄越少，现实消费量就越大的同时潜在消费量变小；储蓄越多，现实消费量就越小的同时潜在消费量增加。影响消费者储蓄的有收入、风俗习惯、国家金融政策、投资倾向、消费偏好、通货膨胀率和政治经济的繁荣等因素。市场营销者应该全面了解消费者的储蓄情况，特别是储蓄目的，储蓄目的的不同则潜在需求量、消费模式、消费内容和消费发展方向都不同。

市场经济发展到今天，消费者不仅能够以现金货币购买所需要的商品或服务，也能通过信贷模式来完成交易。所谓消费者信贷，就是消费者凭借信用先取得商品使用权，然后按期归还贷款。这实际上是消费者提前支出未来的收入用于现时的消费。某种程度上，消费者信贷可以调节供给与需求的矛盾。当市场供过于求时，可以发放消费者信贷，刺激需求；当市场供不应求时，可以收紧信贷，适当抑制、减少需求。消费者信贷还可以把资金投向需要发展和扶持的产业，带动相关产业和产品的发展。

（四）经济发展状况

除了消费者收入、消费者支出和消费者的储蓄与信贷这些直接影响企业营销环境的因素外，还有一些经济因素对企业营销活动产生一定程度的影响。这些因素包括经济发展水平、经济体制、城镇化水平和地区与行业发展状况等。如针对不同经济发展水平的国家和地区在市场营销上采取的策略有所不同，仅就消费品市场而言，处于经济发展水平较高阶段的国家和地区，居民比较注重产品的款式、性能及特色，企业和产品的品质竞争多于价格竞争，市场营销者应更加关注消费者的需求能否得到高质量的满足，不断优化升级产品；而处于经济发展水平较低阶段的国家和地区，居民则侧重于产品的功能及实用性，其价格因素重于产品品质，市场营销者应侧重于大量广告及促销活动。

三、自然环境

自然环境是指自然界提供给人类各种形式的物质资料，其发展变化可能给企业带来环境威胁或市场机会，因而市场营销者应该分析自然环境变化的动向，为企业趋利避害。目前，自然环境方面的主要动向包括以下三个方面。

（一）资源短缺

随着科学技术的发展和人类社会进步以及工业化进程的加速，很多自然物质资源短缺或即将短缺。如水资源虽然在自然界中比较充足，但是随着工业和城市的发展，缺水问题也日益严重；有些国家（如非洲国家）因为人口增长太快，再加上连年遭受灾害，已面临粮食严重紧缺的危险；有些国家由于城市发展快，工业用地、生活用地增长迅速，农田急剧减少。由于耕地资源有限，如果照此长期发展下去，这些国家的粮食和其他食品势必成为严重问题。石油、煤、铀、锡、锌等矿物资源供不应求或在一段时期内供不应求，使需要这类资源的企业面临威胁，而必须寻找代用品，这就要求企业研发新的能源和原料，造就了新的市场营销机会。

（二）环境污染

环境污染也是近几十年来许多国家（特别是工业化进程较快的国家）相当关注的问题，如水、空气污染日益严重，废弃物的排放不科学，生活垃圾的处理不及时等，给我们的生活环境带来巨大的威胁，也对市场营销者如何践行绿色营销、满足社会利益提出了挑战。

（三）环境政策

从20世纪60年代起，在资源短缺和环境污染日益加剧的背景下，世界各国开始关注经济发展对自然环境的影响，成立了许多环境保护组织，促使国家政府加强环境保护的立法。因而，市场营销者要遵守相关的政策并承担起企业的社会责任。

案例 2-3

2015年，可口可乐公司在越南推行了"Coca-Cola 2nd Lives"的活动，免费提供40万份16种功能不同的瓶盖。使旧的可乐瓶瞬间变身为杠铃、水枪、喷壶、笔刷、调味瓶或者吹泡泡的玩具，用行动支持废物利用，增强环保、再利用的意识。

从2012年开始，星巴克在每年的地球日都会回馈星巴克自带杯的用户一杯咖啡，持续固定的活动潜移默化地影响消费者的环保观念。

支付宝推出蚂蚁森林抢能量活动，达到一定数值后支付宝就会在阿拉善等地区种下一棵树。根据支付宝2019年4月22日发布的数据，蚂蚁森林的累计用户已达到5亿，支付宝如约在阿拉善等地区种下了1亿棵树，为沙漠防风固沙。

H&M于2016年4月18日启动了"世界旧衣回收周"活动，希望通过全球3600多家门店向顾客回收1000吨闲置衣物，实现纺织品的闭合循环，一起环保爱地球。

资料来源：数英网．https://www.digitaling.com/articles/36765.html，有改动

四、政治法律环境

政治法律环境是指外部政治形势和状况以及国家方针政策的变化对企业市场营销活动带来的影响。政治和法律互相联系，政治因素调节着企业营销活动的方向，法律因素则为企业规定营销活动的行为准则。因此，企业开展市场营销活动，必须了解政治环境并遵守国家或政府颁布的相关法律、法规。

（一）政治因素

对政治因素的研究是要求市场营销者，对国内要了解党和政府的各项方针、路线、政策的制定和调整对企业市场营销的影响，对国际要了解政治权力与政治冲突对企业营销的影响。政治权力是指一国政府通过正式手段对外来企业权利予以约束，包括进口限制、外汇管制、劳工限制、贸易壁垒等方面。进口限制是指在法律和行政上限制进口的各项措施：一类是限制进口数量的各项措施，另一类是限制外国产品在本国市场上销售的措施。外汇管制是指一个国家政府对外汇的供需及利用加以限制。劳工限制是指所在国对劳工来源及使用方面的特殊规定。贸易壁垒是对国外商品劳务交换所设置的人为限制，主要是指一国对外国商品劳务进口所实行的各种限制措施。这些政治权力对市场营销活动的影响往往有一个发展过程，有些方面的变化，市场营销者可以通过认真地研究分析预测得到。政治冲突是指国际上重大事件和突发性事件对企业营销活动的影响，包括直接冲突与间接冲突两种。直接冲突有战争、暴力事件、绑架、恐怖活动、罢工、动乱等给企业营销活动带来的损失和影响；间接冲突主要是指由于政治冲突、国际上重大政治事件带来的经济政策的变化，国与国、地区与地区观点的对立或缓和常常影响其经济政策的变化，这些变化可能给企业带来机会，也可能使企业面临威胁。

（二）法律因素

法律因素是指对法律环境的研究分析，主要是指国家主管部门及省、自治区、直辖市颁布的各项法规、法令、条例等。市场营销者了解政府有关的经济方针政策，熟悉法律环境，既能保证企业自身严格按法律办事，不违反各项法律，有自己的行动规范，同时又能够用法律手段保障企业自身权益，使企业的营销活动更加顺畅。国家制定的法律法规有一部分是针对企业国内营销活动的，还有一部分是针对企业国际营销活动的。在我国，对营销活动产生直接影响的法律有《中华人民共和国广告法》《中华人民共和国专利法》《中华人民共和国食品安全法》《中华人民共和国商标法》《中华人民共和国环境保

护法》《中华人民共和国药品管理法》《中华人民共和国反不正当竞争法》等。市场营销者除了要研究各项与国内、国际市场营销有关的法律、规定外,还应该了解管理服务于企业市场营销活动的政府部门的职能与任务,这样才能全面了解、熟悉企业所处的外部政治法律环境,避免威胁,寻找机会。

案例 2-4

  消费者崇洋之风愈演愈烈、国内大牌乳企发展深陷窘境、杂牌毫无底线的市场打劫,都在摧毁着一个民族的未来和一个产业的未来。规范市场行为、治理虚假宣传等乱象已经迫在眉睫,国家食品药品监督管理总局于 2016 年 10 月 1 日正式实施了《婴幼儿配方乳粉产品配方注册管理办法》。被国人称为"史上最严"新政的实施,彰显了国家彻底规范婴幼儿配方奶粉市场的决心,希望通过最严格的标准来升级产业和产品,以扭转消费者对国产奶粉的固有认知,打破市场僵局。

  消费者拒绝购买国产婴幼儿奶粉的理由是不安全,他们对国产奶粉的安全性持有长期质疑和整体的不信任,让扎根配方奶粉市场多年的本土大牌乳企举步维艰。与此形成鲜明对比的是,洋品牌在国内市场被消费者疯狂吹捧,连众多贴牌产品的销量都能实现爆发式的增长。

  在新政实施的近一年里,国产婴幼儿配方奶粉市场简直是混乱不堪。那些无望的小品牌以杂乱的产品和毫无底线的价格战疯狂冲击市场,进一步加剧了消费者对国产奶粉品牌的不信任。国产奶粉品牌受制于经营压力,被迫加入价格战,一时狼烟四起,消费者在乱战中不知所措。

  市场的调整都有一个漫长的过渡期,利益的重新分配导致市场混乱。新政之下,大量的小品牌被扫地出门,战场的硝烟开始向各大知名品牌聚集。国家的力量体现得淋漓尽致,自上而下的政策高压线,重新规整了国产配方奶粉市场的行业秩序,为即将到来的行业新机遇做了良好的铺垫。

  2017 年 8 月 3 日晚,首批注册奶粉名单公之于众,终于为消费者点亮了明灯。消费者再也不用为采购本土奶粉品牌而犹豫不决,只需要按照名单公布的配方品牌进行选购就可购买到高品质的放心奶粉。

  重要的是,新政落地的信息会通过各大品牌后期的传播向大众广而告之,消费者对本土品牌的信心将得到提升,掀起新一轮本土品牌的消费热潮只是时间问题。新政的颁布,将使消费者感知到杂牌少了、品类少了。新政对国内生产与进口产品实施统一的注册管理也将让消费者更加客观地认识国内外产品情况,配方注册制奶粉成为第一选择。

  新政落地的威力将逐步得以释放,行业的竞争环境和格局也将进一步发生变化,市场会进一步净化,行业向寡头集中,大品牌的市场份额将随着中小品牌的逐步退出而进一步扩大。这对整个婴幼儿奶粉市场的影响是深远的。通过重整行业格局和秩序提升行业信任度是本次新政的核心之一。特别是在外资品牌基本占据整个主流市场的环境下,让本土乳企重拾行业信心的重要性是不言而喻的。古人有云:守正出奇。对于企业而言,最基本的是守正,只有做到守正才能在市场上做到出其不意的制胜。

  国家食品药品监督管理总局的高瞻远瞩在于通过提升行业门槛和制定更高级别的标

准,强制改变行业混乱的现状,让本土品牌有机会赢得消费者的信任,得以重新归来。

资料来源:张旭. http://www.cmmo.cn/article-207315-1.html,有改动

五、科学技术环境

现代科学技术是社会生产力中的决定性因素,作为重要的营销环境因素,不仅可以改变消费者的消费习惯,还直接影响企业内部的生产和经营。20世纪以来,科学技术日新月异,对企业营销活动的影响主要表现在以下三个方面。

(1)产品生命周期缩短,市场竞争更加复杂激烈。新的技术、新的发明不断应用于产品的制造使产品从发明创新进入市场,到被更新的产品淘汰退出市场的周期不断缩短。产品生命周期的缩短,一方面加剧了新产品上市的竞争,使很多企业被迫增加技术开发投入;另一方面企业的产品营销周期也必须大大缩短,在营销策略上要顺应这种短周期的特点。例如,晶体管取代电子管,后又被集成电路所取代;复印机工业打击复写纸工业;电视业打击电影业;化纤工业对传统棉纺业的冲击;等等。

(2)传统营销渠道发生变革。知识经济时代的到来推动了营销渠道的变革,起初的影响来自新型的贸易方式——电子数据交换(electronic data interchange, EDI),即通过电子计算机和通信网络来处理文件。人们可以通过互联网进行商品浏览、订货、付款、交货、广告、市场调查等一系列的商务活动。这种新型渠道的突出优势在于其便捷性和透明度。但网上销售毕竟是一个新生事物,在其发展中不可避免地存在各种各样的困难,包括消费者认知、支付安全、物流延迟和售后服务等。

(3)科学技术的发展提高了营销效率。首先,科学技术的发展,可使促销措施更有效。例如,电话、电视、传真技术、互联网等企业与顾客沟通的新型媒介的发展,使企业的商品和劳务信息及时准确地传送到全国乃至世界各地,这将大大有利于消费者了解相关信息,并起到刺激消费、促进销售的作用。其次,科学技术的发展,为企业提高营销效率提供了物质条件。例如,新的交通运输工具的发明或旧的运输工具的技术改进,使运输的效率大大提高;信息、通信设备的改善,更便于企业组织营销,提高营销效率。现代商业中网购、自动售货、邮购、电话订货、电视购物等方式的发展,既满足了消费者的要求,又使企业的营销效率更高。

案例 2-5

受限于店面面积,京东的无人超市内货品不算太多,但囊括了一个写字楼中产所必需的那些零食、热饮以及素食食品。和普通超市一样,每种类型的商品在不同的货架上摆放,并且每种商品面前都摆放了一个 E-Ink 的电子价签。

使用 E-Ink 电子价签是目前新零售模式一个常规的做法,好处在于 E-Ink 电子价签的数字化——京东运营可以非常方便地更改 E-Ink 屏幕上的信息,并且 E-Ink 屏幕比普通屏幕更省电以及更节省成本,这点与盒马鲜生同理。

询问店内工作人员后得知，这种 RFID（radio frequency identification，射频识别）标签是为了在结账的时候自动识别商品。有了这个标签，你甚至可以直接将商品装到兜里，或是放进书包里……因为它们通过无线的方式识别，所以过结账台的时候也完全不影响。

无人超市在结算通道同样设置了一个闸机，但这个闸机并不需要扫描二维码——当你走过去的时候它就会自动打开，直接走出去就进入支付结算通道。

不过，这个结算通道没有收银台，没有收银员，就是一个小过道，在过道底部写着"边走边结"……在这个小过道的正前方，有一个显示器、一个摄像头。因为人脸绑定了你的京东账户，京东账户也开通了免密服务，这个摄像头就可以通过进入时拍摄绑定的人脸进行识别。所以，顾客挑选完所有的商品之后，直接从支付结算通道走出去就好。

这家店的一些其他的新技术运用还包括，顾客进入店内之后，店内的传感器可以感知顾客行走的路线、所观察的商品，哪些商品被拿起以及看了几秒。后台对这些数据进行分析后，可以帮助超市运营人员进行精准营销。

京东通过对超市的定位分析，可以知道周围有多少用户，这些用户之前的购买偏好是什么，甚至分析出该用户是否已婚、是不是要生小孩、家里有没有老人、要买什么东西等。知道这些数据后，超市可以实现精准补货，也可以给出预测建议值发送到京东，然后通过配送员送到店内。

资料来源：搜狐网. http://www.sohu.com/a/200286535_99995714，有改动

六、社会文化环境

（一）教育状况

教育反映并影响着一定的社会生产力、生产关系和经济状况，一个国家或地区的教育水平与经济发展水平是密切相关的。受教育程度的高低，影响到消费者对商品功能、款式、包装和服务要求的差异性。例如在教育水平高的地区，当地消费者更多需要先进、精密、功能多、品质好、包装精美的产品。因此企业营销开展的市场开发、产品定价和促销等活动都要考虑到消费者所受教育程度的高低，采取不同的策略。

（二）风俗习惯

风俗习惯是指世代相袭固化而成并且不断重复从而变成需要的行为方式，对市场营销的影响主要表现在审美情趣、消费方式、新文化附加价值品开发和包装等方面。风俗习惯遍及社会的各个方面，包括婚丧习俗、饮食习惯、节日习俗、商业习俗等，世界各国的风俗习惯千差万别，甚至在同一企业中，不同的地区也有极不相同的习俗，因此在

进行营销活动时，要格外注重。了解目标市场消费者的禁忌、习惯、避讳等是企业进行市场营销的重要前提。例如，力士香皂在德国的广告宣传，展现的是一位明星手拿力士香皂要去冲淋浴的场景；而在英国的广告，则是同一明星在浴缸里使用力士香皂的画面。广告反映出德国人爱淋浴而英国人爱用浴缸的不同习惯。

（三）宗教信仰

千百年来，人类对生存和幸福的美好追求往往与宗教密切相关，人们会在宗教信仰中找到其存在的意义和信仰的合法性。宗教对人们的需求偏好、消费行为都有重要影响。

据统计，全世界60%的人信奉宗教，其中最具影响力的当属佛教、基督教、伊斯兰教等。全世界有20亿人信奉基督教，占据全球人口的33%，分布在欧洲、美洲、大洋洲的242个国家。有12亿人信奉伊斯兰教，分布在亚洲的西部、东南部，阿拉伯国家，非洲的北部。佛教徒有6亿，集中在东南亚。不同的宗教有自己独特的对节日礼仪、商品使用的要求和禁忌。

从国际营销的角度来看，宗教不仅仅是一种信仰，更重要的是它反映了相关消费者（教徒）的生活理想、消费愿望和追求目标。某些宗教组织甚至在教徒购买决策中有决定性的影响。在宗教色彩浓厚的国家和地区，不了解当地宗教情况，对有关的宗教要求、规定或禁忌不清楚，可能根本就无法开展营销活动。

案例 2-6

在阿拉伯国家，虔诚的伊斯兰教徒每日祈祷，无论是居家还是旅行，祈祷者在固定时间都要跪拜于地毯上，且要面向圣城麦加。比利时地毯厂厂商范得维格巧妙地将扁平的"指南针"嵌入祈祷用的小地毯上，该"指南针"指的不是正南正北，而是始终指向麦加城。这样，伊斯兰教徒只要有了他的地毯，无论走到哪里，只要把地毯往地上一铺，便可准确找到麦加城的所在方向。这种地毯一上市，立即成了抢手货。

欧洲一冻鸡出口商曾向阿拉伯国家出口冻鸡，把大量优质鸡用机器屠宰好，收拾干净利落，只是包装时鸡的个别部位稍带点血，就装船运出。不料这批货竟被退了回来。出口商迷惑不解，便派人前往进口国调查原因，才发现退货的原因不是质量有问题，而是出口商的加工方法违反了阿拉伯国家的禁忌，阿拉伯国家不允许用机器和由女性屠宰家禽，也不允许家禽带血，否则便会认为不吉祥。

资料来源：爱问共享资料网. http://ishare.iask.sina.com.cn/f/31yeUgZrwin.html

（四）价值观念

价值观念是指人们对社会生活中各种事物的态度和看法。不同的文化背景下，价值观念差异很大，影响着消费者的消费行为和消费方式。例如，西方国家许多人追求个人生活的最大自由，注重现实生活的感官享受，及时享乐、花钱痛快、超前消费现象司空见惯。而东方人则讲究节俭、朴素，为未来的考虑往往超过对现实生活的考虑，在收入相等情况下，储蓄高于西方发达国家。

（五）审美观念

审美观念通常是指人们对商品的好坏、美丑、善恶的评价，不同国家和地区的人由于长期的生活习惯和传统文化的不同，审美观点也各不相同。人们在市场上浏览、挑选、购买商品的过程，实际上就是一次审美活动，整个过程完全由消费者的审美观念来支配。因此，市场营销者在形象推销，设计文化附加价值品、包装和广告时，要注重不同目标市场消费者的审美差异。

★本章案例

在非互联网时代，厂商面对高昂的交易成本，不可能跟每一个消费者进行交易，而是让中间商承担了分销工作。而在互联网时代，这种一对多或者一对更多的交易，根本就不是问题了。分销工作被互联网取代了，人如果跟机器比赛肯定是要输的。传统商业最主要的两个成本——中间商与商铺，成了互联网商业的"埋单者"。多个互联网创业的成功者，都是让这两个冤大头埋单的。

我们再看看娃哈哈，其重要资源就在于这两块：结构森严的层级经销商和无所不至的铺货。在过去那个时代，娃哈哈正是凭借着自己的渠道优势，秒杀了许多同行，无论是农夫山泉的水溶C100，还是秋林的格瓦斯，娃哈哈财大气粗，人多势众，人家创新的产品，娃哈哈只需要在复制中变化、铺货再砸广告，就足以让原创者变成"山寨者"，翻手为云、覆手为雨。

但是，随着外部环境的改变，传统商业上的优势在互联网时代正在成为累赘。在过去的年代里，娃哈哈的渠道优势是其资源，在这个时代却成为尾大不掉的包袱，娃哈哈本来是卖饮料的，饮料当然比卖方便面、饼干类的利润率更高，可是归根结底是快消品，不可能有更多利润。

而这么多中间成本，想赚钱将越来越难。在过去大赚是因为行业尚未触顶，而今这个行业已经过剩了。我们知道快消品的盈利不是靠单笔毛利，而是靠更高的商品流转率，可是在过剩的时代，本来我一天喝一瓶，你也不可能让我喝两瓶，这是这个行业的天花板。在相对固定的储量前提下，增加销量也是以牺牲同行销量为代价的，很明显，这个行业已经进入"红海"。

资本来到世间就是为了赚钱，并且要增长着赚钱，如果这个行业无法再继续"开疆拓土"，只能同类相食才能扩张，那么必然进行以效率化为名的内部肃整，如渠道扁平化，厂商进行垂直管理，把本来属于大经销商的利益拿回企业，或者干脆一步到位，直接把所有中间商逐步剔除。

饮料这种商品跟其他商品有一个最重要的差别，就是"即时购买"，而其他商品可以"延时购买"。所谓的"即时购买"就是当时渴了就得马上买，即兴的。而别的东西都可以推后一下用电商来解决。饮料的这种特性，必须是在地面到处铺货撒网才能满足。

因为饮料的"即时购买"特性,饮料可能会成为唯一的一种仰赖地面商业的商品。这也就决定了娃哈哈这些饮料企业,难以像其他企业一样在互联网时代转型。这个行业已经饱和了,不可能像过去一样开疆拓土了,销售额的增长是以竞品的负增长为前提的零和博弈,增量的大盘几乎已经变成定量了,企业更多地只有在盈利率上做文章,也就是说要砍掉中间成本。要砍掉中间成本,最直接的就是两点:第一,向曾经患难与共的经销商兄弟开刀;第二,向零散的不计其数的终端开刀。但经销商跟这样零碎庞杂的终端是一体的。离开经销商,商品很难到达庞杂零碎的终端,所以,拿谁开刀都不容易。

当初 ERP (enterprise resource planning,企业资源计划) 系统推行时,很多人极力反对,因为机器又一次准备让大批人没事干,但是在人与机器的斗争中,最后都是机器赢了。富士康的机械手臂最终一定会战胜无数的时代热血青年。连锁终端的普及,也为 ERP 系统的推广提供了平台。企业与经销商分手时的尴尬难以想象,曾经患难与共、兄弟义气,而今分道扬镳。没有办法,中间商在互联网时代注定是个结构性失业的组织。饮料行业另一个革命者,可能就是我们司空见惯的自动售货机。在我们的印象里,自动售货机是个很愚蠢的玩意儿,不知道怎么用的,还经常断货,收钱还挺挑,简直愚蠢至极。哪里有冷饮摊贩的阿姨通情达理!是的,最早的火枪,哪里干得过大刀长矛!

自动售货机在过去的时代,顶多算个稀罕玩意儿,让大家新鲜新鲜还行,论卖东西实在不堪大任。但是这一切并不影响自动售货机在下一个时代大展拳脚,甚至能改变整个饮料行业的业态。

如果厂家在所有的终端建设自动售货机,那么厂家就可以直接跳过所有的中间商,也就砍掉了所有中间成本,虽然不能像电商一样,由厂商直达消费者手里那么直接,但是作为饮料这种即时购买的商品,厂商能直接铺货到顾客眼前已经是短平快了,并且这些自动售货机,除了可以贯穿 ERP 系统,还支持多种支付方式(如手机支付)。自动售货机不但承担着铺货和交易功能,还承担着数据采集等功能,大大降低管理运营成本。不同的是,与原来的经销商系统相对应,企业要成立一个配送系统。当然这个配送系统就可以邀请原来的部分经销商来辅助管理(经销商彻底转身成了搬运工)。

自动售货机与传统饮料终端是什么关系呢?可以是取代关系,即直接取代部分冷饮摊;也可以是替补关系,即在超市、连锁店替补冰柜区,当然并不影响成箱购买。或许,这些超市、连锁店在短时间内不会消失,但假若未来电商甚至微商一再扩张,这些地面商业入不敷出,就会关张大吉。因为超市、连锁店卖的大多数商品都可以通过电商解决。假设未来这些地面商品泥菩萨过河,这些饮料就没有了存身之处。那个时候,自动售货机就等于提前上了一份保险,仍能让这些饮料随时随地出现在顾客面前。

"联销体"如何去做自动售货体系?就如同娃哈哈当初招募代理商一样,现在要招募的是自动售货机加盟者,不但超市、便利店可以加盟,甚至像理发店、诊所等地面商业都可以加盟。它们无须负责自动售货机的运营,只需负责自动售货机的安全,不被破坏,就可以享受每年厂商的分红。从国外的饮料终端来看,自动售货机基本占据了主导地位,因为最终机器的平均成本远远低于人的成本。无论是娃哈哈还是康师傅、农夫山泉、统一,谁优先布局谁就占据了主动权。或者说在未来,这些饮料巨头的座次排序就是由自动售货机的渗透率决定的。

可是，娃哈哈可能是行动最慢的那一个，因为娃哈哈就是靠联合众多的经销商起家的，更容易形成依赖，多年与经销商如胶似漆地搅和。若想让娃哈哈挥刀劈斩这种关系，似乎是非常困难的。当然，自动售货机体系的建立，对于娃哈哈的"联销体"来说，也不全是坏事。经销商手里拥有更多品牌，更容易形成产品齐全、品类互补，更有利于自动售货机体系吸引用户。把"联销体"的做法，移植到自动售货机体系的建设中来，也不是不可能。全面自动化的时代注定到来，先到先得，看你决心。

资料来源：杨江涛，王金卫，《销售与市场》2015年第1期. http://www.cmmo.cn/article-188439-1.html，有改动

思考：1. 案例中提到的影响娃哈哈营销策略的环境因素有哪些？
2. 谈谈案例给你带来哪些启发。

★本章实训

（一）内容
（1）确定营销产品。
（2）确定销售区域。
（3）针对销售区域分析该地区的宏、微观环境。
（4）交流讨论。
（二）要求
（1）两周内完成。
（2）注重团队合作。
（3）每个团队3~5人。
（4）完成实训总结。

★本章思考题

1. 市场营销环境的特点是什么？分析市场营销环境有何意义？
2. 微观环境及其内容是什么？
3. 宏观环境及其内容是什么？
4. 人均GDP是什么？什么是个人收入、个人可支配收入及个人可任意支配收入？
5. 影响支出模式及消费结构的因素有哪些？
6. 不同环境背景下营销策略如何？
7. 市场竞争者分类有哪些？

第三章 市场营销信息系统与市场调研

学习目标： 了解市场信息对市场营销的重要作用，掌握市场营销信息系统的构成，运用市场调研的方法、学会撰写调研报告，掌握市场预测的内容和方法。

关键术语：

市场营销信息系统（marketing information system，MIS）
内部报告系统　internal reporting system
营销情报系统　marketing intelligence system
市场调研　marketing research
探索性调查　exploratory research
描述性调查　descriptive research
因果关系调查　causal research
二手数据　secondary data
原始数据　primary data
观察法　observational research
调查法　survey research
实验法　experimental research
焦点小组访谈　focus group interview
网上营销调研　online marketing research
网上焦点小组　online focus groups
样本　sample

案例导入

你了解市场调研吗

很多调查是基于这样一个基本问题开始的：请问您需要什么？

而实际上，很多被调查者并不能准确地表达他们的动机、需求和其他思想活动，当他们努力想要告知调查者他们心中所想时，其实有时候也不完全了解自己的真正需要。

一个人没调闹钟，早上 6:00 突然醒来。人们就问他为什么会那么早起床，他的大脑皮层就会产生各种各样的原因去解释他的行为：为了早上起来读英语，为了赶一个工作上的报告，等等。其实真正的背后原因可能是一阵风吹过，或者是一只蟑螂爬过把他惊醒。

乔布斯也曾表示"消费者并不知道自己需要什么,直到我们拿出自己的产品,他们就发现,这是我要的东西"。

实际经验告诉我们,很多时候被调查者显然是故意撒谎。有时是因为问题涉及的内容过于敏感,有时是因为答案会导致被调查者外在形象受损。

曾经有家手机厂商设计一部老人用的手机,调研了大量的老年人对手机的功能需求,包括大字体、紧急呼叫、语音留言等,可这部为老年人"量身定做"的手机面市以后,老年人并不认可。

原来从老年人角度看,使用这款手机就等于向别人承认自己年纪大、老眼昏花。

2016年美国大选中,美国主流媒体就大选结果进行大量的民意调查,尤其是摇摆州。摇摆州的票数直接影响到大选的走向。结果,几次民意调查显示摇摆州均大部分支持希拉里。

但是正式投票时,摇摆州却纷纷倒戈,将票投给特朗普。原因是民意调查时摇摆州(和没有表态的)的群众碍于面子(因为如果表示自己支持特朗普将会遭到周边人的冷漠对待),而做出与正式投票截然相反的票选行为。这就是正式大选结果与民意调查完全相反的背后根源。

被调查者发生行为,和仅仅是处于调查阶段的状态是不同的。调研过程中,被调查者往往受到心理学上已知影响的干扰。当其意识到调查正在进行、自己正处于旁人的观测之中时,被调查者的反应和做出的选择往往会与真实情况产生偏差,这一问题被称为"霍桑效应"。

中央电视台曾用问卷的方式在一个区域做节目收视率调查,很多被调查者在"经常看的节目"中,会倾向于选择《新闻联播》《经济半小时》《今日关注》《百家讲坛》等栏目。但真实的统计中却发现,娱乐、体育、电视剧节目的收视率被明显低估,而"正统类"电视节目的收视率并没有问卷调研结果那么高。

事后,不少被调查者提及,在接受调研的过程中,他们会认为自己应该多看一些"正统类"的电视节目。这是"霍桑效应"导致的结果。

如何做市场调研才能不被消费者"欺骗"?

观察消费者的决策行为,洞察其隐形需求。消费者会撒谎,但行为就是决策结果,具有可参考性。因此,关注消费者的购买决策,将行为结果与消费者的回答进行对比。如果两者相同,则证明消费者做出了诚实的回答;如果两者不一致,则以消费者的决策行为为准。

日本电通传播中心的策划总监山口千秋曾为三得利公司的罐装咖啡品牌WEST做市场调研,通过前期市场销售数据将WEST咖啡的目标人群定位为中年劳工(如出租车司机、卡车司机、底层业务员等)。当时品牌方对咖啡口味拿捏不准,味道是微苦好还是微甜好。

按一般调研公司的做法,先是请一批劳工到电通公司办公室里,把微苦、微甜两种咖啡放在同样的包装里,请他们试饮,大部分人都表示喜欢微苦的。

但山口千秋发现办公室并不是顾客日常饮用的场所。于是,他把两种口味的咖啡放到出租车站点、工厂等劳工真正接触的场所,发现微甜味咖啡被拿走得更多!真相是:"害怕承认自己喜欢甜味后,会被别人嘲笑不会品味正宗咖啡。"

有的时候,调查者自己就可以充当被调查者,将自己代入消费者角色去看待问题,这样也能挖掘到消费者内心的声音。

如负责某二锅头品牌策划的创作部经理曾经遇到一个难题,如何将二锅头的品牌植入受众身上。他没有急着去调研,而是将自己带入,自己去尝试产品,最后他发现二锅头这种烈酒喝起来就是痛快,自己的感受在那一刹是快活的。

同样,曾经很火的一句广告语——孤独的人总是晚回家,原创作者本身就是一个孤独的人,他有意识地记录自己一天的行踪,结果发现自己一个星期几乎绝大部分时间是晚归的,后来他自己也醒悟过来,因为自己害怕每天下班面对空空的家,十分无聊,所以选择晚归。他有意识地观察与他同类的其他人,发现大家都有类似的习惯。因此"孤独的人总是晚回家"是一群孤独的人的真实写照。

资料来源:七叔:http://www.cmmo.cn/article-205014-1.html,有改动

"凡事预则立,不预则废",市场调研是整个市场营销过程的第一步,只有进行广泛的市场分析,掌握消费者和竞争对手的最新动态,方能制定精准的市场营销战略,获得市场竞争优势。

第一节 市场营销信息系统与市场调研概述

一、市场营销信息系统

市场营销信息系统是市场营销决策的基础,在信息大爆炸的年代,营销决策过程包含通过信息系统进行信息的收集、筛选和有效选择的过程,以此保证做出科学和准确的营销决策。因此,市场营销信息系统具有重要的地位。

菲利普·科特勒曾将市场营销信息系统定义为:由人、设备和程序组成,为营销决策者收集、挑选、分析、评估和分配所需要的、适时的和准确的信息。

市场营销信息除具有一般信息的特征外,在以下几方面更具有营销信息的特殊性:①目的性;②系统性;③社会性。

市场营销信息系统主要包括以下四个组成部分。

(1)内部报告系统:提供企业内部信息,以内部会计系统为主,同时辅之以销售报告系统,集中反映订货、销售、存货、现金流量、应收及应付账款等数据资料。许多公司建立了大规模的内部数据库,即从公司内部数据来源收集的关于消费者和市场

的电子信息。

市场营销管理者可以随时接触和使用数据库中的信息，识别市场营销机会和问题，制订计划和评价绩效。

（2）营销情报系统：市场营销管理人员用以了解有关外部环境发展趋势的信息的各种来源与程序。营销情报系统能系统地收集和分析关于消费者、竞争对手和市场发展趋势的可公开获得的信息。

获取市场营销情报的目的是通过理解消费者环境、评价和追踪竞争者行为，以及提供机会和威胁的早期预警，更好地制定战略决策。

（3）营销调研系统：系统地设计、收集、分析和报告与特定营销环境有关的资料和研究结果。

（4）营销分析系统：企业以一些先进技术分析市场营销数据和问题的营销信息子系统。

二、市场调研

（一）市场调研概述

1. 市场调研的含义和作用

市场调研就是运用科学的方法，有目的、有计划、系统地收集、整理和分析研究有关市场营销方面的信息，提出解决问题的建议，供市场营销管理人员了解营销环境，发现机会与问题，作为市场预测和营销决策的依据。

市场调研是企业营销活动的出发点，其作用主要是：①有利于制定科学的营销规划；②有利于优化营销组合；③有利于开拓新的市场。

2. 市场调研的类型

市场调研根据不同的标准，划分为不同的类型，具体有以下两种划分标准。

（1）按照调查主体可分为四种类型：政府部门的市场调查、企业的市场调查、社会组织的市场调查和个人的市场调查，如表 3-1 所示。

表 3-1 调查主体的分类

调查主体	特点
政府部门	涉及范围比较广，内容多，对于国计民生意义重大
企业	市场调查活动的主要主体
社会组织	专业性强，调查结果可信，参考价值比较高
个人	范围小、内容少、历时短和不规范

①政府部门的市场调查。在市场经济活动中，政府是宏观经济的管理者和协调者。

政府通过政策、法规等活动影响宏观经济活动。例如，我国修改后的新劳动法在工时方面的限制（劳动者每日工作时间不超过 8 小时、平均每周工作时间不超过 44 小时，用人单位应当保证劳动者每周至少休息 1 日，延长工作时间，一般每日不得超过 1 小时；因特殊原因需要延长工作时间的，在保障劳动者身体健康的条件下延长工作时间每日不得超过 3 小时，每月不得超过 36 小时。)，节假日加班工资报酬、各项社保基金的交付等政策有可能使中国逐步失去劳动力成本优势，有可能导致劳动密集型产业的产业转移。

对经济有重大影响作用的政府部门的调查结果往往涉及范围比较广，内容多，对于国计民生意义重大。因此，它对于个人，尤其是企业，具有很重要的指导意义。企业应该尽可能地利用政府市场调查的各种信息资料。信息资料可以从政府网站上下载，也可以到政府职能部门索取。

②企业的市场调查。企业是市场调查活动的主要主体。一些市场意识比较强的企业都非常重视市场调查活动，近几年，我国市场调查机构增长很快，但是从业人员素质良莠不齐，很多中小企业对市场调查重视不够，所投入的费用也很少。

③社会组织的市场调查。一些社会组织也会参与到市场调查活动中。社会组织主要包括学校、医院、军队、中国文联、中国侨联、中国残联、宋庆龄基金会等。社会组织的市场调查活动往往具有专业性较强、调查结果可信度较高、调查和研究结果参考价值较高的特点。

④个人的市场调查。个人的市场调查活动因为资金、人员、专业素质等各方面因素的限制，导致范围小、内容少、历时短和不规范的缺点。但是，在一些内容和方法都具有隐蔽性特点的市场调查活动中，个人节能型的调查活动还是比较多的。例如，上海统计局开展住房空置率调查，调查计划在进行了 2 年之后搁浅。此后，热心市民和热心网友自发组织调查活动，通过晚上调查亮灯的窗户的数目来进行相关统计。

（2）按照调查性质可分为探索性调查、描述性调查、因果关系调查和预测性调查。

①探索性调查。探索性调查也称初步调查或非正式调查。因为它是我们在调查之初，面对所出现的问题而不知道其症结所在，心中无数，无法确定要调查哪些内容而采用的。所以，总结一下：它是在正式调查前的初步、肤浅、试探性的，为了使问题更明确而进行的小规模调查活动。这种调查特别有助于把一个大而模糊的问题表达为小而准确的子问题，并识别出需要进一步调研的信息。

案例 3-1

某化妆品公司的口红市场份额去年下降了，公司无法一一查知原因，就可用探索性调查来发掘问题。

问题到底出现在产品质量和功能上（颜色不够红润、味道不讨广大女性喜爱等），还是因为经济衰退的影响，是广告支出的减少，是销售代理效率低，还是消费者的习惯改变了，等等。

总之，此时就适宜采用走访、座谈会、收集分析二手资料等方法来初步了解情况，发现问题所在，为正式深入调查扫清障碍，做好准备。

②描述性调查。描述性调查作为正式调查的一种，是市场调查的主要形式。它主要是寻求对"什么事情""谁""什么时候""什么地点""怎么样"这样一些问题的回答（4W1H：what/who/when/where/how）。它可以描述不同消费者群体在需要、态度、行为等方面的差异。描述的结果，尽管不能对"为什么"给出回答，但也可用作解决营销问题所需的信息。

案例 3-2

百货商店的顾客调查了解到该店 67% 的顾客主要是年龄在 18~44 岁的女性，并经常带着家人、朋友一起来购物。这种描述性调查提供了重要的决策信息，使商店特别重视直接向妇女开展促销活动。

需要注意的是，描述性调查获得的资料必须真实、详尽、系统，在调查中必须按照市场调查的步骤进行，要有完整的市场调查方案和具体的收集信息的工具，使调查在周密的计划中进行。

③因果关系调查。因果关系调查也是正式调查的一种，它是调查一个因素的改变是否引起另一个因素改变的研究活动，目的是识别变量之间的因果关系。市场不断变化，直接影响到企业的经营成果，有结果就有原因，因果关系调查就是侧重了解市场变化原因的调查。

案例 3-3

某品牌牙膏广告效果测试

首先我们要知道我们测试什么。

知晓阶段——目标人群中，有多少人已经知道我们的产品、服务和公司？

理解阶段——有多少人已经知道我们广告中要传达的特定观点？

确信阶段——有多少人在心目中已对购买我们的产品有偏好？

行动阶段——有多少人已经采取我们希望的行动，如购买产品、造访零售商，或要求销售员造访？

测试结果如表 3-2 所示。

表 3-2　某品牌牙膏广告测试效果

阶段		广告活动前	广告活动后	广告效果
知晓（知道品牌名称）	提示前回忆	18%	24%	+6%
	提示后回忆	35%	40%	+5%
理解（了解广告信息）	信息 A	6%	7%	+1%
	信息 B	10%	20%	+10%
	信息 C	8%	12%	+4%
确信（倾向偏好购买）	心态上倾向	4%	7%	+3%
行动（显示行动）	产生购买行动	2%	4%	+2%

结论：广告是有效的。

④预测性调查。预测性调查是指为了预测市场供求变化趋势或企业生产经营前景而进行的具有推断性的调查，主要是预计和测算未来可能出现的各种状况及概率。其目的在于掌握未来市场的发展趋势，为经营管理决策和市场营销决策提供依据。调查重点是"将来会怎么样"。

四种调查方法应该怎么选择呢？一般来说，如果对调研问题的情况几乎一无所知，那么调查研究就要从探索性调查开始。在探索性调查的基础上，多数情况下还应继续进行描述性调查或因果关系调查。探索性调查一般都是作为起始步骤，但有时这类研究也需要跟随在描述性调查或因果关系调查之后进行。预测性调查是以描述性调查和因果关系调查为基础的，是描述性调查或因果关系调查的进一步深化和拓展。

案例 3-4

日本企业怎样开发中国家电市场

1978年，中国开始实行改革开放政策，引起西方发达国家的兴趣，美国和欧洲诸国的家电企业先后派人到中国市场进行考察。此次改革开放使得外国企业都十分想了解一下神秘的中国和神秘的中国家电市场，要调查一下它到底是个什么样子。这个调查是什么调查？

同时，日本的家电企业也派人来调查，虽然当时我国的职工年平均工资仅有644元，但日本人认为东方民族家庭素有积攒钱财的习惯，而且为了一个家庭认同的目标，省吃俭用的精神可以发挥到极致，这是欧美人士难以理解的。这个调查是什么调查？

因此，当时日本企业人员预计最迟到1985年，中国家电市场的消费高潮就要到来，于是积极进行适合中国市场的家电产品的开发。这个调查是什么调查？

1983年，中国的家电消费高潮出现，比日本企业人员的预计提前了两年。到了1985年，中国进口的家用电器产品达到700万件（台），其中日本企业的产品占23.6%。当时欧美国家的新闻媒体称，日本企业现在正夜以继日，为中国市场加班加点赶制产品。

3. 市场调研的原则

市场调研的原则主要有时效性原则、准确性原则、科学性原则和效益性原则。

（1）时效性原则。市场调研的时效性表现为及时捕捉和抓住市场上任何有用的情报、信息，及时分析、及时反馈，为企业在经营过程中适时地制定和调整策略创造条件。企业决策做完了，信息还没来，这就耽误事了，信息的意义也不大了。

（2）准确性原则。准确性原则是指对市场调研资料的收集、整理、分析必须实事求是，尊重客观事实，切忌用主观臆断来代替科学的分析。资料收集时的造假行为、数据分析时的主观判断都可能造成信息的失真。

（3）科学性原则。市场调研不是简单的收集情报和信息的活动，为了在时间和经费都有限的情况下获得更多更准确的信息资料，必须对整个调研过程进行科学的安排，必须运用科学的调查方法、科学的信息收集加工手段来进行辅佐，为企业经营决策提供正确的信息。

（4）效益性原则。市场调研是一项费时费力费钱的工作，不仅需要人的体力脑力支出，同时还要利用一定的物质手段，比如说要花钱雇人帮忙，比如说有时需要租赁一些设备如摄像头等，比如说面谈过后要提供答谢礼品，等等，这个钱花得可多可少。所以，无论是大企业还是小企业，在进行市场调研的时候都必须讲究经济效益，争取以最少的投入取得最好的效果。

（二）市场调研的内容

市场调研随着目的不同、范围不同，调研的内容也有所差异。市场调研主要涉及内容有产品调研、顾客调研、竞争环境、销售调研、促销调研、渠道调研、价格调研。

（三）市场调研的过程

市场调研的过程通常包括四个步骤，如图3-1所示。

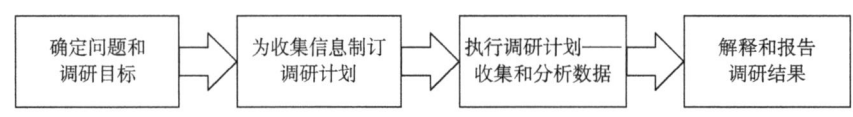

图3-1 市场调研的过程

在市场调研的过程中需要收集信息数据制订调研计划，市场调研计划可以要求收集二手数据、原始数据。二手数据是指已经存在的为其他目的收集的信息。原始数据是指为当前特殊的目标而专门收集的信息。公司可以从外部供应商那购买二手数据。运用商业性网上数据库（commercial online databases），市场调研人员可以自己搜索二手数据来源。除此之外，网络搜索引擎也可以是寻找相关二手数据来源的大帮手。

调研人员必须仔细地评估二手数据，确保其相关性（适合当前调研项目的目标）、准确性（可靠地收集和报告）、及时性（数据更新，适合当前决策的需要）以及无偏性（客观地收集和报告）。

原始数据收集可采用如下调研方法。

（1）观察法。观察法是指通过观察相关的人员、行为和情景来收集原始数据。

（2）人种学研究。人种学研究是指派出训练有素的调研人员，在自然状态下观察顾客，并与他们互动。

（3）调查法。调查法是收集原始数据最常用的方法，最适用于收集描述性数据，如消费者了解程度、态度、消费偏好或购买行为。这种方法非常灵活，但是出于隐私考虑，消费者可能不想或无法说出内心真实想法。

（4）实验法。实验法是指选择配对的实验组，分别给予他们不同的处理，并控制无关的因素，从而考察不同组间被试的反应有何不同，这种方法最适用收集反映因果关系的信息。

最后，市场调研人员必须解释调研所得到的发现，提出结论并向管理者报告。在解释调研结果时，管理者和市场调研人员必须紧密合作，双方都必须对调研过程和相应的决策承担责任。

第二节　市场调研的方法

任何市场调研都要借助一定的调查方法。所谓市场调研方法，就是指市场调查者在实际调查过程中收集各种市场信息资料时所采用的各种方法的统称。市场调研中经常采用的方法有访问调查法、观察调查法、实验调查法、问卷调查法等。

一、访问调查法

访问调查法是指调查者通过询问的方式向被调查者了解、收集信息资料的调查方法。访问调查法是市场调查中最基本、应用最普遍的方法。访问既可以是面对面访问，也可以是书面访问。通过访问调查法可以向被调查者收集大量第一手的市场信息资料。一般来说，访问调查法包括以下几种。

（一）面谈调查

面谈调查是指调查者与被调查者面对面直接询问、交谈来获取市场信息资料的方法。按参加面谈的被调查者人数不同分为个人面谈和集体面谈两种形式。面谈调查法非常灵活，一般能适用各种内容的调查，其局限性是调查对象不能广泛，调查花费时间较长、费用较高。此外，访谈过程很难完全排除主观因素的影响，在面谈调查中，对于一些比较敏感的问题，是不宜当面询问的，这也是面谈调查存在的局限。

（二）邮寄调查

邮寄调查是指调查者将设计印刷好的调查问卷通过邮政系统寄给已选定的被调查者，由被调查者按要求填写后再寄回来，调查者对调查问卷整理分析，得到市场信息的调查方法。

采用邮寄调查法，首先，要选择好邮寄调查的对象。一般可利用各种通讯录、名册等，也可利用电脑，电脑中储存了大量客户的名单，从中抽选部分客户，作为邮寄调查的对象。其次，要努力提高调查问卷的回收率。为了提高问卷回收率，一般的方法有：一是在寄出调查问卷时，一定要附上空白信封和邮票。在信封上已事先写好调查单位的地址，并贴上足够邮票，这会使被调查者感到真诚，并增强回答问卷的责任感。二是物质上的激励，即随问卷附上某种有价值的东西，如优惠购物券、小礼物等。这些措施有益于提高问卷回收率。

问卷形式调查的优点是面广、样本数量多，费用相对小，被调查者思考时间多而真实，缺点是问卷回收率较低，寄出的问卷往往不能按期收回。调查所需时间较长，邮寄往返和被调查者思考、填写都需要一定的时间。此外，邮寄调查无法对被调查者填写问卷进行必要的解释和指导，容易产生填写的差错。尽管如此，邮寄调查仍是一种在国内外广泛采用的调查方法。

（三）电话调查

电话调查是指调查者通过电话向被调查者询问有关内容，来收集市场信息资料的调查方法。电话调查一般以电话簿为基础，进行随机抽样，然后拨通电话来调查。

电话调查的优点有：取得市场信息资料的速度快；节省调查时间和经费；覆盖面广，可以对任何有电话的地区、单位和个人进行调查；电话调查的方式十分方便灵活。其局限性是调查对象不全面。此外，电话调查只能调查较为简单的问题，不能调查复杂问题，因为电话询问的时间不宜太长。

（四）留置调查

留置调查是指调查者将调查问卷当面交给被调查者，并详细说明调查目的和填写要求，留下问卷，由被调查者自行填写，再由调查者定期收回问卷的一种调查方法。

留置调查的优点是问卷回收率高，被调查者可以当面了解填写问卷的要求，避免由于误解提问内容而产生误差。填写时间较充裕，便于思考回忆。其主要局限性是调查地域范围小，调查代表性差，调查费用高。从方法本身而言，留置调查是介于邮寄调查和面谈调查之间的一种方法，调查问卷设计与邮寄调查相似，但提问方式可以更灵活、更具体，因为有不清楚的地方，填写人可当面澄清疑问。

二、观察调查法

观察调查法是指调查者利用自身的感官或借助仪器设备观察被调查者的行为活动，从而获取市场信息资料的调查方法。观察调查法的最大特点是被调查者是处在自然状态下接受调查的，即当被调查者被调查时，并不感觉到自己正在被调查。在访问调查法中，调查者与被调查者直接见面谈话或通过问卷，向被调查者提出问题要求回答。被调查者明显感觉到自己正在被调查。而在观察调查法中，调查者凭直观感觉或是利用录像机等仪器设备记录考察被调查者的行为活动，所以被调查者并不感到自己被调查。例如，某厂要调查顾客喜爱什么样品牌、性能、价格的电冰箱，就派人到销售现场调查，即观察顾客选购电冰箱的行为状况。此时，顾客并不会意识到自己正在被调查。观察调查法要求在自然状态下对调查对象进行考察。同时，观察调查法是观察者（调查者）有目的、有计划地认识市场现象的活动，它不是随便看看而已，这也是观察调查法的重要特点。

观察调查法的主要类型包括以下几种。

（一）直接观察法

直接观察法包括销售现场观察和使用现场观察。销售现场观察是指调查者到商场、经销店、各种展销会、交易会等现场，亲自观察和记录顾客的购买情况、购买情绪、同类产品竞争程度、新类产品竞争程度、新产品的设计以及各种商品的性能、样式、价格、包装等。使用现场观察是在用户的使用现场，了解用户使用本企业生产或经销商品的情况，包括用途、使用条件、顾客在使用时遇到的困难、顾客要求等，以发现问题并及时加以改进。

（二）痕迹观察法

痕迹观察法不是观察被调查者正在进行的活动行为，而是观察被调查者活动行为留下来的痕迹。对被调查者的活动留下的痕迹进行观察，可以收集到一些有价值的市场信息资料。例如，美国一家广告公司，为了进行电视广告收视率调查，经用户同意，在1200个家庭的电视机上安装了电子记录器，与公司总部相连，当观众收看时，就能把所看电视的频道、节目记录下来，这样就可以了解观众喜欢什么样的电视台和电视节目，确定广告播出的黄金时间。近年来，国外还流行一种调查形式：食品橱观察。调查者访问居民家庭，要求看一看食品橱，记录食品存放数量、品种、时间，从而得到食品消费的市场信息。这也是痕迹观察法的一种。与此类似的还有梳妆台化妆品观察，以此收集化妆品需求信息。还有的调查者从居民垃圾中收集信息，将城市各处生活垃圾抽样收集、清点分类，得到生活消费的市场信息，观察消费者活动后的痕迹。

（三）亲身经历法

亲身经历法是指调查者参与到被调查者的活动中进行观察。例如，一些商场中的企业信息员，他们为获得与本企业产品有关的信息，常年以售货员的身份在商场从事销售工作，观察顾客购买本企业产品的情况及同类竞争性产品的销售情况。

（四）行为记录法

行为记录法是指通过录像机、照相机等仪器设备来记录活动过程，进一步收集信息。例如通过在商场的不同部位安装摄像系统，可以较好地记录售货员和顾客的行为表现，借助仪器设备进行现场观察记录效率较高，也比较客观。

三、实验调查法

实验调查法是一种特殊的市场调研方法。它是根据市场调研的目的，把调研对象置于一定的条件下，进行实验对比来收集市场信息资料的调查方法。例如某洗衣液的销售量上不去，初步分析可能是洗衣液包装太陈旧，缺乏吸引力。该厂决定对洗衣液包装进行更新实验，即先对少量洗衣液由旧包装改为新包装，而后拿到市场上试销，看看新包装洗衣液的销售量能否增加。如果试销结果是销售量大增，那么企业就可以决策，对所有的洗衣液进行新包装。

实验调查法的优点有：一是能获得市场情况的第一手信息资料，为预测未来的市场需求提供客观根据。企业要想知道改变老产品的质量、价格、包装、款式等，会产生多大的促销效果，就可以运用实验调查法。在选择的特定的地区和时间内进行小规模试验改革，试探了解市场反应，然后根据试验的初步结果，再考虑是否需要大规模推广，或者决定推广的规模。这样做有利于提高经营活动的预见性，减少盲目性。二是这种实验取得的数据比较客观，可靠性较强，可信度较高，排除了主观推论的偏差，科学性强。三是实验调查更能发挥调查者在调查工作中的主动创造性。因为采用实验调查法进行市场调查，可以有控制地分析、观察某些市场现象间的因果关系及其相互影响程度。这是访问调查法、观察调查法不易做到的。

实验调查法的局限性在于实验效果的准确性不一定绝对可靠。实验调查法是从自然科学中的实验方法移植过来的。但是对市场上的各种因素进行实验，不可能像自然科学中的试验一样准确。这是因为市场上的实验对象会受到多种不可控因素的影响。因此，对实验效果要做认真分析。此外，实验调查费用较高、时间长，而且实验调查只适合于对当前市场变量进行观察分析，无法研究过去的情况，无法收集未来市场变化的信息。

四、调查问卷法

调查问卷是指调查者根据调查的目的而设计的一系列问题的调查表。调查问卷是市场调查的一般工具，问卷设计的好坏，在很大程度上决定着调查问卷的回收率、有效率，甚至关系到整个市场调查活动的成败。因此，问卷设计的科学性在市场调查中具有关键性意义。要正确设计问卷，首先要了解问卷的一般结构。调查问卷的一般结构一般包括三个部分，即说明信、调查内容和结束语。其中调查内容是问卷的核心部分，是每一份问卷必不可少的内容，而其他部分则根据设计者需要可取可舍。

说明信一般包括调查问卷的标题、调查的目的、意义和填表要求等。说明信主要用来向被调查者说明市场调查的主题是什么，调查主办单位是谁，此次调查有何重要性，同时恳请被调查者积极配合和支持。每个调查问卷都有一个调查主题，调查问卷标题要准确地反映调查的主题，使人一目了然。通过调查说明及填表要求，使被调查者了解调查的目的和意义，消除顾虑，并按一定的要求填写问卷。调查问卷中必须说明市场调查者的身份。说明身份可以在说明信中说明，也可以在问卷末尾结束语中说明。调查者说明身份有助于打消被调查者的疑虑。在说明身份时，不仅要写清楚单位或组织的名称，还应说明地址、电话号码、邮政编码等具体情况，充分体现出市场调查的正规性，取得被调查者的信任。

调查内容是调查问卷的核心部分，也是市场调查所要收集的主要信息资料的来源。通过这一部分问题的设计和被调查者的答复，市场调查者可以对被调查者的个人基本情况，如性别、年龄、职业等或被调查者对某一特定事物的态度反应和意见倾向有充分的了解。

结束语放在问卷的最后。一方面对被调查者的积极合作表示诚恳的感谢，另一方面还应向被调查者征询对市场调查问卷设计的内容的意见和想法。征询意见可用具体的问题表示出来。例如，您对这份问卷的内容有何看法：A.很有意义 B.可能会起些作用 C.意义不大 D.不必要 E.没过多考虑。结束语要求简短明了。有的问卷也可以不要结束语，但也要有对被调查者表示感谢的语句。

调查问卷法是标准化、书面化的调查，这就决定了调查问卷法既有许多突出的优点，也有明显的局限性。调查问卷法的优点是：它能突破时空的限制，在极大范围内，对众多的调查对象同时进行调查。它适用于对各种社会经济现象的调查。调查问卷法也是一种节省人力、财力和时间的调查方法。调查问卷法可以在较短时间内，同时调查很多被调查者，非常节省人力和费用。正因为调查问卷法具有这个明显的优点，才使很多市场调查研究人员把它作为首选的收集资料方法。调查问卷法所取得的调查资料易于整理归纳和分析研究。调查问卷法的局限性在于只能获得书面的市场信息资料，而不能了解到具体、生动的市场现象。因此，问卷调查不能代替实地调查。调查的问卷回收率低，有时会影响市场调查的工作。此外，调查问卷只能适用于有一定文字理解能力和表达能力的调查对象，而不适用于文化程度低的调查对象，从而影响了调查对象的广泛性、全面性。但是，上述的不足，并不影响调查问卷法在社会经济生活调查中，尤其是市场调研中的重要作用。

此外，在调查问卷法的应用过程中，还需要注意的问题有以下几点。

（一）样本选择

被调查者的样本选择一般包括随机抽样、非随机抽样和判断抽样。随机抽样包括简单随机抽样（随机偶然抽取样本）、等距抽样（间隔相同的个体数量抽样，也叫系统抽样）、分层抽样（随机从不同的层次中抽取样本）、分群随机抽样（先随机抽出一个群体，再在该群体中进行调查）。非随机抽样即每个单位被抽取的概率不等，包括按照调查者方便与否、喜欢与否来任意抽样（先按照自己的意愿进行分类）。判断抽样是根据自己的判断然后选定代表性的群体进行抽样。

（二）问卷设计的主要问句形式

调查问卷的主要问句形式如表 3-3 所示。

表 3-3　调查问卷的主要问句形式

形式	解释	举例
对错式 是否式	提供"是""否"两个答案	入住本酒店前是否与酒店直接预约？ 是？不是？（或者对？还是错？）
多选式	提供三个备选答案（或更多预先设置的答案供选择）	这次与你同住酒店的是 没人？家人？同事？朋友？旅行团？子女？
程度式 尺度式	显示同意与否、支持与否程度	国外酒店的服务普遍高于国内酒店吗？ 很同意？同意？说不准？很不同意？不同意？
重要式	显示对方认为的重要性	酒店的服务质量对我选择酒店 很重要？重要？一般？不重要？最不重要？
欲望式	显示对方的欲望	本酒店提供母亲节套餐，你会带母亲来吗？ 肯定会？应该会？难说？不会？一定不会？
评议式	请对方加以评议	你认为本餐厅的服务质量 很好？好？一般？不好？很不好？
开放式	可以自由回答，不受限制	周末一般喜欢去哪里休闲？
顺序式	给出预先设置答案，请按照重要性排序	你最喜欢的化妆品牌依次是 蝶妆？绿丹兰？美宝莲？玉兰油？郑明明？
回想法	回想能想到的品牌的印象	按照最有印象的品牌排序

（三）问卷问题设计的要求

1. 问题要具体，不应笼统

问题太笼统，会使被调查者无从答起。如"您对本商品是否感到满意？"这一问题太笼统，不具体。顾客对商品是否满意，包括多方面的内容，如商品价格、商品质量、商品的包装、商品的退换货流程等。所以上述问题应具体化为"您对本商品价格是否感到满意？""您对本商品质量是否感到满意？""您对本商品售后服务是否感到满意？"

2. 问题要考虑到时间性

不要提时间过久的问题，因为时间过久的问题易使人遗忘。如"您去年家庭的生活费支出是多少？用于食品、衣服分别为多少？"除非被调查者连续记账，否则很难回答出来。一般可用"您家上月生活费支出是多少？"显然，这样缩小时间范围可使问题回忆起来较容易，答案也比较准确。

3. 问题不能带有诱导性或倾向性用词

问题的表述要客观、中立，而不能是诱导性或倾向性的。例如，"消费者普遍认为××牌子的冰箱好，您的印象如何？"诱导性提问会导致两个不良后果：一是被调查者不加思考就同意所引导问题中暗示的结论；二是由于诱导性提问大多是引用权威或大多数人的态度，被调查者考虑到这个结论既然已经是普遍的结论，就会产生心理上的从众反应。

4. 问题要避免断定性的结论

问题中包含断定性结论，是对被调查者先入为主的看法，违背了调查要客观的原则。例如，"你一天抽多少支烟？"这种问题即断定性问题，被调查者如果根本不抽烟，就会造成无法回答。正确的处理办法是此问题可加一"过滤"性问题。即"你抽烟吗？"如果回答者回答"是"，可继续提问，否则就可终止提问。

5. 问题的表述要简短、通俗、易懂

提的问题一般不宜太长，要力求简短。提问时还应采用通俗易懂的语言，不要采用研究者才用的专业术语，否则会增加被调查者的填答难度，或使被调查者根本无法正确理解问题。如"您家的生活消费结构是怎样的？""您家的恩格尔系数是多少？"这里使用的词语"消费结构""恩格尔系数"都不是通俗易懂的，一般被调查者无法理解，也就无法做出回答。

6. 敏感性的问题，应注意提问的方式

对人们的收入、个人隐私等敏感性问题，不宜采用直接询问的方式，而应采用间接和模糊、转移的方式。例如调查职工的月收入，可以将收入分为几个档次，用区间方式把问题提出：1501～3000元；3001～6000元；6001～10 000元；10 000元以上。让被调查者从中做出选择，自己属于哪一个区间。

第三节 市场调研报告

一、市场调研报告的含义及类型

市场调研报告是为社会、企业、各个部门服务的一种重要形式，是所有市场调查活动和调查成果的集中体现。调研报告是对某一事物、某一问题或某一时间进行调查研究后透过数据现象分析数据之间隐含的关系，使我们对事物的认识能从感性认识上升到理

性认识，最终形成书面报告从而更好地指导实践活动，它是调查研究报告的简称。

一般而言，撰写报告按照受众的接受情况分为两种类型：其一，技术性报告。技术性报告是面向那些懂得技术术语并且对该课题所涉及的技术方面有兴趣的人。其二，一般性报告。一般性报告是面向那些对研究方法和结果的技术性方面兴趣很少的受众。

二、市场调研报告撰写的要求

市场调研报告作为调研决策的最后依据，需满足以下要求。

（一）针对性

由于市场调研报告最终服务的受众不同，因此，市场调研报告要做到有的放矢，锚定目标，其内容要反映调研组织者所要求的有关市场信息，采用科学的分析方式为组织者提供有针对性的市场调研结果。

（二）完整性

一份完整的报告应当是为其受众提供他们所需要的所有信息。其具体表现为，一方面，报告不能忽略必要的定义和简短的解释；另一方面，报告不管长度还是深度都应可以接受。

（三）准确性

市场调研报告讲求资料的准确性和逻辑的正确性。报告的准确性首先要注意用词准确。市场调研报告在时间用语上要注意使用绝对表示法，尽可能避免相对表示法。在以中文书写的调研报告中，使用数字应该按照国家的规范用法。其次，报告中的数据资料需用科学的理论进行充分的阐述，使人们明白其具体含义。最后，结论的提出要符合实际，使其对策具有可操作性。

（四）简洁性

在保证报告完整的前提下必须有选择地采用信息。研究人员必须避免使读者面对所有的信息资料。简洁就是用最少的字表达出最完整、清楚的信息。

三、市场调研报告的基本结构

（一）题目

题目包括市场调研报告的标题、报告日期、委托方、调查方等。一般应打印在扉页上。标题是画龙点睛之笔，好的标题，一名既立，境界全出。标题必须准确揭示报告的主题思想，做到题文相符。标题要简单明了、高度概括，具有较强的吸引力。标题的形式一般包括直叙式标题、表明观点式标题、提出问题式标题。

（二）目录

提交市场调研报告时，如果涉及的内容很多、页数很多，为了便于读者阅读，可把各项内容用目录或索引形式标记出来。这使读者对报告的整体框架有一个具体的了解。目录包括各章节的标题，包括题目、大标题、小标题、附件及各部分所在的页码等。

（三）摘要

摘要是市场调研报告中的内容提要。摘要包括的内容主要有：为什么要调研；如何开展调研；有什么发现；其意义是什么；如果可能，应在管理上采取什么措施等。摘要不仅为报告的其余部分规定了切实的方向，同时也使管理者在评审调研的结果与建议时有了一个大致的参考框架。摘要由以下几个部分组成。

（1）调查目的：为什么要开展调研，为什么公司要在这方面花费时间和金钱，想要通过调研得到些什么。

（2）调查对象和调查内容：如调查时间、地点、对象、范围、调查要点及要解答的问题等。

（3）调查研究的方法：如问卷设计、数据处理是由谁完成，问卷结构，有效问卷有多少，抽样的基本情况，研究方法的选择等。

（四）正文

正文是市场调研报告的主要部分。正文部分必须正确阐明全部有关论据，包括问题的提出到引起的结论，论证的全部过程，分析研究问题的方法等。正文包括引言和论述部分。

1. 引言

引言是市场调研报告正文开始的部分。引言中包括基本的授权内容和相关的背景材料，其目的在于解释、说明为何开展此项调研和此项调研要解决的问题。

2. 论述部分

论述必须准确阐明全部有关论据，根据预测所得的结论，建议有关部门采取相应措施，以便解决问题。论述部分主要包括基本情况部分和分析部分两部分。其一，基本情况部分：对调查数据资料及背景做客观的介绍说明、提出问题、肯定事物的一面；其二，分析部分：包括原因分析、利弊分析和预测分析。

（五）结论和建议

结论和建议应当采用简明扼要的语言。好的结论，可使读者明确题旨，加深认识，启发读者思考和联想。结论一般有以下几个方面。
（1）概括全文：经过层层剖析后，综合说明调查报告的主要观点，深化文章的主题。
（2）形成结论：在对真实资料进行深入细致的科学分析的基础上，得出报告的结论。
（3）提出看法和建议：通过分析，形成对事物的看法，在此基础上，提出建议和可行性方案。
（4）展望未来、说明意义：通过调查分析展望未来前景。

（六）附件

附件是指调查报告中正文包含不了或没有提及，但与正文有关，必须附加说明的部分。它是正文报告的补充或更详尽说明。附件通常包括的内容有：调查提纲、调查问卷和观察记录表，被访问人（机构单位）名单，较为复杂的抽样调查技术的说明，一些次关键数据的计算（最关键数据的计算，如果所占篇幅不大，应该编入正文），较为复杂的统计表和参考文献等。

四、市场调研报告撰写过程中的常见问题

（一）篇幅冗长

调查者试图告诉读者所有的工作结果，将所有的证明、结论和上百页的打印材料都纳入市场调研报告中，会带来"信息超载"的问题。篇幅冗长的报告降低了被阅读的可能性，同时也削弱了调研报告本身的价值。

（二）解释不充分

报告中只是简单陈列或重复图表或数据，忽视对其进行相应的文字说明和解释工作，一方面，读者不能迅速了解报告强调的观点；另一方面，也容易让读者产生不信任感。

（三）脱离实际

读者想知道的是，对于营销目标来说调研结果意味着什么，现在能达到目标吗，产品或服务是否需要重新定位。与调研目的无关的资料或表述不具有实际意义。

第四节　市场需求预测

一、市场需求预测的概念和作用

市场需求预测是指通过对消费者的购买心理和消费习惯的分析，以及对国民收入水平、收入分配政策的研究，推断出社会的市场总消费水平。企业在营销过程中，往往面临着许多营销机会，需要企业对市场做出合理的选择以确定自己的目标市场。但是在选择自己的目标市场时，需要对市场机会进行认真的分析比较，以选出最具有吸引力的细分市场。评估市场吸引力的标准主要有两项：市场规模（market size）和市场增长（market growth）。因此，营销者需要知道如何来估计市场规模以及其未来的增长。如整个市场的规模有多大，不同地区的市场规模有多大，目标市场的规模又有多大，若干年后，市场规模将会增长到多大程度，企业的销售潜力如何，一般来说，市场需求预测包括市场需求量估计和预测未来市场容量及产品竞争能力。

二、市场需求预测的方法

市场需求预测的方法，一般可以分为定性预测和定量预测两大类。

（一）定性预测方法

定性预测方法是指建立在经验判断的基础上，并对判断结果进行有效处理的预测方法，适用于预测对象受到各种因素的影响，又无法对其影响因素进行定量分析的情况。定性预测的基本原理是运用逻辑学的方法，来推断预测对象未来的发展趋势。定性预测受个人经验判断的影响，具有一定的局限性。

常用的定性预测方法包括专家会议法、德尔菲法（Delphi method）、类推预测法等。

1. 专家会议法

专家会议法是指组织有关方面专家，通过会议形式进行预测，综合专家意见，得出结论。这种方法适用于市场需求的长期预测，需要有市场历史发展资料和信息做预测基础。

2. 德尔菲法

德尔菲法，也称专家调查法或专家意见法，是指以匿名方式，轮番征询专家意见，最终得出预测结果的一种集体经验判断法。运用德尔菲法进行市场预测，一般都要经过如下几个步骤。

（1）成立预测领导小组，选定专家。

（2）拟定征询表，准备背景材料。征询表是将要调查了解的内容按照一定顺序和逻辑关系排列而成的表格，是专家回答问题的依据。

（3）进行多轮匿名征询。

（4）做出预测结论。经验和研究表明，专家意见的分布是接近或符合正态分布的。

3. 类推预测法

类推预测法是指根据市场及其环境的相似性，从一个已知的产品或市场区域的需求和变化趋势，推测其他类似产品或市场区域的需求及其变化趋势的一种判断预测方法。类推预测法同样需要多年历史资料作为预测基础。

总体来说，定性预测方法适合做长远规划或大趋势预测。因时间长，可变因素太多，具体量化不太可能，而且对新产品的生产与经营等情况缺乏历史资料，很难进行预测。此外，采用定性预测方法也容易受主观因素的影响。

（二）定量预测方法

常用的定量预测方法有回归分析法、弹性系数法、时间序列分析法等多种方法。它们都是针对历史数据和统计资料，建立合适的数学模型，通过分析和计算，推断出未来的经济发展和市场变化情况。由于影响事物的因素是多方面的，很多因素的变化是不可预知的、难以量化的，如国家政策的变化、人们消费偏好的改变等，因此定量预测的结果也存在一定误差，需要进行修正。

1. 回归分析法

一个事物的发展变化经常与其他事物存在直接与间接的联系，通过统计分析可能找到其中的规律。回归分析法是描述分析相关因素相互关系的一种数理统计方法，通过建立一个或一组自变量与相关随机变量的回归分析模型，来预测相关随机变量的未来值。采用这种方法需要占有充分的历史数据，预测的准确性还与市场的成熟度密切相关。

回归分析法按分析中自变量的个数分为一元回归与多元回归；按自变量与因变量的关系分为线性回归与非线性回归。

一元线性回归模型形式为

$$y = a + bx + e$$

式中：y 为因变量，即拟进行预测的变量；x 为自变量，即引起因变量 y 变化的变量；a、b 为表示 x 和 y 之间关系的系数；e 为误差项。

例：某饮料公司用统计的方式发现，影响饮料需求量的最主要因素是年均温度和人均收入，它的表达方程式为

$$Q = 6.46x_1 - 2.37x_2 - 145.5$$

式中：x_1 为该地区的华氏[①]温度；x_2 为该地区人均收入，单位为百美元。美国新泽西州的年均华氏温度为54，年均收入为24，则代入公式可得

$$Q = 6.46 \times 54 - 2.37 \times 24 - 145.5 = 146.46$$

实际的情况是143，相差不大。

2. 弹性系数法

弹性系数法是一种相对简单易行的定量预测方法。弹性是一个相对量，可衡量某一变量的改变所引起的另一变量的相对变化。弹性总是针对两个变量而言的。例如，需求的价格弹性系数所考察的两个变量是某一特定商品的价格和需求量；能源弹性则是考察 GDP 与能源消费量之间的关系。

（1）收入弹性。商品需求的收入弹性是指商品价格保持不变时，该商品购买量变化比例与消费者收入变化比例之比。收入弹性可表示为

$$收入弹性 = 购买量变化比例/消费者收入变化比例$$

（2）价格弹性。商品需求的价格弹性是指当收入水平保持不变时，该商品购买量变化比例与价格变化比例之比。价格弹性可表示为

$$价格弹性 = 购买量变化比例/价格变化比例$$

一般价格弹性均为负数，这反映了价格的变动方向与需求量变动方向的不一致性。价格上升，需求量会下降；价格下降，需求量会上升。

例：某市通过几家有代表性的大百货商场实验销售，得到有关彩色电视机的销售价格与销售量的关系资料，如表3-4所示。

表3-4 彩电销售价格与销售量

均价/（元/台）		销售量/台	
降价前	降价后	降价前	降价后
2900	2100	4500	7600

---

① 1华氏度 = 17.22 摄氏度。

又知，该市去年彩电销售量为26 000台，今年预计彩电平均每台降价300元。试预测今年彩电的需求潜量。

首先计算彩电需求的价格弹性系数：$\varepsilon_p = [(7600-4500)/4500] \div [(2100-2900)/2900] = -2.497$，然后根据预测模型，预测今年彩电的需求潜量

$$Q = 26\,000 + (-2.497) \times 26\,000 \times (-300)/2100 \approx 35\,275（台）$$

例：某地区基期各类商品零售额和需求收入弹性系数如表3-5所示。

表3-5 某地区基期各类商品零售额和需求收入弹性系数

项目	食品	衣着	日用品	文娱用品	其他商品	非商品	合计
需求收入弹性系数	0.57	0.83	1.35	1.52	0.96	0.73	
零售额/亿元	580	150	180	70	30	80	1090

设该地区居民收入在预测期内将增长20%。试预测该地区在预测期内各类商品及劳务需求。

食品类：$Q_{食} = 580 \times (1 + 20\% \times 0.57) = 646.12（亿元）$

衣着类：$Q_{衣} = 150 \times (1 + 20\% \times 0.83) = 174.9（亿元）$

日用品类：$Q_{日} = 180 \times (1 + 20\% \times 1.35) = 228.6（亿元）$

文娱用品类：$Q_{文} = 70 \times (1 + 20\% \times 1.52) = 91.28（亿元）$

其他商品类：$Q_{其} = 30 \times (1 + 20\% \times 0.96) = 35.76（亿元）$

非商品类：$Q_{非} = 80 \times (1 + 20\% \times 0.73) = 91.68（亿元）$

3. 时间序列分析法

在市场预测中，经常遇到按时间排列的统计数据，如按月份、季度和年度统计的GDP、发电量、客运量、销售量等数据，称时间序列。时间序列预测就是通过对预测目标本身时间序列的处理，研究预测目标的变化趋势。许多企业是根据过去的销售业绩，按时间序列来预测未来销售发展趋势。

当然，这首先要通过分析企业历年来的销售数据，以确定其具有连续性的因果关系，然后才能作为用于预测未来销售发展趋势的依据。

某产品历年的销售量（Y）的时间序列，可以按趋势（trend）、周期（cycle）、季节（season）和偶然事件（erratic events）四个主要因素来分析。

第一个要素是趋势（T），即人口、资金、构成和技术等要素发展变化的基本情况。这可以从过去的销售曲线的变化规律中推测出来，也可看作过去销售曲线的自然延伸。

第二个要素是周期（C），即经济周期波动的影响。由于经济发展具有一定的周期性，因此剔除周期性的影响对中期预测相当重要。

第三个要素是季节（S），是指一年中销售变化的固有模式，如与日、周、月或季节相关的规律性变动。这种变动往往是与气候、假日等时间概念相联系的。季节性模式往往作为短期销售的一种依据。

第四个要素是偶然事件（E），包括风雨等各种自然灾害及动乱等。这些因素都属于

不可抗力的范畴。根据历史资料进行预测时，一定要剔除这些偶然因素，以得到规范的销售行为模式。

时间序列分析就是根据以上四个要素分析原始销售数列 Y，再结合这些要素来预测未来的销售量，如某洗衣机销售商今年已销售出 12 000 台，现在预测明年的销售量。已知年增长趋势为每年递增 5%，估计明年的销量为 12 600（ = 12 000×1.05）台。但由于经济下滑，预计销量仅为正常情况下的 80%，即 10 080（ = 12 600×0.8）台。如果每月的销量相等的话，那么月平均销售量应为 840（ = 10 080÷12）台。然而，12 月往往是销售高峰，高于其他月份，季节指数为 1.4。所以，预计明年 12 月的销售量可能达到 1176（ = 840×1.4）台。此外还要预计不会发生各种自然灾害或不可抗力等。

当然，市场营销人员总在不断寻找更好的预测目前需求和未来需求的方法，以便为市场营销提供更多更好的分析市场的方法和手段。

★本章案例

美国航空公司注意探索为航空旅行者提供他们需要的新服务。一位营销经理提出在高空为乘客提供电话通信的想法。其他的经理认为这是激动人心的，并同意应对此做进一步的研究。于是，提出这一建议的营销经理自愿为此做初步调查。他和一个大电信公司接触，以研究波音 747 飞机从东海岸到西海岸的飞行途中，电话服务在技术上是否可行。据电信公司讲，这种系统每次航行成本大约是 1000 美元，因此，如果每次电话收费 25 美元，则在每航次中至少有 40 人通话才能保本。于是这位营销经理与本公司的市场调研经理联系，请他研究旅客对这种新服务将做出何种反应。

1）确定问题与调研目标

（1）乘客在航行期间通电话的主要原因是什么？

（2）哪些类型的乘客最喜欢在航行中打电话？

（3）有多少乘客可能会打电话？各种层次的价格对他们有何影响？

（4）这一新服务会使美国航空公司增加多少乘客？

（5）这一服务对美国航空公司的形象将会产生多少有长期意义的影响？

（6）电话服务与其他因素诸如航班计划、食物和行李处理等相比，其重要性将怎样？

2）拟订调研计划

假定该公司不做任何市场调研而在飞机上提供电话服务，并获得长期利润 5 万美元，营销经理认为调研会帮助公司改进促销计划而可获得长期利润 9 万美元。在这种情况下，在市场调研上所花的费用最高为 4 万美元。

调研计划包括资料来源、调研方法、调研工具、抽样计划、接触方法。

3）收集信息（略）

4）分析信息（略）

5）提出结论

经过调研，得出以下几个结论。

（1）使用飞机上电话服务的主要原因是：有紧急情况，紧迫的商业交易，飞行时间上的混乱，等等。用电话来消磨时间的现象是不大会发生的。绝大多数的电话是商人所打的，并且他们要报销单。

（2）每200人中，大约有20位乘客愿花费25美元打一次电话；而约40人期望每次通话费为15美元。因此，每次收15美元（40×15=600）比收25美元（20×25=500）有更多的收入。然而，这些收入都大大低于飞行通话的保本成本点1000美元。

（3）推行飞行中的电话服务使美国航空公司每次航班能增加2个额外的乘客，从这2人身上能收到400美元的纯收入，然而，这也不足以帮助抵付保本成本点。

（4）提供飞行服务强化了美国航空公司作为创新和进步的航空公司的公众形象。

思考：1. 案例中市场调研采用了哪些方法？
　　　2. 谈谈案例给你带来的启发。

★ 本章实训

（一）内容

（1）为一种产品升级设计市场调研方案。
（2）确定产品升级的必要性和可行性。
（3）采用多种调研方法。
（4）交流讨论。

（二）要求

（1）两周内完成。
（2）注重团队合作。
（3）每个团队3~5人。
（4）完成实训总结。

★ 本章思考题

1. 市场调研的含义是什么？
2. 市场调研的方法有哪些？
3. 市场调研问卷的设计需注意的问题有哪些？
4. 市场需求预测的内容和方法是什么？

第四章　市场营销战略与营销管理

学习目标：掌握企业战略的概念及作用；掌握市场营销战略的概念及作用；理解企业战略与市场营销战略的关系；掌握市场营销战略规划的步骤；了解常见的市场营销战略工具；掌握市场营销活动管理的过程及步骤。

关键术语：
企业战略　　enterprise strategy
市场营销战略　marketing strategy
市场营销组合　marketing mix
市场营销执行　marketing implementation
市场营销控制　marketing control

案例导入

江小白成功的关键点：战略规划

江小白的一个表达瓶燃爆了整个营销领域，也使得江小白从一个名不见经传的小品牌一下跃变为红遍全国的酒类黑马，且俘获并牢牢抓住了80后、90后年轻人的心。江小白异军突起，营销界绝大多数人把它的成功归结为：江小白方案的成功、江小白表达瓶的成功、产品创新的成功、社会化媒体营销的成功……

江小白的崛起，不单单是因为一个文案、一个构思、一个产品创新、一个营销创新，而是一个系统运营的创新，它提升了渠道效率、传播效率、运营效率、沟通管理效率。

江小白前营销总监认为，江小白成功最关键的一点是其战略规划。

白酒类的传统企业创新多数是基于获取短期利益，跟进跟风，属渠道运营思维；而江小白以追求长期价值为出发点，属品牌运营思维。品牌建设不是三五天就能做到的事情，全中国的酒类销售终端大约有300万家，也不是一两年就能吞并覆盖的，这一切都需要时间沉淀。

在中国，酒水市场每年销售收入达6000多亿元，这个市场足够庞大。江小白的营销者认为任何一款白酒品牌如果能在一县或一市建立起渠道壁垒就比较优秀了，如果能在一个省建立起品牌壁垒就非常优秀了。因此，江小白选择以省作为营销区域，并且遵循直接突破省会的打法来攻占省内市场，产品由省会向省内其他城市扩张，从高行政级别的城市向低行政级别的城市扩张。在全国,江小白也采取了从一、二线市场往三、四线市场突破的方式。

成都市场的成功是江小白引进风投和开拓南方市场的转折点。在开拓成都市场时,江小白运用保姆式营销模式,嫁接雪花 1/3 的配送商,为江小白进入成都打通了渠道,无须在渠道上花费精力和竞品博弈,也无须在非战略方向消费有限的资源。有限聚焦所有的人力、物力在消费者这个支点上全力以赴,通过社会化营销、地铁框架、公众传媒的立体媒体营销,加上线下持久大力度地一波波创新地推活动,用 10 个月把成都做成一个大样板市场,为江小白提供了可复制的运营经验。

江小白从产品、组织架构、传播和管理模式四个方面构建省级市场营销战略。在战略的具体执行和推广方面,充分做到线上线下结合:利用"互联网+"掌控制空权,精准打击 C 端,建立品牌和系统化的线下营销。

资料来源:根据 http://www.sohu.com/a/161969452_99918041 资料编纂

第一节 企业战略与市场营销战略

一、企业战略及其作用

(一)企业战略规划的含义

每个企业都必须在特定的情境、机会、目标和资源下谋求长期生存与发展,企业在组织目标、能力与不断变化的市场机会之间建立和维持战略适配的过程就构成了企业战略的核心。具体而言,企业战略就是指企业为了求得长期的生存和发展,将其主要目标、方针、策略和行动信号构成一个协调的整体结构与总体行动方案而进行的谋划。企业的战略规划是对公司整体资源的整合计划,可以被看作全局的、长远的指导性计划。战略规划为企业其他计划设定了舞台和约束,是企业未来发展的引领方向。

企业战略规划是一个过程,首先需要企业最高决策层定义企业使命;然后根据企业使命和企业所掌握的整体资源状态设定企业未来的整体发展目标;最后根据企业未来整体发展目标,决定企业要开展哪些业务组合或产品组合与企业目标最匹配,然后为这些业务组合或产品分配资源。

(二)企业战略规划步骤

企业通常可以根据以下三个步骤进行战略规划。

1. 确定市场导向的企业使命

企业是为了什么而存在的？这一目的应该被清晰地描述出来。著名营销学家菲利普·科特勒设计了一系列问题，通过对这些问题的回答来帮助企业以市场为导向确定自己的使命，这些问题如下。

我们的企业是干什么的？

谁是我们的顾客？

顾客看重什么？

我们的事业应该是什么？

企业对上述问题慎重而完整地回答，会对自己的市场使命更清晰。例如，企业会清楚地了解自己的资源流向，会知道自己要遵守的主要政策和核心价值观，也会明确自己在市场上的竞争范围。当然，一个成功的企业在成长和发展过程中应该不断地提出这些问题，因为市场总是在变化。

在实践中，多数企业是通过制定正式的"使命陈述"来完成对上述问题的回答。企业通过使命陈述来说明组织的目标，以此来引导组织中的每一个人向组织的目标前进。需要说明的是，应该基于市场需求来陈述使命，以确保企业目标与市场环境的相融性。例如，IBM作为全球知名的计算机硬件和软件企业，将自己的使命定义为"提供帮助顾客建设更为智慧的地球的技术方案"，而没有将企业使命定义为具体的技术或产品，因为对于计算机行业而言，技术或产品的进步是非常快的，但是市场对于更加智慧的技术方案的需求却是永不过时的。另外，企业关于公司使命的陈述，要有正面的、积极的激励意义，强调企业的优势，不过分强调或关注利润，将利润视为更好地满足顾客需求的回报。

2. 设定企业目标

在确定企业使命后，需要将其转化为明确的企业目标，为企业管理层指明实现企业使命的方向和途径。企业目标应该是针对每一个管理层级的详细的支持性目标。因此，它应该是一套层级目标体系，既包括业务层面的目标，也包括营销层面的目标，通常包括以下具体指标：产品销售额、销售增长率、产品销售地区、市场占有率、利润率、投资收益率、产品品质与成本水平、产品创新、顾客满意度和企业的公关形象等。

企业目标是企业战略的重要组成部分，企业各部门和层级对相关企业目标的追逐引导企业实现企业使命。因此，在设定企业目标过程中应该遵循以下原则。

（1）系统性原则。企业目标可以被理解为企业使命的具体表现形式，企业使命为企业整体指明行为原则和行为方向，相应的企业目标也应该是一套涵盖企业各个部门和各级层面的目标体系，并且需要保证各部门和各层级之间的目标设定具有协调性与一致性，各目标之间不能发生冲突。

（2）可度量性原则。任何目标都必须是可度量的、可考核的，否则就失去了目标的意义。

（3）可实践性原则。企业目标的设定要以企业资源和市场环境的现实情况为基础，不宜过高或过低,企业各层级的目标需要被执行者接受,并且具有一定的挑战性。

(4)时间约束性原则。所有的目标必须具备相应的时间约束,即在规定的时间范围内实现企业目标。这样,企业在不同阶段和不同的时期内,其目标可能是不同的,因此,还需要保证不同时期的企业目标具有连续性,保证企业经营在时间上的连贯性。

3. 规划业务组合

企业目标明确后,接下来企业需要考虑的是通过哪些业务和产品组合运营来实现企业的目标。在这一过程中,企业管理层需要根据企业资源、市场环境和企业目标,重新规划企业的业务组合,将企业的优势资源分配给潜在营利能力强的业务,削减或剔除较弱的业务。企业规划业务组合通常可以分为以下两个步骤。

(1)分析当前的业务组合。企业管理者需要对企业目前开展的各类业务和运营的产品进行评价,区分出哪些业务的营利能力(或潜在营利能力)较强、哪些业务的前景较弱。波士顿咨询集团(Boston Consulting Group,BCG)法是最常见的业务分类和评价方法。

(2)制定增长战略和精简战略。企业根据对当前业务组合的评估结果,为不同的业务分配相应的企业资源,制定增长战略和精简战略。制定增长战略是企业针对营利能力强的业务分配优质资源,以优质资源为该业务提供增长的资源保障。如果企业中的某些业务不能盈利或与企业总体目标不一致,就需要调整、出售或者剥离这些业务。

二、企业战略规划业务组合评价——波士顿咨询集团法

当企业的战略包含多种业务时,决策者可以运用公司业务组合矩阵来对业务组合进行管理和分析。BCG矩阵是目前最常见的公司多业务管理方法之一,该方法由波士顿咨询集团开发,并以该咨询集团的名称而命名。BCG矩阵根据业务单元在市场份额和市场增长率两个方面的表现,将公司业务标注在一个 2×2 维的矩阵中(图4-1),以判定哪项业务可以为企业提供较高的潜在收益,哪项业务在消耗企业的资源。BCG矩阵的横轴表示业务的市场份额,该指标度量了公司业务目前在市场上的实力和地位;纵轴表示了业务的市场增长率,该指标显示了未来市场的吸引力。

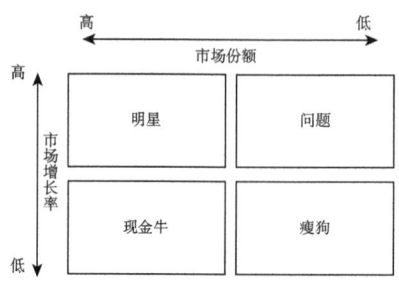

图4-1 BCG矩阵

BCG矩阵被划分为四个象限，分别为现金牛（低增长，高市场份额）、明星（高增长，高市场份额）、问题（高增长，低市场份额）和瘦狗（低增长，低市场份额）。根据对业务的评估结果，一项业务会落在上述的四个象限之一。

现金牛（低增长，高市场份额）。落在这个象限的业务是已经成功的业务单位，这个象限的业务仅需要较少的投入来维持其市场份额，它们可以为企业带来大量的净现金流，可用于支付各种费用和支持其他战略业务单位的投资需求。低增长率则意味着现金牛业务未来的增长潜力是有限的。

明星（高增长，高市场份额）。明星象限的业务是高增长率和占有高市场份额的业务单位，这些业务处于快速增长的市场中，并且占有主导的市场地位，明星业务对企业现金流的贡献取决于投入的资源，因此这类业务常常需要大量投资以支持其快速发展。明星业务发展到一定阶段后，其增长速度通常会放慢，转变为现金牛业务。

问题（高增长，低市场份额）。问题象限的业务是高增长市场中的低市场份额业务，这些业务需要管理者进行认真的评估和思考，是否有能力转化为明星业务，如果不能，则需要考虑是否淘汰此项业务。

瘦狗（低增长，低市场份额）。处于这个范畴的业务一般不消耗大量的现金，但也不能为企业带来大量的现金流，通常处于自给自足的状态。这类业务的增长潜力不大，通常会被决策层考虑出售或清算。

三、从企业战略到市场营销战略

企业战略规划的制定始于对企业使命的设定。企业使命随即被转化为详细的目标体系以指导企业的整体发展。然后企业选择要发展的业务或产品组合，并将企业的资源在不同业务或产品项目上进行分配。企业资源被分配后，每个业务或产品项目都需要继续制订详细的业务发展计划，包括市场营销计划，以确保企业战略的实现（图4-2）。

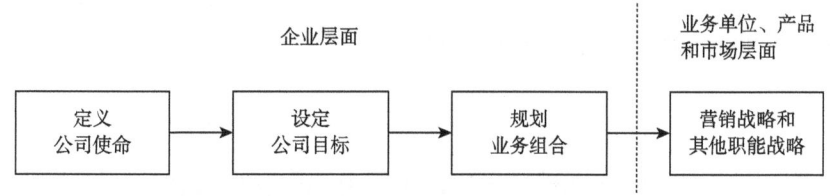

图4-2 战略计划步骤

市场营销计划实质上是企业战略向业务或产品层面的延伸，也是确保企业战略实现的保障之一。市场营销观念认为顾客居于中心地位，创造顾客价值是企业市场营销活动的核心，基于客户需求的多样化和顾客价值感知的主观性，企业不可能为所有消费者服务，因此企业战略应该围绕与主要客户群建立有价值的客户关系展开；在单个业务单位中，市场营销帮助业务单位识别最有潜力的目标顾客群体，并帮助业务单位以有利可图的方式实现业务或产品项目目标。公司业务或产品项目在制订市场营销计划的过程中，需要市场营销战略作为指导。

菲利普·科特勒将市场营销战略定义为公司借以创造顾客价值和实现有利可图的客户关系的市场营销逻辑。市场营销战略帮助业务单位明确为哪些顾客服务［市场细分（market segmentation）和目标市场选择］以及如何为这些顾客服务［差异化（differentiation）和定位（positioning）］。

就企业战略和市场营销战略的关系来看，市场营销战略可以被看作市场层面对企业战略的支持。

案例 4-1

可口可乐公司战略的调整

在过去很长一段时期内，可口可乐公司凭借可口可乐单一产品独大，也围绕这一产品形成了企业的整个产业布局——数量庞大、关系复杂的瓶装厂，遍布 200 个国家和地区的行销网络，每天能够售卖出 19 亿瓶可口可乐自有或者授权的饮料。不过，这些不断做重的资产却侵蚀了可口可乐的利润，拉低了可口可乐的整体回报。

2016 年底，可口可乐将中国区所有瓶装厂业务出售；2017 年，可口可乐完成了美国瓶装业务经营权的出售，合计达 60 笔交易。可口可乐决心从规模导向转向价值导向和利润导向，聚焦到最核心的业务——品牌经营上。可口可乐 CEO 在 2018 年一季度的分析师会议上指出"可口可乐可以帮助品牌快速提升价值，实现规模化"。

数据显示，可口可乐目前拥有 21 个销售额达到 10 亿美元的品牌，未来还将进一步提升这个数字。为此，可口可乐设立了风险投资和新兴品牌部门（venturing & emerging brands，VEB），用来投资、培育和孵化下一个年销售额 10 亿美元的饮料，气泡水品牌 Topo Chico，椰子水 Zico 和 HonestTea 等都在其中。可口可乐希望通过行销体系的效率改进和创新品牌经营方式，让纳入自己生态中的品牌迅速成长。2018 年初，可口可乐同一天在 37 个国家推出了 FUZE Tea 这个茶品牌。Quincey 认为这种灵活机动的方式很有挑战性，不过此举也使得 FUZE 的品牌价值翻倍。

资料来源：节选自梁宵《可口可乐凭什么在饮料界活了 132 年？》，世界经理人网站. http://www.ceconline.com/strategy/ma/8800093338/01/，有改动

第二节 市场营销战略规划

一、市场营销战略规划过程

市场营销战略以创造顾客价值和建立有利可图的客户关系为最终目的，企业市场

营销部门需要根据战略规划,在综合考虑企业内、外部环境因素的基础上确定项目服务的目标群体,并通过制定相应市场营销策略组合(marketing mix)来满足目标顾客群体的需求。具体来讲,一项业务或产品的市场营销战略规划应该包括图 4-3 所示的过程。

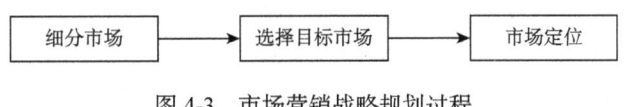

图 4-3 市场营销战略规划过程

(一)细分市场

创造顾客价值是市场营销活动的目标和基础。消费者的需求千差万别,企业不可能通过开展同一业务或提供同一产品满足所有消费者的需求,多数企业都是从市场上选择某一类消费者作为自己的目标顾客进行服务。市场细分就是企业进行目标顾客选择的基础。市场细分是指将市场划分为独特的购买者群体,这些群体之间在需要、特征或行为上存在明显差异,需要企业利用不同的产品或市场营销计划来满足他们的需求。

进行市场细分的标准和方式有很多,如通过地理区域、性别、职业、年龄等对消费者进行细分,但对某项服务或产品而言,并不是所有的细分方式和细分结果都是有效的。例如胰岛素制造商根据收入水平对消费者进行细分显然是没有意义的,因为不同收入水平的消费者对于胰岛素制造商的营销策略几乎不会有差别反应。于汽车制造商而言,根据收入水平细分市场往往是有效的,高收入群体往往更关注汽车的舒适性等品质特征,对汽车的定价反应相对不太敏感;而低收入群体则往往很关注汽车的经济性,对汽车的定价反应会比较敏感。

(二)选择目标市场

企业在依据某个或某几个标准完成对市场的细分后,就需要决定为哪(几)个细分市场中的消费者服务。需要说明的是,目标市场的选择决策应该建立在对各个细分市场吸引力评价的基础上。企业最终应该选择的目标市场是自己能够创造最大化顾客价值并可以长期保持竞争优势和获取客观盈利的细分市场。

(三)市场定位

1. 市场定位与差异化

企业选定目标市场后,市场营销决策者需要考虑产品或服务在市场上的定位问题。多数企业在市场上都会有竞争者,产品或服务定位的本质就是向消费者充分展示自己产品或服务与竞争对手的差异化。如果不能让消费者感觉到自己产品或服务与其他产品的差异化,对于消费者而言,就没有充分的理由来购买它。因此,产品或服务定位是相对于竞争者而言，必须设法使自己的产品在目标顾客的心目中占据一个清晰、独特而理想的位置。

有效的定位始于差异化。企业在为自己的产品或服务定位的过程中，必须首先明确顾客可能看重的差异点，这些可识别的差异点就是企业在目标市场确定竞争优势的依据。通常情况下，企业的竞争优势可以概括为两个方面：第一，向消费者提供比竞争者更低的价格，即价格优势；第二，在合理的价格水平上向消费者提供更多的顾客价值。显然，第二类竞争优势往往能为企业带来更可观的利润。因此，市场营销学认为的企业有效的定位所立足的差异点应该是通过向消费者提供更多的顾客价值将自己的产品或服务与竞争对手区分。需要注意的是，企业一旦向消费者承诺更多的价值，就必须传递更多的价值。

2. 制定市场营销策略组合

企业的差异化定位需要借助具体的市场营销策略组合来实现。市场营销策略组合是现代市场营销中最重要的概念之一，营销学家菲利普·科特勒将其定义为企业为使目标市场能产生预期反应而整合使用的一系列策略性营销工具。最常见的营销策略工具包括产品策略、价格策略、渠道策略和促销策略，简称 4P 策略。

产品，是指企业决定向目标市场提供的产品或服务的组合。

价格，是指顾客为获得产品所必须支付的货币数额。

渠道，是指企业将自己产品或服务送达消费者的各类活动。

促销，是指向目标顾客沟通产品价值，说服他们购买的活动。

在市场营销策略组合实践过程中，每一项策略工具下面又包括若干种营销工具（表 4-1），这在后面的章节中将详细论述。

表 4-1 市场营销策略组合

营销策略	营销工具
产品策略	种类、质量、设计、特征、品牌名称、包装、服务
价格策略	标价、折扣、津贴、付款期、信用条款
渠道策略	覆盖面、种类、地点、存货、运输、物流
促销策略	广告、人员促销、销售促进、公共关系

案例 4-2

雅迪电动车差异化突围价格战

2015 年之前，雅迪电动车经营很困难，因为有一个强有力的竞争对手——B 牌电动车。B 牌电动车在行业率先通过降低成本、寻找好门面、请人气偶像做代言、启动广告轰炸、店面横幅宣传销量突破等动作，占据优势。2009 年它又简单直接地告诉顾客：我是行业领导者，我是这个领域的老大。这个信息很关键。你直接告诉消费者"我是老大"，那消费者肯定会选择老大。所以 B 品牌在 2009 年后销量迅速上升。当然，这也使得更多的企业进入两轮电动车领域，给整个行业带来很好的发展机会，同时为雅迪和其他品牌带去了销量。

B品牌接下来做了一件事，也是各企业都可能面临的：价格战。当年因为B品牌已经颇具体量，所以与供应商谈判时建立了系统的价格优势。在价格上，一般的品牌低于2500元就没有利润了，可是B品牌卖2300元还有利润……以地推活动为例，在同一片广场上，一辆B品牌电动车的价格居然低至699元，比自行车还便宜。结果怎么样？无人问津。顾客会怀疑：这么便宜的电动车安全吗？

这场价格战整整打了6年，整个行业大出血，雅迪电动车也在此之列。价格战期间，雅迪公司疲于应战，不断开会、不断检讨，没有方向，不知道未来在何方。

后来，雅迪通过差异化竞争战略扭转了市场情况，雅迪的差异化竞争战略实施步骤包括如下内容。

第一，将B品牌界定为主要竞争对手。

第二，探寻差异化的竞争机会。B品牌的强势中固有的弱点是什么？就是价格便宜、难给人高端的感觉。

由于雅迪自身优势是摩托车行业出身，因此整体材料优质一些，车架也大一点，所以卖得贵一点，长年累月下来，在顾客心中有一种质量不错但价格贵一点的认知。并且在近年出口了很多国家，在国际上领先10多年了，雅迪可以凭此直接压制竞争对手。所以，雅迪开始主攻高端电动车市场。

第三，料敌在先，压制竞争对手。只说"高端"还不够，因为B品牌完全有可能通过运营提升提出"高端"这个词，甚至可以通过一定的提价彻底占有"高端"这个词。雅迪以"更"高端作为市场定位，并在竞争过程中不断强化"更高端"的认知。现在，因国内交通拥堵问题，越来越多的主流人群开始消费两轮电动车，需求进一步激发。

经历价格战后，竞争对手B品牌在顾客的认知中是一个低端的大众消费品品牌，并且已经有很多人买过，对它的产品质量有相对准确的体验。

第四，围绕差异化构筑护城河。雅迪要抓住时间窗口抢占顾客心智，所以要让企业在所有方面的运营都围绕着"更高端"进行配置：价格不能降，同时削减SKU（stock keeping unit，库存保有单位），聚焦打磨高端产品和产品品质，店面高端化升级，统一导购话术，要让顾客体验到产品的高端品质。让顾客在店面或者线上体验的时候都有更高端的感觉，也就是逐步创建顾客认知的过程。所以，"更高端"不只是描述出来的位置，更是指引企业在终端体现出产品的实力，通过各项运营去创建、拥有、夯实这个位置。

2016年5月，雅迪电动车在香港上市了。2017年，销量突破400万台，创行业新高。2018年，雅迪赞助了世界杯，引领两轮电动车走向良性发展。

资料来源：由编者改编自世界经理人网站资料.http://www.ceconline.com/strategy/ma/8800093036/01/

二、市场营销战略规划中的合作问题

创造顾客价值是市场营销的核心和关键，但是在愈加讲求合作的今天，任何一个市场营销者都无法独立为顾客创造卓越的价值。市场营销者或营销部门必须在与相关伙伴合作的基础上，共同努力创造更大的顾客价值。市场营销者的合作伙伴通常包括企业中的其他部门和营销系统中的其他企业。这些部门或企业以市场营销者为核心共同构成有竞争力的顾客价值递送网络（value delivery network）。

（一）与企业其他部门合作

企业的每个部门都可以被视为公司价值链（value chain）上的一个环节，每个部门在不同的环节上创造价值，如研发部开发新技术，生产部组织产品生产，营销部以市场为导向指导业务的运营，等等。企业的价值链由多个环节构成，但公司价值链的优劣是由最薄弱的环节决定的。价值链的成功取决于各个部门在增加顾客价值方面的表现是否出色，以及各部门之间的协调程度。一个理想状态的企业价值链应该是企业内不同部门能够以协调统一的合作方式为顾客创造价值。这就要求市场营销人员协调部门间的矛盾和误会，使所有部门或环节都能够做到"为顾客着想"，使每一个部门都在为顾客创造价值的链条上找到自己的位置。

（二）与营销系统中其他企业合作

随着市场竞争的加剧，创造顾客价值的任务已经需要供应链节点企业之间的通力合作完成。因此，为了创造更加符合市场需求的顾客价值，企业必须将视野超越企业自身的价值链，将注意力扩展到由供应商、分销商及最终顾客所构成的整条供应链上，关注整条供应链对顾客价值的创造过程。现代营销理论认为，供应链上的核心企业、供应商、分销商和最终顾客之间的联系与合作，形成了价值递送网络。

事实上，很多成功的大企业都是通过与供应链上的其他企业通力合作，来向市场提供产品或服务的。例如麦当劳在世界范围内的成功，并非仅仅因为其所提供的食品受到青睐，而是因为它的供应链系统的成功运作，包括与食品原料供应商的合作及其对原料食品品质的严格把控，同时还包括门店终端向顾客提供满意的服务。与供应链上的其他企业的合作程度已经成为影响或制约企业或品牌所提供的顾客价值的重要因素。因此，企业必须关注与供应链整体营销系统中的其他企业的合作，从价值递送网络的视角来考察和改善顾客价值。

案例 4-3

锤子手机,错的只是名字吗?

2014年5月20日,锤子手机正式发布。锤子手机从发布价格虚高的开局不利,到"滞销",到"资金危机",到"融资",到"再次危机",到"再次融资",一路风雨,非常艰辛。从战略定位专业角度看,锤子手机战略之误有三。

第一,显而易见,名字错误。

关于锤子手机的名字错误,锤子手机创始人罗永浩认真地写了一篇名为《创业者如何给品牌起一个好名字》的文章,文中自嘲当初"创立一个手机品牌叫锤子,基本上是一个愚蠢的、自杀式的行为"。"锤子"二字除了字面意思是指锤子这个工具外,在一些地方用语中,它还自带负面含义。这样一个名字会让用户毫无面子,背负压力。一个带有负面认知的名字是无法获得顾客青睐的。而且,错误的名字也不会随着时间的推移变成好名字。

当你恰恰不幸有一个坏名字或品牌名的时候,不要幻想它会变好,不妨改个名字,再来一局。

第二,战略时机错误。

先看看2014年手机市场是怎样的局面。

只说国内市场局面,当时智能手机的窗口期早已关闭,iPhone代表独家封闭的iOS系统、三星代表开放的安卓系统已率先主导了高端手机市场,地位稳固。留下了中低端市场,供众多国产手机品牌厮杀争夺。这种局面下,华为凭借雄厚的技术实力往中高端发力,竞争优势逐步凸显。OPPO和vivo通过大投放与传统渠道饱和布局,并分别聚焦拍照、音乐两大概念,抢占年轻用户。小米推出更低价的"红米",魅族同样推出低价手机"魅蓝"率先打价格战。而联想、中兴、酷派等老牌手机品牌更是推出免费的运营商定制机。手机领域,从来都是强者的游戏。但即便是强者也不是永远的,更何况弱者。想当初,强如称霸天下的诺基亚、摩托罗拉,如今也只是明日黄花。曾一度风光无限的索尼、夏普、LG等日韩系手机,如今也只能退守本国内苦苦挣扎。再看国产手机,从中兴、酷派、联想,到华为、奇酷360、小米、魅族,哪个品牌不是实力雄厚,要么拥有雄厚的资本、领先的技术,要么拥有强大的渠道资源。即便如此,也不免历经兴衰更替,被迫出局。

锤子手机,带着"情怀",2014年在竞争优势不明显的情况下进入市场,于竞争最为残酷的时期进入市场,胜算并不大。

第三,战略打法错误。

先不论成败对错,老罗还是有自己的一套打法的。在锤子手机正式发布之前,老罗做了三件事。

第一,产品方面主打"工匠精神",讲求工艺精湛,外形对称,手机底部按键采用实体键(但当时主流的安卓阵营已趋向虚拟按键),以诠释极致的工匠精神产品主义。

第二,基于安卓系统,开发了锤子手机独有的UI(user interface,用户界面)系统,特点是拟物化现实主义风格(如时钟App看起来像钟表实物),与苹果手机最初的界面相似。但当时苹果的 UI 已经走扁平化风格了，锤子反其道而行，可能是希望以此建立差异化。

第三，以"情怀"圈粉，建立了最初的原点客户群。但规模与小米的"米粉"相差甚远。

以上三件事看起来很美好。锤子手机发布前的一系列动作确实给当时的手机市场带来了一股清流。但敌不过开局 3000 元以上的虚高价格而不到一个月就跳水 1000 多元对粉丝的伤害，敌不过糟糕的用户体验，敌不过诸多的系统 bug。退一步讲，即便没有这些问题，假设锤子手机幸运地一炮打响，但未必就能一路高歌。因为诸多竞争对手不会允许，它们会从技术专利、渠道、价格、媒体舆论等多方面封杀。这些方面锤子手机却不具备任何优势。

资料来源：节选自李广宇《请问老罗："锤子"手机错的只是名字吗？》，世界经理人网站. http://www.ceconline.com/it/ma/8800092497/01/，有改动

第三节　市场营销活动管理

企业在开展市场营销活动的同时，还需要重视对市场营销活动的管理。根据企业市场营销活动的过程，可将市场营销的管理分为市场营销组织构建、市场营销分析、市场营销计划、市场营销执行和市场营销控制五个职能。

一、市场营销组织构建

企业必须建立制定营销战略和开展营销活动的营销组织。如果公司非常小，一个人或许就可以包揽营销调研、销售、广告、客户服务和其他的营销活动；随着公司规模的扩大，企业通常会设立营销部门来开展市场营销相关的活动。大公司的市场营销部门一般会包括产品和市场经理、销售经理和销售人员、市场调研人员和广告专家等多领域的专业市场营销人才。这样的公司多数情况下会设立首席营销官（chief marketing officer，CMO），由首席营销官来指挥公司整体营销运营，并在公司的高级管理团队中代表市场营销。

在大公司的运营实践中，市场营销组织成为日益重要的问题。企业根据战略目标、服务或产品的经营特点等，创建了不同类型的市场营销组织。表 4-2 列出了现阶段一些大公司比较常见的市场营销组织类型。

表 4-2 市场营销组织类型

组织类型	活动特征
职能型组织 （functional organization）	不同的市场营销活动分别由相应领域的专家掌管，根据工作领域设置不同的部门经理，如销售经理、广告经理和产品经理等
地理型组织 （geographical organization）	销售和营销人员被分派到特定的国家和地区常驻以了解他们的顾客。该类型的市场营销组织多见于跨国销售或国际化经营的公司
产品管理型组织 （product management organization）	在产品管理组织型营销部门中，一位产品经理为一种特定的产品或品牌制定、实施完整的战略和市场营销计划。一个拥有多个产品或品牌的企业通常会选择产品管理组织型的市场营销组织

资料来源：菲利普·科特勒，市场营销原理与实践（第 16 版）

二、市场营销分析

任何市场营销活动都应该起始于对企业内部环境、外部环境的全面分析。SWOT 分析（图 4-4）是市场营销环境分析中的常用工具。SWOT 分析将企业环境的分析对象分为外部环境和内部环境两个层面。对于外部环境的分析包括对企业机会（opportunities，O）和面临的威胁（threats，T）两个方面的分析；企业内部环境的分析包括对企业资源构成的组织优势（strengths，S）和劣势（weaknesses，W）两个方面的分析。

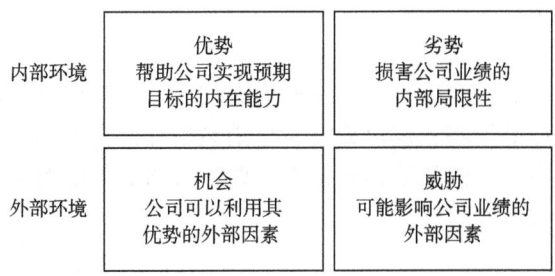

图 4-4 SWOT 分析

优势，主要包括企业擅长的活动或者专有的资源构成的有助于公司为目标顾客服务并实现目标的能力和内部资源。

劣势，是指组织不擅长的活动或者非专有的资源，这些虽然是竞争所需要的，但组织并不能独占它，并可能会损害公司业绩，是公司内部的局限性。

机会，是公司能够利用其优势的外部环境中的有利因素或趋势。

威胁，是对公司业绩构成挑战的不利的外部因素或趋势。

市场营销部门应该仔细分析企业所处的外部环境和内部资源，在外部环境中利用有吸引力的机会和识别环境威胁，以实现预期目标为导向评价公司内部资源所具备的优势和劣势，进而将公司内部的资源优势与外部环境机会相匹配，尽可能消除内部劣势并规避外部环境的威胁。市场营销环境的 SWOT 分析是开展其他市场营销活动的基础和依据。

三、市场营销计划

企业通过战略规划确定要开发或发展的业务单位后,市场营销部门需要在SWOT分析的基础上制订业务单位或产品的市场营销计划,以帮助企业战略目标的实现。市场营销计划是企业今后开展市场营销活动的基础和依据。通常来讲,一份完整的市场营销计划应该包括以下内容。

(一)营销目标

根据企业的战略目标和前期的SWOT分析,陈述产品在计划期内要实现的营销目标。产品的营销目标可以采用市场占有率、销售量等指标来衡量和表述。需要指出的是,产品市场营销目标的设定要有依据,要提供充分的理由说明该目标的合理性,并考察如何实现这一目标。为了尽可能实现营销目标,本部分还需要充分讨论可能影响营销目标实现的关键问题,并提出应对策略。

(二)营销战略

简述业务单位或产品为实现营销目标所依据的总体营销思维逻辑,主要包括产品的目标市场定位策略、产品策略、定价策略、分销策略和促销策略,在对营销组合各个要素的具体战略的论述中,应该阐明各营销组合要素战略如何应对企业内、外部环境中可能出现的威胁、机会等关键问题。

(三)营销活动

营销活动是营销战略实现的载体。本部分需要说明如何将产品的营销战略转化为营销活动,即对企业要开展的营销活动做出计划。营销活动的计划应该做到内容详细、责任明确,要说明在何时何地开展什么样的活动,由谁对此负责。

(四)营销费用预算

详细说明开展各项营销活动的费用预算。任何一项营销活动都应该有相应的预期收益,在产品的营销费用预算中除了需要列明每项营销活动可能的成本预算,还需要说明预期的收益,进而预估营销活动可能产生的利润。通常来讲,营销预算费用一旦确定,企业包括原料采购、生产计划、人员计划和营销运作在内的各项活动,都要以预算为基础来开展。

（五）对营销活动推进的控制

简要说明用于监控营销进展的控制措施，使管理层能够评估营销措施的实施结果并发现未能实现目标的产品。测量市场营销投资回报是控制的重要内容。

市场营销投资回报率（marketing return on investment，营销 ROI），是指用市场营销投资的净回报除以市场营销投资成本，它反映了市场营销活动投资产生利润的能力，是测量营销业绩的重要方法。市场营销投资回报的测量是计算营销 ROI 的关键，但目前在营销领域还没有对营销投资回报的统一界定，其原因是营销带来的品牌建设等效果很难用货币衡量。因此，很多市场营销人士开始采用以顾客为中心的测量指标度量市场营销的业绩，如获得顾客、留住顾客、顾客终身价值以及顾客权益等。这些以顾客为中心的测度指标，不仅可以反映目前的营销业绩，而且可以从可靠的顾客关系中预测未来的业绩。

四、市场营销执行

著名营销学家菲利普·科特勒将市场营销执行定义为：为了实现企业的战略营销目标，将市场营销计划转化为市场营销行动的过程。很多营销学家认为，与制定优秀的营销战略和营销计划相比，恰当执行战略和计划同样甚至更加重要。在营销实践中，构思一个好的营销战略往往比恰当地执行显得容易许多。因为营销计划执行实际上是在一个动态的、不断变化的环境中进行的，随时随地都可能会遇上计划外的阻碍因素影响营销计划的进程，所以，当两家企业有着大同小异的营销计划时，谁能够在市场上更加灵活、更加有效地执行营销计划，谁就能获胜。在营销界，确实有很多公司是通过有效地执行营销计划而获得竞争优势。

五、市场营销控制

如前所述，市场营销计划的执行过程中会发生很多意想不到的情况，为了保证营销活动效果与营销计划目标相匹配，必须进行持续的市场营销控制。对一个大型企业而言，市场营销控制应该从两个层面进行：战略控制（strategic control）和执行控制（executive control）。企业的战略控制主要是考察企业的基本战略是否很好地与市场机会匹配。执行控制则是根据营销计划检查当前的营销绩效，并在必要的时候进行纠偏。市场营销的执行控制通常涉及以下四个步骤。

（1）管理层设定具体的营销目标。
（2）衡量市场营销绩效。

（3）测量预设目标与营销绩效之间的差距，并找出造成这种差距的原因。

（4）采取纠偏措施，缩小营销绩效与预设目标之间的差距。

另外，当今市场唯一不变的就是变化，在一个持续变化的市场中，任何营销战略和营销计划都有可能很快就会过时。因此，每个企业都应该定期重新评估其整体市场营销战略和营销计划。

★本章实训

（一）内容

（1）组建营销团队，建立虚拟企业，选定经营的产品或服务。

（2）确定企业战略。

（3）以企业战略为根据制定产品营销战略。

（4）交流讨论。

（二）要求

（1）50分钟内完成。

（2）注重团队合作。

（3）每个团队3~5人。

（4）完成实训总结。

★本章思考题

1. 企业在战略发展的过程中总是会面临运用多元化增长策略带来的诸多矛盾和困难，这些困难和问题有哪些？

2. 在制订企业营销目标时应考虑哪些基本问题？

3. 如何理解企业战略的重要性？

第五章　消费者购买行为分析

学习目标：了解消费者市场和消费者购买行为的基本概念与特征；掌握影响消费者购买行为的因素；熟悉消费者做出购买决策的过程。

关键术语：

消费者行为　consumer behavior
社会阶层　social class
相关群体　reference group
习惯性的购买行为　habitual buying behavior
寻求多样化的购买行为　variety-seeking buying behavior
复杂的购买行为　complicated buying behavior
寻求平衡的购买行为　seek balance buying behavior
家庭生命周期　family life cycle

案例导入

最佳客户体验的梅赛德斯-奔驰

2016年12月5日，梅赛德斯-奔驰客户体验科技日在北京创享启幕，同时，具有前瞻意义的"梅赛德斯-奔驰最佳客户体验"战略发布，以实现从"标准服务"到"最佳体验"的跨越。在产品上创造"最好"，在服务上追求"最佳"，不断贴近客户对豪华品牌的需求，这也是奔驰130年来一直备受青睐的原因。最佳客户体验战略旨在通过深入洞察客户需求在快速的社会变迁中的不断变化，力求在各个品牌触点提供最佳客户体验；它是梅赛德斯-奔驰实现未来发展的基础，亦是品牌建立差异化竞争优势的核心所在。2016年恰逢梅赛德斯-奔驰在华的创新之年，除了一系列创新的产品和服务举措，最佳客户体验战略将帮助梅赛德斯-奔驰在数字化时代更好地满足客户对多样化、个性化及便捷性服务的需求，打造出符合中国年轻消费者行为方式和期待的品牌体验。

"在过去的130年中，梅赛德斯-奔驰一直致力于为广大客户提供高品质的产品与优质的服务，并通过不断创新持续引领汽车行业的发展。除了继续保持我们在传统领域的品牌优势，我们早已洞察未来，在不断变化的市场环境中，与客户共同成长。"北京梅赛德斯-奔驰销售服务有限公司执行副总裁南迪先生表示，"'最佳客户体验'战略横跨各个部门，在过去的两年半中，我们推出了一系列根据中国消费者量身定制的项目，包括

Mercedes me 客户端一站式客户服务、带有 10 余项中国特色功能的 Mercedes me 互联、梅赛德斯-奔驰天猫旗舰店、北京三里屯体验店等项目，贯穿客户从品牌认知到产品购买再到售后服务与生活方式的全过程。目前，我们在多个城市推出了上门取送车服务，而且很快我们将发布全新 Mercedes me 车主俱乐部。我们希望为每一位客户提供一个专享的个性化、数字化及互动性的品牌体验。"

  梅赛德斯-奔驰为到场嘉宾提供了现阶段及未来智能科技所带来的创新服务体验，从可以轻松通过移动 Mercedes me 客户端获得的全方位智能服务，到便捷、愉悦的专属个性化线上购车体验，均可完美实现。现场还设置了智能虚拟现实体验设备，嘉宾们仿佛置身未来世界，享受全景高清观看的奇妙旅程。梅赛德斯-奔驰将客户体验之旅分为感知、考虑、购买、使用和陪伴五个重要的生命周期接触点。梅赛德斯-奔驰"最佳客户体验"在这一周期中为消费者所提供的不仅是卓越优质的汽车产品，还是一种数字化的全新出行生活理念与方式。

  "最佳客户体验"将通过梅赛德斯-奔驰的全新服务子品牌 Mercedes me 实现。自 2014 年 Mercedes me 发布之日起，梅赛德斯-奔驰"最佳客户体验"在互联网战场上所进行的开拓性尝试便已起航。如果客户对梅赛德斯-奔驰感兴趣，可随时通过线上社交媒体等平台及线下 Mercedes me 体验店对产品和品牌信息进行全面了解，实现品牌与客户之间的初步沟通、接触。而当客户有进一步了解需求时，可以走进数字化展厅通过互动展示系统，以及内容丰富的人机交互式创新方式体验产品或通过梅赛德斯-奔驰"星徽产品大使"项目中的产品专家为其提供相关产品功能及特性的深度讲解。该项目于 2015 年 3 月启动，旨在帮助客户享受更高品质的试乘试驾等到店体验服务。

  在客户决定购买梅赛德斯-奔驰产品后，"最佳客户体验"为其提供了多种便捷购车渠道，除了 2015 年 10 月已经上线运营的梅赛德斯-奔驰天猫旗舰店之外，客户还可以通过 Mercedes me 电子商务平台选购爱车并体验全新的数字化购车过程。当车辆投入使用，客户即可享受由 Mercedes me 客户端提供的一站式、个性化服务。该客户端已于 2016 年 6 月上线，涵盖包括互联、修养、金融、出行、灵感五大内容板块，全面满足客户用车过程中的多种需求。与此同时，Mercedes me 互联则专为中国客户带来了全新的车载智能信息控制系统，涵盖了基础服务、远程控制、车辆设定、车辆控制、导航服务、旅程咨询和礼宾服务及信息娱乐等全方位多重功能，包括 10 余项中国特色的服务内容，通过移动端轻松满足客户多样化需求。

  值得一提的是，"最佳客户体验"还推出了在线服务预约/上门取送车服务，并已进入试运营期。该项服务可全天 24 小时通过系统进行预订操作，然后由当地经销商根据情况安排合适的时间为客户提供服务，帮助客户真正实现了足不出户就可以为汽车进行保养的愿望，客户可根据自身需求灵活地安排送车保养的时间，不必亲自到店，等待司机上门服务即可。另外，Mercedes me 车主俱乐部已于 2016 年 5 月投入试运营，客户可通过梅赛德斯-奔驰的官方车主俱乐部享受多种人性化增值生活服务。

  资料来源：搜狐网. http://www.sohu.com/a/120725162_451144，有改动

第一节 消费者市场

市场营销的核心就是更好地满足消费者现实和潜在的需求,从商品卖方的角度看,市场就是未满足需求的现实的和潜在的购买者的集合。因此,开展市场营销活动首先就要研究分析消费者市场的特征和消费者行为,这是使企业产品适销对路、满足市场需求的前提,也是企业制定营销计划和营销组合策略的出发点。

一、消费者市场的含义和特征

(一)消费者市场的含义

消费者市场是人们为了满足个人或家庭生活的需要,购买产品、服务的市场,是许多企业从事经营活动的主要场所、服务的主要对象。

(二)消费者市场的特征

消费者市场需求是指消费者在市场获得生活资料的有货币支付能力的欲望。由于受到多种主客观因素的影响,消费者市场是复杂多样的,但从整体上看,具有如下的共性特征。

1. 购买人数多,供应范围广

消费者市场是最终使用者市场。人们生存就要消费,所以消费者市场通常以全部人口为服务对象。

2. 交易数量小,交易次数多

消费者是为个人或家庭最终消费而购买,通常一次购买数量较小,属于小型购买,企业为满足消费者小型购买的需求,经常以零售为主。

3. 消费差异大,消费变化大

不同类型的消费者消费需求各不相同。不同年龄、性别、职业、收入、民族和宗教信仰的消费者,其消费习惯互有差异,因此消费需求也各不相同。

4. 需求弹性大，购买流动快

由于消费者市场需求是直接需求，来源于人们的各种生活需要，购买商品时价格较为重要。消费者对多数商品，特别是选购品的价格比较敏感，需求弹性较大。另外，一般而言，消费品的替代性越大，需求弹性也越大。

5. 非专家购买，可诱导性强

消费者需求在企业营销诱导下，可以发生变化和转移，潜在需求可以变为现实的消费。因此，企业不仅应当适应和满足人们的需求，而且可以启发、诱导人们的消费需求。

二、消费者市场的购买对象

消费者市场的购买对象即满足个人和家庭生活需要的商品（包括服务），消费者市场购买的商品品种、规格十分广泛。消费者在购买不同消费品时，有不同的行为特点，企业对每一种消费品类型，应该有与之相适应的营销组合战略和策略。消费品根据不同的分类标准可以划分为以下几类。

（一）按人们购买、消费的习惯分类

按人们购买、消费的习惯，消费品可分为便利品、选购品、特殊品。

（1）便利品。便利品是指顾客经常购买或即刻购买，并几乎不做购买比较和购买努力的商品，如香烟、肥皂、报纸、食盐等。为顾客提供购买该类产品的便利性很重要。

（2）选购品。选购品是指消费者在选购过程中，对产品的适用性、质量、价格和式样等基本方面要做有针对性比较的产品。如服装、家具、家用电器等。对于选购品，企业必须备有丰富的花色品种，以满足不同消费者的爱好。同时，要拥有受过良好训练的推销人员，为顾客提供信息和咨询。

（3）特殊品。特殊品是指具有独有特征和（或）品牌标记的产品，有相当多的消费者愿意对这些产品做特殊的购买努力。如高级服装、轿车、专业摄影器材等。对特殊品的营销，企业不必太多考虑销售地点是否方便，但是要让可能的顾客知道购买地点。

（二）按产品的有形与否分类

按产品的有形与否，消费品可分为有形产品（物品）、无形产品（服务）。

（1）有形产品。有形产品是指使用价值必须借助有形物品才能发挥其效用，且该有

形部分必须进入流通和消费过程的产品。

（2）服务。服务，也称无形产品，是指一方能向另一方提供的基本上无形，并且不导致任何所有权的产生的活动或利益。服务是无形的、市场和消费不可分离的、可变的和易消失的，如理发、修理、培训教育等。作为一种活动的结果，它们一般要求更多的质量控制、供应者信用能力和适用性。

（三）按产品耐用性分类

按产品耐用性，消费品可分为耐用品、非耐用品。耐用品和非耐用品都是有形产品。

（1）耐用品。耐用品一般是指使用年限较长、价值较高的有形产品，通常有多种用途，如冰箱、电视机、高档家具等。耐用品一般需要较多地采用人员推销，提供较多的售前售后服务和担保条件。

（2）非耐用品。非耐用品一般是指有一种或几种消费用途的低值易耗品，如解渴饮料、食盐、肥皂等。这类产品消费快、购买频率高，企业的营销战略应该是：使消费者能在许多地点方便地购买到这类产品；价格中包含的盈利要低；加强广告宣传以吸引消费者试用并形成偏好。

第二节　消费者购买行为概述

市场营销的目的是满足消费者的需求。企业必须分析和研究消费者的需求及其影响因素，研究消费者的购买行为及其自身特有的规律，才能有效地开展市场营销活动，实现其营销目标。

一、消费者购买行为

（一）消费者购买行为的含义

消费者购买行为就是指消费者个人或家庭为了满足自己物质和精神生活的需要，在某种动机的驱使和支配下，用货币换取商品或劳务的实际活动。

（二）消费者购买行为的类型

根据购买活动中消费者的介入程度和商品品牌间的差异程度，可将消费者的购买行为分为以下四种类型：复杂的购买行为、寻求多样化的购买行为、寻求平衡的购买行为和习惯性的购买行为。这四种购买行为类型之间的比较如表5-1所示。

表5-1 消费者购买行为类型之间的比较

品牌差异	消费者的介入程度	
	高度介入	低度介入
大	复杂的购买行为	寻求多样化的购买行为
小	寻求平衡的购买行为	习惯性的购买行为

二、消费者行为模式

人的行为受心理活动支配。从心理到行为，心理学中有一个"刺激—行为"模式，即"刺激—需求—动机—行为"。刺激产生需求，需求强烈到一定程度时，就会诱发动机，动机强烈到一定程度就导致行为。营销环境刺激与消费者反应之间的关系如图5-1所示。

图5-1 营销环境刺激与消费者反应之间的关系

从这一模式中我们可以看到，具有一定潜在需要的消费者首先是受到企业营销活动的刺激和各种外部环境因素的影响而产生购买意向的，而不同特征的消费者对于外界的各种刺激和影响又会基于其特定的内在因素与决策方式做出不同的反应，从而形成不同的购买意向和购买行为。这就是消费者购买行为的一般规律。因此，营销者的任务是去了解介于外界刺激与消费者决策间的消费者黑箱。

三、影响消费者购买行为的因素

消费者的需要、欲望、消费习惯和购买行为是在许多因素的影响下形成的。消费者的购买行为深受文化、社会、个人和心理因素的影响，如图5-2所示，且每种因素对消费者购买行为的影响程度都有所不同。下面分别阐述这四方面因素的具体内容及其对消费者购买行为的影响。

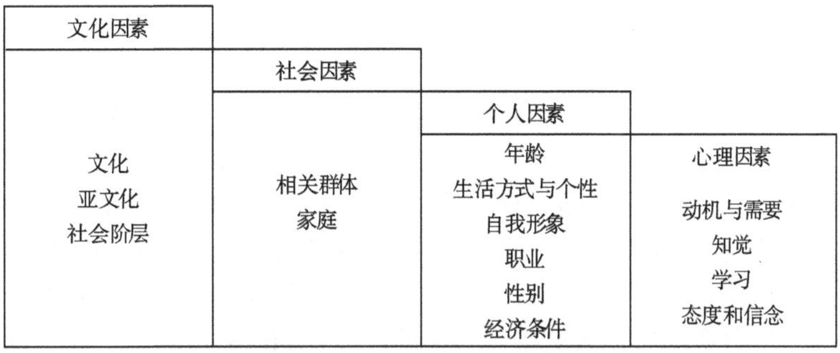

文化因素			
文化 亚文化 社会阶层	社会因素 相关群体 家庭	个人因素 年龄 生活方式与个性 自我形象 职业 性别 经济条件	心理因素 动机与需要 知觉 学习 态度和信念

图 5-2 影响消费者行为的因素

（一）文化因素

文化因素对于消费者的购买行为有着最广泛和最深远的影响。

1. 文化

人们的消费行为首先受核心文化的制约，核心文化是决定人们思维和行为的内在因素，体现为人们的基本信仰、价值观念和生活准则。

2. 亚文化

一种文化会因各种因素影响，使价值观、风俗习惯及审美观等表现出不同特征，形成亚文化。亚文化主要表现为民族亚文化、宗教亚文化和地理亚文化。民族亚文化是指各个民族在宗教信仰、节日、崇尚爱好、图腾禁忌和生活习惯方面，有其独特之处，并对消费行为产生深刻影响。宗教亚文化的形成则是不同宗教有不同的文化倾向和戒律，影响人们认识事物的方式、对客观生活的态度、行为准则和价值观，从而影响消费行为。每种宗教都有其主要流行地区和鲜明的特点。而地理亚文化是指不同的地区有不同的风俗习惯和爱好，使消费行为带有明显的地方色彩。

3. 社会阶层

社会阶层就是社会成员被一定的等级标准划分成许多相互区别的同质性和持久性的群体，其中的每一个群体就是一个阶层。每个阶层的所有成员在态度、消费行为模式和价值观念、兴趣爱好等方面都具有相似性。因此，社会阶层不仅是影响消费者行为的重要因素，而且被用作细分消费者市场的重要依据。

（二）社会因素

在社会生活中，人与人形成各种各样的关系，这些关系对人的消费行为产生了很大的影响。

1. 相关群体

相关群体是指影响和制约消费者观念与行为的个人或人群。根据消费者与相关群体关系程度的不同，可以将其区分为四个层次：一是接受群体，如家庭、单位、朋友、同事同学、各种党派团体等，消费者与该群体之间具有成员关系，并且认同这一群体的观念和行为标准；二是拒绝群体，与接受群体相反，他们属于某个群体但不认同该群体的观念或行为标准，往往反其道而行之；三是向往群体，如社会阶层、文化群体、各种戏迷球迷俱乐部等，消费者渴望加入其中获追随的群体；四是逃避群体，是与向往群体相反的群体。

2. 家庭

家庭是最重要的相关群体。它对消费者个人价值观念、审美意识、生活方式及消费观念的形成影响最大。家庭对购买行为的影响主要体现在三个方面。

（1）家庭权威中心。家庭权威中心一般有四种情况。

①丈夫决定型：传统型家庭。

②妻子决定型：女权主义家庭。

③共同决定型：民主气氛较浓家庭。

④各自决定型：现代白领女性家庭和夫妻有矛盾时期。

（2）家庭成员在购买过程中的角色。在消费者购买过程中，每个家庭成员可能扮演五种不同的角色，即发起者、影响者、决策者、购买者和使用者。

①发起者：首先提出或有意购买某一产品或服务的人。

②影响者：其看法或者建议对最终购买决策具有一定影响的人。

③决策者：在是否购买、为何买、哪里买等方面做出部分或全部决定的人。

④购买者：实际购买产品或服务的人。

⑤使用者：实际消费或使用产品或服务的人。

企业有必要认识以上这些角色，因为这些角色与设计产品、确定信息和安排促销方式与预算等是有关联意义的。

（3）家庭生命周期。家庭生命周期是一个家庭从产生到消亡的全过程。一般经历五个阶段。

①单身期，是指离开父母而单独生活的已经成年的年轻人。

②新婚期，是形成结婚意向到第一个孩子出生的一段时间。

③美满期或满巢期，是指从第一个孩子出生到孩子离家独立生活的期间。

④空巢期，是子女离家独立生活到父母俱在期间。

⑤寂寞期或鳏寡期，是指二老只剩一个，家庭进入解体的时期。

（三）个人因素

购买决策也深受消费者个人特征的影响，包括年龄、生活方式与个性、自我形象、职业、性别、经济条件。

1. 年龄

消费者的欲望和行为，因年龄不同而发生变化。如 3 个月、6 个月和 1 岁的婴儿，对玩具的要求会不一样；同一消费者年轻时与步入老年阶段，对食物的胃口、服装的爱好也会不同。

2. 生活方式与个性

（1）生活方式是一个人生活中表现出来的活动、兴趣和看法的整个模式，影响对品牌的看法、喜好。营销者往往可以通过生活方式理解消费者不断变化的价值观及其对消费行为的影响。

（2）个性指个人特有的心理特征，导致人对所处环境做出相对一致和持续的反应，往往通过自信、支配、自主、顺从、交际、保守和适应等性格特征表现出来。依据个性因素，可以更好赋予品牌个性，以期与消费者适应。如美国学者发现，购买有活动车篷汽车的买主与无活动车篷汽车的买主之间，存在一些个性差别——前者表现较为主动、激进和喜欢社交。

3. 自我形象、职业、性别和经济条件

（1）自我形象。自我形象是个人怀有的有关自己的"图案"，驱使其寻求与此一致的产品、品牌，采取与自我形象一致的消费行为。为此，营销者要了解消费者自我形象与其拥有物之间的关系。

（2）职业。不同职业如工人、农民、军人及教师，对不同产品及品牌会表现出不同的看法和购买意向，有不同的消费习惯。

（3）性别。长期以来，性别一直是影响人们购买服装、鞋帽、化妆品等的重要因素，现在"男女有别"已经延伸到不少其他领域。如美国企业推出女性香烟，从风味、包装乃至广告各方面着力迎合女性消费者。

（4）经济条件。消费要"量入为出"，依据条件消费和购买。人们的经济状况包括可供其消费的收入（收入水平、稳定性和时间形态）、储蓄与财产，借债能力和对花钱与储蓄的态度。

（四）心理因素

消费者的购买行为还会受到动机与需要、知觉、学习、态度和信念等主要心理因素的影响。

1. 动机与需要

（1）动机。动机是由需要引起的、推动人们实施购买行为的驱动力。动机的产生必须具备两个条件：一是具有一定强度的需要，二是具有满足需要的目标和诱因。消费者的动机一般分为以下三种类型。

①感情动机。消费者对产品、生产销售的企业以及需要能否得到满足，都有亲疏好恶的态度，从而产生肯定或否定的感情体验。不同消费者对于这些体验就会形成不同的购买动机。它具有突发性、冲动性和易变性的特点。感情动机可以细分为两种情况：一种是情绪动机，另一种是情感动机。

②理智动机。理智动机是消费者对产品有了客观清醒的认识，经过理性的分析比较后产生的购买动机。它具有客观性、周密性和可控性的特点。

③惠顾动机。惠顾动机是指消费者由于对特定的产品或生产销售者特殊的信任和偏好而形成的购买动机。具有排他性和不可替代性的特点。

（2）需要。不同的人有不同的需要，人们在生理上、精神上的需要具有广泛性与多样性。每个人的具体情况不同，解决需要问题轻重缓急的顺序自然各异，也就存在一个"需要层次"。急需满足的需要，会激发起强烈的购买动机，需要一旦满足，则失去了对行为的激励作用，即不会有引发行为的动机。

2. 知觉

消费者被激发动机后，随时准备行动。然而，如何行动则受他对相关情况的知觉程度的影响。

（1）知觉的含义。知觉是指个人选择、组织并解释投入的信息，以便创造一个有意义的个人世界图像的过程。知觉不但取决于刺激物的特征，而且依赖于刺激物同周围环境的关系以及个人所处的状况。

（2）知觉的三种过程。一般来说，知觉要经历以下三种过程。

①选择性注意——人们感觉到的刺激，只有少数引起注意、形成知觉，多数会被有选择地忽略。一般来说，以下情况容易引起注意并形成知觉。

第一，与最近的需要有关的事物。

第二，正在等待的信息。

第三，大于正常、出乎预料的变动。

②选择性曲解——人们对注意到的事物，往往喜欢按自己的经历、偏好、当时的情绪、情境等因素做出解释。这种解释可能与企业的想法、意图一致，也可能相差很大。

③选择性记忆——人们容易忘掉大多数信息，却总是能记住与自己态度、信念一致的东西。

企业的信息是否能留存于顾客记忆中，对其购买决策影响甚大。

以上知觉的三种过程告诉我们，企业在营销过程中必须努力，以多次重复的、有吸引力的刺激、强刺激，加深消费者的印象，突破消费者固有的感觉壁垒。

3. 学习

学习也称"习得"，是指人会自觉、不自觉从多种渠道、经过各种方式获得后天经验。消费者的学习过程中，以下几点特别需要关注。

（1）加强：购后非常满意，会加强信念，以至重复购买。

(2)保留:称心如意或非常不满,会念念不忘。

(3)概括:感到满意会爱屋及乌,对有关的一切也产生好感;反之,则会殃及池鱼。

(4)辨别:一旦形成偏好,需要时会百般寻求。

学习会引起个人行为的改变。因此,企业要设法将自身及产品的相关信息融入消费者每天的学习信息中,使他们主动或被动地接触这些信息,进而影响其购买行为。

4. 态度和信念

通过实践和学习,人们获得了自己的态度和信念,它们又反过来影响人们的购买行为。

(1)态度。态度是人对事物所持有的持久的、一致的评价、反应,包括三个互相联系的成分:信念、情感与倾向。态度的形成是逐渐的,产生于与产品、企业的接触,其他消费者的影响,个人的生活经历,家庭环境的熏陶等。态度一旦形成,不会轻易改变。

(2)信念。信念是指人们对事物所持有的自己认为可以确信的看法。这个看法的根源是消费者对某事物带给自己或自己所代表的群体的利益。信念可以建立在不同的基础上。如"油炸食品有害健康",以"知识"为基础的信念;"包装越高档商品质量越好",可能是建立在"见解"之上;某种偏好,很可能由于"信任"而来。消费者更易于依据"见解"和"信任"行事。

第三节 消费者购买的决策过程

在购买时,消费者要经过一个动态发展的决策过程,这个购买决策过程有一定的规律性,并在实际购买发生之前已经开始,而且一直延伸到购买结束之后,包括识别需要、收集信息、选择评价、购买决策和购后行为五个阶段。如图 5-3 所示。

图 5-3 消费者购买的决策过程

作为营销者,应该了解每一个阶段中的消费者行为,以及哪些因素在起影响作用。这样就可以制订针对目标市场的行之有效的营销方案。

一、识别需要

消费者有需要,才可能有购买行为。人的需要可以由两种刺激而引起:一是内部刺激,就是饥渴等生理方面刺激产生的需要;二是外部刺激,就是人感知到外界刺激物而引起的需要。营销者需要去识别一些常见的会引起消费者对产品感兴趣的刺激性因素,这样就可以拟定引起消费者兴趣的各种营销战略。需要注意的是,消费者对某种产品的需要强度,会随着时间的推移而变化,因此营销者要尽可能强化消费者需求,以让他们尽快地进入第二阶段。

案例 5-1

一篇精酿啤酒的广告文案

若消费者觉得精酿啤酒可买可不买,怎样让他觉得这是必买的?有一种方法叫作认知对比。如果直接说精酿啤酒这个好那个好,消费者会觉得你在吹牛、自卖自夸。先不这样说,先说大家喝的普通啤酒它有这个问题、那个缺陷,然后再告诉大家精酿啤酒各个方面都非常棒。先说一个很差,再说另一个很好,会突然间让人觉得精酿啤酒格外好,通过对比拉出来一个反差,这就是认知对比。通过认知对比来突出我们的产品好,这会激发更强烈的购买欲望。所以,文案先说传统的工业啤酒掺了廉价的玉米,以次充好,根本就没有麦芽的味道,啤酒淡得跟白开水一样,所以叫水啤。真正的精酿啤酒是用纯麦芽酿制,口感香醇浓郁、回味无穷,平常我们去商务应酬没办法必须得陪着喝工业啤酒,喝味道很差的啤酒,但是今天你看了这篇推文,当你可以做主买自己喝的啤酒时,为什么不试一下真正好喝的精酿啤酒呢?通过这一步,消费者往往会对精酿啤酒感兴趣了。

资料来源:搜狐网.http://www.sohu.com/a/207416950_465378,有改动

二、收集信息

(一)消费者如何收集信息

消费者最终的购买行为一般需要相关信息的支持。认识到需要的消费者,如果目标清晰、动机强烈,购买对象符合要求,购买条件允许,又能买到,消费者一般会立即采取购买行动。在许多场合,认识到的需要不能马上满足,只能留存记忆当中。随后,消费者对这种需要或者不再收集进一步的信息,或者进一步被动收集信息,或者积极主动收集信息。

(二)消费者收集信息的积极性

(1)需要十分迫切的消费者,会主动寻找信息。
(2)需要强度较低的消费者,不一定积极、主动寻找信息,但对有关的信息保持高度警觉、反应灵敏——处于"放大的注意"的状态。例如,一个人想在不久以后购买手

机,他会对有关的广告、商店里的手机品牌、熟人或不相识者关于手机的议论,比平时更加留心。

（3）需要强度继续增加的消费者,增加到一定程度,就会像需要一开始就很强烈的消费者,进入积极主动寻求信息的状态。

（三）消费者收集信息的程度

消费者收集信息的范围和数量取决于两个因素：购买类型和风险感。

1. 购买类型

消费者初次购买时所需的信息较多,范围较广；重复购买所需信息较少,内容也不一样。

2. 风险感

消费者对风险的认识,一方面受产品、价格影响：价格越高,使用时间越长,风险感越大,就会努力搜寻更多的信息；另一方面受个人因素影响：同样的购买,谨小慎微的人风险感就大,办事马虎的人风险感则小。消费者容易感受到的购买风险主要有：①效用风险——所购产品是否适用；②经济风险——花钱是否值得；③名誉风险——被评头论足,人们会怎么看待。

（四）消费者信息的来源

（1）个人来源：家庭、朋友、邻居、熟人等。
（2）商业来源：广告、销售人员、经销商、包装、陈列、展销会等。
（3）公共来源：大众媒介、消费者权益保护机构等。
（4）经验来源：接触、检查及使用某产品等。

这些信息来源的相对影响力因产品和消费者的不同而变化。总的说来,信息的主要来源是商业来源,最有影响力的是个人来源,而公共来源的信息可信度较高。对于营销者来说,只有商业来源和公共来源是可以利用的,其他的两个来源,营销者虽然不可操作,但是可以通过"满意的顾客"的"最好的推销"来实现。

三、选择评价

消费者收集了相关产品的信息后,不可能把所选的产品全部买下来,这就有一个比较评价的筛选过程。选择评价的过程一般是：消费者对自己所要购买的产品会列出一系列自己认为重要的属性,消费者只能熟悉市场上全部品牌的一部分,而在熟悉的品牌中,又只有某些品牌符合该消费者最初看重的产品属性，在有目的地收集了这些品牌的大量信息后，只有个别品牌被作为该消费者重点选择的对象。

四、购买决策

购买决策是消费者购买行为最关键的阶段，是顾客最当心的阶段，也是企业一切营销努力的希望所在。如果购买行为消费者的介入度很高，他在由购买意图转向购买行为时还会有一段时滞，有三个因素会影响他的购买决策：一是他人的态度，二是购买风险，三是意外情况。

五、购后行为

（一）购后感受

消费者购买以后，往往通过使用或消费购买所得，检验自己的购买决策：重新衡量购买是否正确，确认满意程度，作为今后购买的决策参考。

预测、衡量购后感受，有两种理论。

（1）"预期满意"理论。该理论认为，消费者购买产品以后的满意程度取决于购买前期望得到实现的程度。如果感受到的产品效用达到或超过购前期望，就会感到满意，超出越多，满意感越大；如果感受到的产品效用未达到购前期望，就会感到不满意，差距越大，不满意感越大。

（2）"认识差距"理论。这种理论认为，消费者在购买和使用产品之后对产品的主观评价与产品的客观实际之间总会存在一定的差距，可分为正差距和负差距。正差距是指消费者对产品的评价高于产品实际和生产者原先的预期，产生超常的满意感。负差距是指消费者对产品的评价低于产品实际和生产者原先的预期，产生不满意感。

（二）顾客满意的价值

消费者对产品满意与否直接决定着以后的行为。顾客满意的价值体现在以下几方面。
（1）忠诚于你的公司时间更久。
（2）购买公司更多的新产品，增加购买数量，提高购买产品的等级。
（3）为你的公司和品牌、产品说好话。
（4）忽视竞争者品牌和广告并对价格不敏感。
（5）向公司提出产品或服务的建议。
（6）由于交易惯例化而比新顾客降低了服务成本。

（三）购买后的行为

一般来说，根据不同的购物感受，消费者购买后的行为如图 5-4 所示。

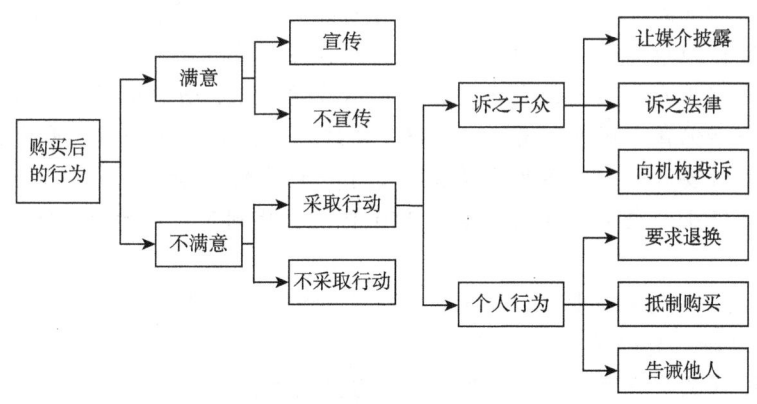

图 5-4　消费者购买后的行为

消费者购买的整个决策过程说明，营销者的营销活动应注重消费者购买决策的整个过程，而不是仅仅局限于购买决定。此外，购买决策过程的五个阶段是一种基本行为模式，并不是所有的购买行为都需要经过五个完整的阶段。

★ **本章案例**

吴声的"场景实验室"和《哈佛商业评论》2017 年共同评选出的"年度新零售 TOP10"榜单上，孩子王排名第三，超过盒马鲜生、网易严选、拼多多等网红品牌，从众多的新零售实践中脱颖而出。为了提升用户体验，线下的场景体验是必不可少的，强调线上和线下融合越来越成为零售企业实践升级转型的共识。

围绕着用户体验和强化用户关系，孩子王在场景的打造上也是颇下功夫，线下门店已经升级迭代到了第六代。孩子王 G6 智慧门店实行"降维零售"：大幅减少产品展示，转而增加互动空间。虽然产品展示空间减少，但是产品的精准度却大幅提升，通过科学精准的品类管理，比一般母婴商店节约 30%的货架，留出更多的互动空间，确保更好的娱乐体验。孩子王大胆将"商品＋服务＋体验＋文化＋社交＋O2O（online to offline，线上到线下）"整合为一体，从一家售卖母婴用品的零售商，转型为新家庭的全渠道服务商。

为了满足消费升级下用户的需求，G6 智慧门店在产品品质区间分配上也做了相应的调整。中端及中高端商品 8000 余种，占比超 45%，其中引进纯进口品牌 130 个，覆盖 102 个商品分类。门店还为会员推出专属及定制商品，倾情打造独有商品，以稳定客户关系，提升客户的黏性和忠诚度。

G6 智慧门店，是孩子王一直倡导的"单客经济"的具体体现。孩子王 CEO 徐伟宏表示，商业零售正在从价格型消费向价值类消费、体验式消费、个性化消费转变。通过基于人性服务的数字化精准营销,孩子王的单客产值是资本市场同行业企业的2~7倍,这也是新零售下以用户关系经营为核心,实现服务效率最大化的市场表现。

在新零售的实践中,孩子王其实就干好了一件事——经营用户关系,具体包含三个关系,即人和商品的关系、顾客和顾客之间的关系、顾客和员工之间的关系。通过构建以人性服务为核心的社区商务模式,借助数据赋能和消费场景打造,深入重塑用户关系,极致化用户体验,最大化挖掘会员消费的价值,并反作用于供应链,为每一位会员提供个性化育儿解决方案。这颠覆了传统零售业的商业逻辑,重构了"人、货、场"这三大关键要素,围绕着用户关系发起了一场零售革命。在竞争如此激烈的红海市场——母婴行业,孩子王市值已超过140亿元,找到了自己的新零售商业模式,成了行业龙头。

资料来源:范鹏:《新零售:吹响第四次零售革命的号角》,《销售与市场》杂志管理版2018年第2期,有改动

思考:1. 试用本章所学知识分析孩子王为何成功。
   2. 孩子王是如何提高顾客满意度的?

★本章实训

(一)内容

(1)谈论影响消费者购买行为的因素有哪些。
(2)讨论各种影响因素对不同的商品影响程度是否相同。
(3)采用举例说明方法。
(4)小组交流讨论。

(二)要求

(1)一周内完成。
(2)注重团队合作。
(3)每个团队3~5人。
(4)完成实训总结。

★本章思考题

1. 什么是消费者市场?其特征是什么?
2. 影响消费者行为的因素有哪些?
3. 消费者购买决策过程有几个阶段?

第六章 目标市场营销

学习目标：掌握市场细分的概念及其在市场营销中的作用；掌握消费品市场产业市场细分的依据；掌握目标市场选择时应该考虑的因素；了解常见的目标市场战略；掌握市场定位的概念及步骤。

关键术语：
市场细分　market segmentation
目标市场　target market
无差异市场营销　undifferentiated marketing
差异市场营销　differentiated marketing
集中市场营销　concentrated marketing
微观营销　micro marketing
市场定位　market position

案例导入

目标市场营销典范：宝洁，与自己竞争

宝洁公司（Procter&Gamble）是世界上规模最大、历史最悠久的日用消费品公司之一，所经营的范围包括美容美发、妇幼保健、食品与饮料、纸品、家居护理、洗涤、医药等300多个品牌，产品畅销160多个国家和地区。

宝洁公司认为，任何一类产品的市场都是由不同的购买者构成的。不同的购买者可能有不同的欲望、不同的资源、不同的购买态度或不同的购买行为，正是因为这些差异，一个公司在进入一个市场之前，就一定要先对市场进行细分，而那些所存在的差异就是市场细分的基础，据此，将一个总体的市场细分为若干个消费者群体，每个消费群便是一个细分市场。据此，宝洁旗下的很多类产品都采取了多品牌策略，每个品牌都用于满足特定的目标市场需求。

以中国市场的洗发水产品为例。宝洁公司针对中国洗发水市场进行细分，运用差异市场营销策略，在中国市场共经营5个洗发水品牌，分别为海飞丝、飘柔、潘婷、沙宣和伊卡璐。宝洁公司的品牌营销具有极强的针对性，宝洁的多种品牌策略不是把一种产品简单地贴上几种商标，而是追求同类产品不同品牌之间的差异化，包括功能、包装、宣传等方面，从而形成每个品牌的鲜明个性。这样，每个品牌都有自己的发展空间，市场就不会重叠。海飞丝宣扬的是去头屑，"头屑去无踪，秀发更出众"，飘柔突出"飘逸柔顺"，潘婷则强调"营养头发，更健康更亮泽"，沙宣重在专业美发，伊卡璐旨在染发，于是宝洁构筑了一条完整的美发护发染发的产品线，最大限度地瓜分了市场。

在洗衣粉市场，宝洁针对消费者对洗衣粉需求的差异化，以多品牌占据了多个目标市场。宝洁将洗衣粉市场划分为9个细分市场，设计了9种不同的品牌。汰渍，广告语"汰渍一用，污垢全无"，强调洗涤能力强，去污彻底，满足洗衣量大的工作要求，是一种用途齐全的家用洗衣粉；奇尔，具有杰出的洗涤能力和护色能力，使家庭衣物显得更干净、更明亮、更鲜艳；奥可多，含有漂白剂，使白色衣服更洁白，花色衣服更鲜艳；还有波德、象牙雪、达诗、时代、卓夫特等专注不同功能的洗衣粉。利用一品多牌从功能、价格、包装等各方面划分出多个市场，满足不同层次、不同需要的各类顾客的需求，从而培养消费者对本企业某个品牌的偏好，提高其忠诚度。

资料来源：百度文库. https://wenku.baidu.com/view/0f6741cbb94ae45c3b3567ec102de2bd9705de44.html，有改动

现代市场面对分布广泛、需求更加复杂多样的消费者，通常来讲，企业很难完全满足所有人的需求，那么企业需要思考的就是如何更好地满足市场中哪些人的需求。本章将分析以顾客为导向的市场营销战略决策——将市场划分为有意义的顾客群（市场细分），选择企业要服务的顾客群（选择目标市场），决定产品在目标顾客群心中的形象（市场定位）。企业所实施的所有市场营销工具都应该是围绕企业（或产品）的市场定位进行。

第一节 市场细分

一、市场细分的概念和作用

（一）市场细分的概念

市场细分的概念最早由美国市场营销学家温德尔·R. 史密斯（Wendell R. Smith）于1956年提出来。现代市场营销学将市场细分定义为营销者在市场调研的基础上，根据消费者的需要和欲望、购买行为、购买习惯等方面的差异，把某一产品的市场整体划分为若干个具有某种相似特征的消费者群体的过程。每一个消费者群体就是一个细分市场，亦称"子市场"或"亚市场"。市场细分的实质是针对消费者需求差异细分消费

者的需求，企业把具备某些相似需求特征的消费者归为一类，这一类被称为一个细分市场。

（二）市场细分的作用

对于市场营销者而言，进行市场细分拥有很多益处。

（1）市场细分可以帮助企业更好地了解不同消费群体的需求及其需求的满足状况，从而发现市场机会，因为目前满足程度较低的市场很可能就是企业最好的市场机会。尤其对于小企业而言，寻找满足程度低的缝隙市场，以差异化策略向这部分满足程度较低的消费者提供产品或服务，可以为小企业提供生存机会。

（2）企业对市场细分的过程可以使企业更好地把握市场需求的变化，企业可以通过及时、正确地调整产品结构和市场营销组合策略来更好地满足消费者需求，向消费者递送更大的顾客价值，以最少的经营费用取得最大的经营效益。

（3）进行市场细分，可以帮助企业清晰地看到目前每个细分市场上的主要竞争对手的优势和劣势，企业可以集中或开发自己的优势资源，针对竞争对手的弱点，将竞争者的现有顾客和潜在顾客转变为自己的买主，提升市场占有率和市场竞争能力。

二、消费品市场细分的依据

市场细分的方法和标准不是唯一的，事实上，在营销实践中，很多营销者都是综合运用多种细分变量来进行市场细分的。在消费品市场，常见的细分变量包括地理、人口、心理和行为四类（表6-1）。

表6-1 消费品市场细分变量

细分变量	常用指标
地理	国家、省、市、县、社区、人口密度（城市、农村）、气候、交通运输条件
人口	年龄、家庭生命周期阶段、性别、收入、职业、教育、宗教、种族
心理	生活方式、个性、购买动机、消费态度
行为	消费者购买时机、消费者进入市场的程度、消费者使用率、消费者对品牌的忠诚度

（一）地理细分

地理细分（geographic segmentation）是指根据消费者所处的地理位置、自然环境等地理变量来细分市场。地理细分的主要理论依据是：处在不同地理环境的消费者，他们对企业的产品有不同的需求和偏好，他们对企业所采取的市场营销组合策略会有不同的反应。常见的地理细分变量包括国家、省、市、县、社区、人口密度、气候和交通运输条件等。

根据地理环境细分市场，对于分析、研究处在不同地理环境条件下的消费者需求及其发展变化趋势具有一定的现实意义，有利于企业开拓特定的区域市场，企业应考虑将有限的资源尽可能投向最能发挥自身优势的区域市场。现代企业，尤其是规模庞大的跨国企业，在进行跨国或跨区域营销时，地理环境细分对营销的成败更显得至关重要。小企业为了集中资源占领市场，也往往对一片小的区域市场再进行细分。

（二）人口细分

人口细分（demographic segmentation）是指企业根据消费者的性别、年龄、收入、职业与教育、家庭规模、家庭生命周期阶段、宗教和国籍等人口统计因素将消费者划分为多个群体。人口变量是最常用的市场细分基础，首先是因为相对于其他变量，人口统计变量更容易被客观测量获取；其次是因为消费者的需求欲望往往和人口变量中的一些指标关系密切。

家庭生命周期。一个家庭，按年龄、婚姻和子女状况，一般经历单身期、新婚期、满巢期、空巢期和鳏寡期五个阶段。在家庭生命周期不同阶段，家庭购买力、家庭人员对产品的兴趣与偏好会有较大的差别。

（三）心理细分

心理细分（psychographic segmentation）是指企业根据消费者的生活方式、个性、购买动机、消费态度等心理变量将消费者进行分类的方式。

（1）生活方式。人们的购买行为反映其生活方式，换句话说，生活方式不同的消费者对商品各有不同的需求，一个消费者的生活方式发生变化后，他可能就会产生新的需求。因此，市场营销者常常根据消费者的生活方式进行市场细分，并建立基于消费者生活方式诉求的市场营销战略。

在市场营销实践中，企业可以采用AIO模型来测量消费者的生活方式。AIO模型借助活动（activities）、兴趣（interests）和意见（opinions）三个变量来描述与定义消费者的生活方式。活动变量包括消费者的工作、业余消遣、休假、购物、体育休闲活动等；兴趣变量则包括消费者对服装的流行式样和对食品、娱乐等方面表现出的兴趣；意见变量则主要指消费者对社会、政治、经济、产品、文化教育和环境保护等问题所持的意见。

（2）个性。有的企业使用个性因素来细分市场，设计出产品的品牌个性，以吸引那些相应个性的消费者。当企业品牌产品和其他竞争品牌的产品显而易见的相似，而其他因素又不能细分市场时，消费者个性细分市场便非常有效。

（3）购买动机。购买动机是引起消费者购买行为的内在推动力。购买动机主要有：求美动机、求廉动机、求实动机、求新动机、求名动机、求便动机、炫耀动机、好胜动机、嗜好动机、惠顾动机等。企业针对不同购买动机的消费者，在产品中突出能满足他们购买动机的特征或特性，并设计不同的市场营销组合策略，往往能取得良好的经营效果。

（4）消费态度。消费态度不同，便产生不同的消费者购买行为。

（四）行为细分

根据消费者不同的消费行为，细分市场又称消费者行为细分。消费者行为细分的变量包括消费者购买时机、消费者进入市场的程度、消费者使用率、消费者对品牌的忠诚度等。

（1）消费者购买时机。在现代市场营销实践中，许多企业往往通过消费者购买时机细分市场，扩大消费者使用企业生产的产品的范围。

（2）消费者进入市场的程度。根据消费者进入市场的程度，可将某种产品的整体市场分为经常购买者、初次购买者、潜在购买者等不同细分市场。一般来说，大企业实力雄厚，市场占有率较高，因而特别注重吸引潜在购买者，使他们成为企业产品的初次购买者，进而成为经常购买者，以扩大市场范围；而小企业资源有限，无力开展大规模的促销活动，以吸引、保持住一部分经常购买者为上策。

（3）消费者使用率。根据消费者使用率及消费者给企业带来盈利的能力，可将某种产品的整体市场细分为非使用用户、大量用户、中量用户、少量用户等细分市场。按消费者给企业带来盈利的能力进行市场细分是"80/20 原则"在市场细分上的应用，即盈利收入的 80%是由 20%的客户带来的，这 20%的客户就是企业的最佳客户，企业应让他们对企业的产品或服务更满意。

（4）消费者对品牌的忠诚度。企业可根据消费者对品牌的忠诚度来细分市场。品牌忠诚是指由于价格、质量等诸多因素的吸引力，消费者对某一品牌的产品情有独钟，形成偏好并长期地购买这一品牌产品的行为。根据消费者对品牌的忠诚度可将某种产品的整体市场分为单一品牌忠诚者、几种品牌忠诚者、无品牌忠诚者。如果单一品牌忠诚者和几种品牌忠诚者占较大或很大比重的市场，其他企业则难以进入；如果情况相反，则有利于其他企业进入，并逐步扩大市场份额；对于无品牌忠诚者，企业应在促销方面吸引该细分市场的消费者。

此外，随着现代网络技术的迅猛发展，消费者行为细分还可按是否上网、上网能力、上网地点、上网时间等标准细分。

（五）运用多种细分标准

在实践中，市场营销者很少运用一个或少数几个变量进行市场细分。相反，他们常常运用多种细分标准尽力确定更小、更好识别的目标顾客群体。

案例 6-1

创建拿铁文化

全球最知名的咖啡零售商是如何让自己的咖啡走进中国这个茶文化国家的？星巴克总监兼法务马克·阿克-福德曼（Mark Aoki-Fordham）说："我们的核心战略就是让我们的门店在中国遍地开花。"鉴于中国以小家庭居多，星巴克把自己的咖啡馆定位为工作之余消遣的地方，使之成为"重要的会议室与社交区域"。此外，星巴克还非常重视门店的客户服务，提供各种绿茶与食品等商品。就连咖啡馆本身也与周围的环境融为一体。"从建筑的角度来说，我们尽量让自己的门店融入周围环境的氛围。"

尽管如此，吸引顾客前来喝上一杯卡布奇诺绝非易事。阿克-福德曼指出，"我们仍然在不断地说服顾客，我们的咖啡是随时可以享用的最好美味。但我们也发现他们对我们的品牌还不是非常忠诚。他们喜欢星巴克的品牌，愿意来买上一杯咖啡，手里端着我们的咖啡边走边喝，但喝完了他们可能在里面装满其他品牌的咖啡！"

为了加强品牌宣传和提高顾客忠诚度，星巴克在中国掀起了大规模的营销活动，甚至也像在美国一样大肆宣传自己为环保所做的努力。阿克-福德曼说："因为企业社会责任是星巴克品牌的基石，我们参与了许多相关的社区项目，即使此类项目在中国的规模还不是很大。"此外，星巴克还开展了一系列的本地化营销活动。"我们发起新颖的在线竞赛，邀请用户在线设计贺卡并发送给自己的朋友；我们还利用上海地铁视频媒体播出偶像剧。"

那么中国的顾客真的与生俱来就比其他国家的顾客缺少忠诚度吗？对此，施乐（Xerox Corporation）前任全球客户执行总监罗杰·麦克唐纳（Roger McDonald）是这样解释的："中国的顾客通过什么渠道来了解品牌呢？他们没有可以参考的信息——他们的父辈没有这种体验。他们只能自己亲自去尝试。所以营销人员需要思考的问题是：你们的宣传是否到位以及顾客的体验到底如何？别忘了中国和其他地方不一样，这里还没有由上一辈或者同僚推荐品牌的传统。"

美国运通公司（American Express）高级副总裁杰西卡·祖伯（Jessica Zoob）对于如何挖掘品牌在中国市场的行销潜力提了些建议。她认为顾客最终选择的品牌很大程度上取决于他在门店的体验。她说："在中国，顾客对于耐用消费品的忠诚度比对快速消费品要高。他们特别喜欢国内品牌，而且零售商与顾客之间的关系是相互影响的。"另外，他们经常是走进商店买一种品牌，结果却买了完全不同的另一种品牌。"在中国，销售人员对顾客选择商品有着巨大的影响力。正因为顾客通常会在最后一刻改变主意，所以零售商必须对店里的情况了如指掌。"

跨国公司一直在适应具体市场的情况，问题是这样会让物流问题更加复杂。所以这需要管理，这不仅是发展的需要，也是赚钱的途径。

资料来源：世界经理人网站。http://www.ceconline.com/strategy/ma/8800067994/01/，有改动

三、产业市场细分的依据

产业市场和消费者市场的许多细分变量是相同的,消费者市场细分中所使用的地理、人口、心理、行为等细分变量同样可以适用于产业市场。但由于产业市场自身的特征,在对产业市场细分的过程中,还会用到最终用户行业、用户规模、用户地理位置等变量。

(一)最终用户行业

最终用户行业就是最终使用生产资料的使用者所属的行业。最终用户行业是产业市场细分最通用的标准。最终用户行业可分为工业机械、汽车制造、交通运输、电力、采掘、冶金、建筑、电信、家电、食品、医药等。

在产业市场上,不同最终用户行业对同一类产品的使用往往不尽相同,对同类产品的需求也就不同。一种最终用户行业的要求便可成为企业的一个细分市场。企业应该应用最终用户行业的细分标准,不断寻找市场机会。同是橡胶轮胎,飞机制造商与汽车制造商相比,飞机制造商对其安全性能要求要高得多;同一汽车制造商,制造赛车与一般汽车所用轮胎在耐磨性方面也有明显不同的需求,从而可以形成不同的细分市场。企业对不同的最终用户行业要相应采取不同的市场营销组合策略,从而满足不同最终用户行业的需要。

(二)用户规模

用户规模也是产业市场细分的主要标准。在产业市场上,按用户规模可细分为大量用户、中量用户、少量用户、非用户。

企业应根据用户规模不同,采取不同的市场营销组合策略。对于个体数量较少的大量用户,宜由销售经理负责,采取直接联系、直接销售的渠道;对于个体数量众多的少量用户,宜由指定推销员负责,通过上门推广、展销、广告等手段推销其产品。

(三)用户地理位置

由于产业市场的用户地理位置受一个国家的资源分布、地形气候分布、产业布局、社会经济环境、历史传承等因素的影响,因此,产业市场一般会形成若干个产业区。

企业可以根据用户地理位置细分市场,选择用户较为集中的地区作为目标市场,企业才能集中销售力量,节省运输费用,降低生产成本。

（四）其他变量

最终用户行业、用户规模、用户地理位置是产业市场细分的三个最主要的标准。此外，在产业市场，企业还可以根据用户能力（需要很多服务、需要一些服务、需要很少服务）、用户采购标准类型（追求价格型、追求服务型、追求质量型）等变量细分市场。

案例 6-2

青岛海洋化工有限公司特种硅胶厂是一个仅有 80 余人的小厂，1996 年，青岛海洋化工有限公司（以下简称海化公司）从流亭镇将已经奄奄一息的特种硅胶厂买下，同时也背上了数目不小的债务。但此举并没有给特种硅胶厂带来立竿见影的转机，有限的规模和生产能力，使该厂陷入新的尴尬境地：如果进行硅胶生产，只能意味着低产量、高成本。

同时，我国硅化物企业迅猛发展，生产企业达到 200 多家，国内外市场竞争进入白热化状态。2000 年，该厂新厂长上任不久，便做出了一个大胆的决定：开拓属于自己的市场，"要干大企业不愿意干的活计"——专门从事硅胶的加工与包装。于是，他们改造锅炉，停掉生产线，将自己的发展方向做了大幅度调整：由硅胶生产转变为硅胶加工。

随着新设备的落户，小包装和印刷在特种硅胶厂轰轰烈烈地开工了。具体怎么做？就是把数百公斤的大包装变成小包装，从 150 克到数十克，最小的包装甚至可以到 0.5 克，产品的附加值明显提高。结果当年就消化了 40 万元的亏损。

海化公司看准的这个市场，恰恰就是被大企业不屑一顾的"小市场"，如宠物用的水晶猫砂（特种硅胶的一种）。没有了对手的市场何其惬意，随后的几年间，海化公司生产的水晶猫砂在欧美国家大受欢迎，不仅出口 30 多个国家，而且在美国 2987 种宠物用品评比中，赢得"最佳创意奖牌"和网上民众调查"最满意产品"，出口量由 200 吨增至 4000 吨，出口量占产量的六成，创汇达 600 万美元，成了海化公司的"摇钱树"。

不过好景不长，近年国内不少企业纷纷进军硅胶生产，加之原来的硅胶企业大量扩充产能，导致技术含量不高的猫砂等低端产品竞相压价，恶性竞争让国内的不少硅胶企业头破血流。昔日"摇钱树"，今成"鸡肋"。

进行大量市场调查后，海化公司发现，在低端产品市场，由于技术含量低、附加值低，同时生产门槛不高，大小企业趋之若鹜，因而造成市场供过于求。而诸如硅铝胶、啤酒硅胶、CSH 凝胶等高技术含量的高端产品，国内几乎是一片空白，即使在国际市场也是畅销产品。于是，突破低端、进军高端，占得先机，变被动为主动，是最迫切的任务。海化公司决策层果断进行了重新定位，实施品牌战略，走高附加值之路。软件和硬件上的投入，为海化公司带来了效益。该公司先后完成了多项重点技术创新项目，其中啤酒硅胶、硅砂、硅铝胶、CSH 凝胶等 6 项新产品获得国家级新产品称号，填补了国内空白，产品质量达到国际先进水平。

资料来源：https://wenku.baidu.com/view/60433568a45177232f60a26c.html?from=search，有改动

四、有效市场细分的标准

无论是消费者市场还是产业市场，都有很多的细分变量，可以根据多种变量组合进行多种的市场细分，但并非所有的市场细分结果都是有效的。一项有效的市场细分，其细分结果必须满足如下标准。

（一）可衡量性

可衡量性（measurable）是指细分市场必须是可以识别和可以衡量的，亦即细分市场不仅范围明确，并且对其容量大小也能做出大致判断。如细分市场中消费者的年龄、性别、文化、职业、收入水平等都是可以衡量的，而要测量细分市场中有多少具有"依赖心理"的消费者，则相当困难，以此为依据细分市场将会无法识别、衡量，进而难以描述，市场细分也就失去了实际操作意义。可衡量性在于确保清晰地区分细分市场的消费者群体。

（二）可进入性

可进入性（accesible）是指细分市场应该是企业市场营销活动能够到达的市场，即企业通过市场营销活动能够使产品进入并对消费者施加影响的市场，这主要表现在三个方面：首先，企业具有进入某个细分市场的资源条件和竞争实力；其次，企业有关产品的信息能够通过一定传播途径顺利传递给细分市场的大多数消费者；最后，企业在一定时期内能将产品通过一定的分销渠道送达细分市场。否则，细分市场的价值就不大。

（三）可营利性

可营利性（profitability）是指细分市场消费者需求的容量和规模必须大到足以使企业实现其利润目标。进行市场细分时，企业必须考虑细分市场上消费者的数量、消费者购买产品的频率、消费者购买力，并且细分市场能使企业获得预期利润。如果细分市场的规模过小、市场容量太小、获利小，就不值得进行市场细分。

（四）差异性

差异性是指市场细分后，各个细分市场消费者需求应具有差异性，而且细分市场对企业市场营销组合策略中任何要素的变化都能做出迅速、灵敏的差异性反应。如果各个细分市场消费者需求不具有差异性，就没有市场细分的可能；如果各个细分市场对企业市场营销组合策略中任何要素的变化都做出相同或相似的反应，细分市场就是同质市场，就没有市场细分的必要。差异性在于确保企业产品开发和价格策略的针对性，向消费者提供差异化、个性化产品。

（五）可操作性

可操作性（actionable）是指针对市场细分的结果，必须能够有效地设计营销方案吸引并服务于细分市场。

第二节　目标市场选择

市场细分的最终目的是帮助企业识别市场机会，找到企业的服务人群。因此，市场细分之后，接下来的工作就是结合企业资源状况，评价企业在每一个细分市场中的相对优势，再从中选出适合企业服务的细分市场。

一、评价细分市场

企业评价细分市场时，通常需要综合考虑以下三类因素。

（一）细分市场的规模及成长潜力

企业通过利用细分市场当前的销售量、增长速度和预期的营利性等指标来判别细分市场的规模及成长潜力，进而选择具备"适度规模和成长潜力"的细分市场。但"适度规模"是个相对的概念，大企业往往更加青睐那些规模大、增长速度快的细分市场；但对于小企业而言，由于缺乏为大规模市场提供服务所需的技能和资源，为了避免激烈的竞争，很多时候会更倾向于选择一些规模相对较小的细分市场。

（二）细分市场的结构和吸引力

细分市场目前的在位者是否强大？如果细分市场中已经存在很多强大而激进的竞争者，那么该细分市场的吸引力就不大。从产品可替代角度来看，如果细分市场中有很多潜在替代品，那么产品或服务在该细分市场的价格和营利能力可能会受到较大的影响。

细分市场中的买家议价能力是否强大，尤其是在产业市场中，买家强大的议价能力往往会导致产品市场价格的下降。还有，从供应商的角度来看，那些有能力左右价格、质量和供应量的强大供应商细分市场，吸引力也不大。

（三）企业的市场营销战略目标和资源

即使一个细分市场有恰当的规模、增长潜力和良好的市场结构，企业仍然要考虑的一个问题就是为这个细分市场服务是否和自己的战略目标与企业资源相一致。一些有吸引力的细分市场可能由于与企业的长期目标不相符，或者企业缺乏取得成功所需要的技能和资源而被舍弃。

二、选择目标市场

企业在对各个细分市场进行评估后，需要决定企业为哪些（个）细分市场服务，即决定目标市场，目标市场中的消费者具有某些共同的需求或特点。不同的企业在经营过程中所选择的目标市场的层次差异是非常大的，根据企业所选择的目标市场中所包含的顾客群体的广泛程度，企业的目标市场选择战略可以被分为四类：无差异市场营销（非常广泛）、差异市场营销（介于非常广泛和非常狭窄之间）、集中市场营销、微观营销（非常狭窄）。

（一）无差异市场营销

无差异市场营销，也被称为大众营销（mass marketing），是指企业不考虑细分市场的差异性，把整体市场作为目标市场，采用单一的产品和单一的市场营销组合策略满足整个市场。无差异市场营销关注的是整体市场中所有消费者需求的共性，而非个性。大众营销可以充分利用规模经济的效应降低产品和营销成本，但其明显的缺点是单一的产品和营销组合策略很难受到所有人的欢迎。

在营销实践中，很多企业通过满足特殊的细分市场和缝隙市场取得了成功。著名营销学家菲利普·科特勒也认为，随着市场竞争的加剧，大众营销者会发现自己很难与那些更加聚焦的企业竞争。

（二）差异市场营销

差异市场营销，是企业在市场细分的基础上，针对两个以上的细分市场分别设计不同的产品或服务，再通过不同的市场营销组合来满足不同细分市场消费者，因此，差异市场营销也被称为细分市场营销。

差异市场营销策略适用于大多数异质的产品。采用差异市场营销策略的企业一般是大企业，有一部分企业，尤其是小企业无力采用，因为采用差异市场营销策略必然受到企业资源和条件的限制。较为雄厚的财力、较强的技术力量和素质较高的管理人员，是实行差异市场营销策略的必要条件，而且随着产品品种的增加、分销渠道的多样化，以及市场调研和广告宣传活动的扩大与复杂化，生产成本和各种费用必然大幅度增加，需大量资源作为依托。

差异市场营销策略优点是能扩大销售，减少经营风险，提高市场占有率。因为多品种的生产能分别满足不同消费者群体的需要，扩大产品销售。某一两种产品经营不善的风险可以由其他产品经营所弥补；如果企业在数个细分市场都能取得较好的经营效果，就能树立企业良好的市场形象，提高市场占有率。

（三）集中市场营销

集中市场营销，是指企业以一个或几个较小的细分市场或缝隙市场作为目标市场，集中力量，实行专业化生产和经营，试图在较小的市场中占据较大的市场份额。

集中市场营销策略主要适用于资源有限的中小企业或是初次进入新市场的大企业。中小企业由于资源有限，无力在整体市场或多个细分市场上与大企业展开竞争，而在大企业未予注意或不愿顾及而自己又力所能及的某个细分市场上全力以赴，则往往容易取得成功。实行集中市场营销策略是中小企业变劣势为优势的最佳选择。

集中市场营销策略的优点是目标市场集中，有助于企业更深入地注意、了解目标市场的消费者需求，使产品适销对路，有助于提高企业和产品在市场上的知名度。集中市场营销策略还有利于企业集中资源，节约生产成本和各种费用，增加盈利，取得良好的经济效益。

集中市场营销策略的缺点是企业潜伏着较大的经营风险。由于目标市场集中，一旦市场出现诸如较强大的竞争者加入、消费者需求的突然变化等情况，企业就有可能因承受不了短时间的竞争压力，而立即陷入困境。因此，采用集中市场营销策略的企业，要随时密切关注市场动向，充分考虑企业在未来可能意外情况下的各种对策和应急措施。

（四）微观营销

微观营销，是指企业为适合特定个人和特定地区的偏好而调整产品与营销策略。微观营销不是在人群中寻找顾客，而是在每位顾客身上探寻个性。微观营销弥补了差异化营销和集中营销没有针对单个顾客的需求提供定制产品或服务的不足。微观营销包括当地营销和个人营销。

当地营销（local marketing），是指企业根据当地顾客群的需要和欲望调整品牌与促销计划，"当地"的区域范围可以是一个城市、一个街区，甚至可以是特定的商店。

个人营销（individual marketing），是一种最极端的微观营销，企业根据个体顾客的需要和偏好调整产品与营销策略，是一种一对一的营销策略。

电子信息技术、互联网的发展和各类大数据的应用为微观营销提供了更加便捷的渠道——"大规模定制"，通过互联网平台，企业与大量的顾客进行一对一的相互交流，根据个人需要量身定制地设计并提供产品和服务。全球知名的计算机制造商戴尔（DELL）就是最早依靠微观营销取得成功的计算机制造商，借助互联网，DELL公司的个人计算机定制服务得以在更广泛的市场中开展。

案例 6-3

李宁重启多品牌计划

李宁体育是国内最早开展多品牌战略的运动品牌，2016年李宁公司宣布获得Danskin在中国内地和澳门地区的独家经营权。20世纪80年代，Danskin整整10年时间稳居美国女性紧身衣消费排行榜之首。李宁的这步棋无疑是想开拓女性运动市场，这也是各大品牌都在积极布局的潜力市场。

增长迅猛的童装市场也是李宁要开拓的另一个对象。2017年，李宁体育宣布收回李宁KID授权，推出自营品牌李宁Young。2017年上半年，李宁YOUNG在全国14个省份开设约20个销售点，并集中于北方区域。

随着二孩政策的放开，新一轮生育高峰到来，儿童服饰的需求增加明显。我国童装市场集中度比较低。李宁Young覆盖3~14岁童装市场，李宁Kids主攻3~6岁小童市场。相比NIKE KID和adidas的童装市场具有高性价比的优势，价格约为国外品牌的一半，市场潜力也很大。

李宁在科技和互联网方面不遗余力地进行研发与推进。例如，李宁公司与小米生态链企业、小米手环缔造者华米科技的战略合作，双方将共同打造新一代智能跑鞋，并探索大数据健康领域，这一举措标志着李宁公司从传统体育鞋服转向智能运动领域，这一市场无疑还很空白，其发展潜力不容小觑。

资料来源：世界经理人网站. http://www.ceconline.com/sales_marketing/ma/8800093261/01/，有改动

三、选择目标市场战略需要考虑的因素

选择目标市场战略时，企业通常需要从以下几个方面进行综合考虑。

（一）企业实力

如果企业实力较强，可根据产品的不同特性选择采用差异市场营销策略或无差异市场营销策略；如果企业实力较弱，无力顾及整体市场或多个细分市场，则可选择采用集

中市场营销策略。

（二）产品性质

这里的产品性质是指产品是否同质，即产品在性能、特点等方面差异性的大小。如果企业生产同质产品，可选择采用无差异市场营销策略；如果企业生产异质产品，则可选择采用差异市场营销策略或集中市场营销策略。

（三）市场性质

这里的市场性质是指市场是否同质，即市场上消费者需求差异性的大小。如果市场是同质的，即消费者需求差异性不大，消费者购买行为基本相同，企业则可选择采用无差异市场营销策略；反之，企业则可选择采用差异市场营销策略或集中市场营销策略。

（四）产品所处的生命周期

处在投入期和成长期初期的新产品，由于竞争者少、品种比较单一，市场营销的重点主要是探求市场需求和潜在消费者，企业可选择采用无差异市场营销策略；当产品进入成长期后期和成熟期时，由于市场竞争激烈，消费者需求差异性日益增大，为了开拓新的市场，扩大销售，企业可选择采用差异市场营销策略或集中市场营销策略或保持原有市场，延长产品市场生命周期。

（五）企业的市场营销战略目标和资源

企业的目标市场策略应当与竞争对手的目标市场策略不同。如果竞争对手强大并采取无差异市场营销策略，企业则应选择采用差异市场营销策略或集中市场营销策略，以提高产品的市场竞争能力；如果竞争对手与自身实力相当或实力较弱，企业则可选择采用与之相同的目标市场策略；如果竞争对手都采用差异市场营销策略，企业则应进一步细分市场，实行更有效、更深入的差异市场营销策略或集中市场营销策略。

企业选择目标市场营销策略时，应综合考虑以上影响目标市场策略选择的因素，权衡利弊，综合决策。目标市场策略应保持相对稳定，但当市场营销环境发生重大改变时，企业应当及时改变目标市场策略。竞争对手之间没有完全相同的目标市场策略，企业也没有一成不变的目标市场策略。

案例 6-4

OPPO 手机聚焦用户的品牌力

2016 年凭借渠道和广告迅速蹿红的 OPPO 手机成了年度最热议的"土豪逆袭"。

OPPO 手机始终聚焦于核心人群的品牌定位，是引领 OPPO 走上顶峰的最关键一环，也是品牌构建的第一步。

OPPO 手机，从功能机时起就有了清晰的品牌理念和定位意识。从最初主打的音乐属性，到现在的快充拍照功能，OPPO 始终咬准了年轻、时尚、白领、女性这类群体的需求。她们首先在数量上占优，保障了足够大的市场总量规模，而且消费观念开放超前，更加重视产品体验而非价格，这也为品牌提供了良好的溢价空间。此外，这部分年轻群体正处于收入上升和消费升级的阶段，追求自我价值的满足和升级，正是她们的心理需求共性。由此可见，OPPO 抓准了拥有广阔市场潜力的目标人群。

找准了人群定位，更要能够将人群需求翻译成自身的品牌语言，才算真正地塑造出品牌。

国产手机几乎没有一个品牌是只以英文呈现的，OPPO 可谓首例，这个品牌命名策略，成功地将 OPPO 塑造成国际时尚大牌的形象，与同时期其他国产品牌诸如波导、多普达、酷派等区分开来。绿色就是品牌的主色调，象征着年轻、自然和亲和力，这与 OPPO 的人群定位也是对应的。

资料来源：个人图书馆. http://www.360doc.com/content/16/1216/08/27972427_615170665.shtml，有改动

第三节 市场定位

在选择和确定了目标市场及目标市场策略后，企业接下来需要考虑自己的产品在目标市场消费者心目中树立哪种形象的问题，即市场定位问题。

一、市场定位的概念

市场定位是指企业针对潜在顾客的心理进行营销设计，创立产品、品牌或企业在目标顾客心目中的某种形象或个性特征，使得顾客对于本企业产品的心理认同区别于其他产品。

市场定位的实质是差异化，即本企业及其产品与当前市场上其他同类厂商或产品的差异。市场定位突出企业及其产品的特色，使消费者明显感觉和认识到这种差别，在消费者心目中占有特殊的位置，给予消费者良好的印象，从而取得目标市场的竞争优势。市场定位，关键的不是对产品本身做些什么，而是在消费者心目中做些什么。

在目前的市场竞争实践中，很多时候会出现两个或更多企业将同一细分市场作为目标市场的情况，面对如此情况，这些企业不得不绞尽脑汁使自己的企业或产品区别于他

人。因此，每个企业都需要建立一套独特的利益组合，使自己的产品或服务差异于市场上的同类产品，从而吸引市场中的重要群体。

二、市场定位的步骤

企业的市场定位工作通常包括如下三个步骤。

（一）确定企业可能的价值差异和竞争优势

市场定位的过程是企业与竞争对手差异化的过程，企业的最终目标应该是能比顾客自身更好地理解顾客需求，并向市场递送更多的顾客价值，进而使得企业在目标市场实现盈利。因此，企业在确定自己的价值差异和竞争优势之前，必须回答以下两个问题。

竞争对手的市场定位是什么？

目标市场上的顾客需求的满足程度如何？还有哪些需求未被满足？

企业需要通过利用市场调研等方法找到上述问题的答案。对上述问题的回答会使市场营销者看清楚竞争对手的竞争优势和当前市场需求的状态。接下来企业需要针对竞争者的市场定位和市场需求情况来回答企业能够做些什么。例如，如果和竞争对手进行相同的市场定位，借助自己的资源优势，我能否比竞争对手做得更好？如定价更低，或者品质更高。如果在同一市场定位上不能超越竞争对手，那就找出和确定企业的哪些资源和优势可以满足当前市场未被满足的需求。

（二）选择恰当的竞争优势

假如企业幸运地发现了几个可以提供竞争优势的潜在差异点，那接下来的工作就需要从这几个潜在的差异点中选取企业可以赖以建立市场定位战略的差异点。

现在，很多市场营销者认为，一项产品或服务最好只向目标市场重点递送一项利益，即为每项产品或服务或品牌设计一个卖点，并强调在该差异化中它是"第一"或"最好的"，以强化它的差异化。这一主张的依据是，在信息爆炸的今天，消费者往往只能够记住那些"第一"或"最好的"。如果企业确实具备竞争优势的差异点，那么企业可以把这些差异点分散在不同的产品或服务中去，分别以不同的"最好"产品或服务来满足顾客的需求。

案例 6-5

佳得乐（Gatorade）是一种全球领先的运动型饮料，拥有 50 多年的运动科学研究背景。佳得乐运动型饮品在补充运动中身体所缺的水和电解质的同时还提供碳水化合物来增强运动耐力。"解口渴更解体渴"正是佳得乐的独特之处。如今，佳得乐在美国占有运动饮料行业 85%份额。佳得乐全心打造中国的"运动型饮料之最"，给广大中国消费者带来全新的健康科学理念。

佳得乐的 G 系运动饮料，针对运动前、运动中和运动后人体所需能量的差异，分别推出了三款饮品，以满足人们在不同运动时段的需求。

佳得乐优能 01，定位于运动前能量源。

佳得乐 02 解渴神器，定位于运动中解渴。

佳得乐 03，定位于运动后体能恢复。

资料来源：豆丁网. https://www.docin.com/p-58166154.html，有改动

（三）准确地传播企业的市场定位

这一步骤的主要任务是企业要通过一系列的宣传促销活动，将其独特的市场竞争优势准确传播给消费者，并在消费者心目中留下深刻印象。为此，企业首先应使目标消费者了解、知道、熟悉、认同、喜欢和偏爱企业的市场定位，要在消费者心目中建立与该定位相一致的形象。其次，企业通过一切努力，保持对目标消费者的了解，稳定目标消费者的态度和加深目标消费者的感情，来巩固企业市场形象。最后，企业应注意目标消费者对其市场定位理解出现的偏差或由于企业市场定位宣传上的失误而造成目标消费者的模糊、混乱和误会，及时纠正与市场定位不一致的市场形象。

三、市场定位策略

（一）基于竞争对手关系的市场定位策略

1. 迎头定位策略

迎头定位策略是指企业选择靠近现有竞争者或与现有竞争者重合的市场位置，争夺同样的消费者，彼此在产品、价格、分销及促销等各个方面差别不大。迎头定位策略就是与市场上最强的市场竞争对手"对着干"。与竞争对手相比，企业具有明显竞争优势的时候，才有可能选择该种策略。

2. 避强定位策略

避强定位策略是指企业回避与目标市场上的竞争者直接对抗，将其位置定在市场"空白点"，开发并销售目前市场上还没有的产品，开拓新的市场领域。

避强定位策略的优点是能够迅速地在市场上站稳脚跟，并在消费者心中尽快树立起企业形象。由于这种定位策略市场风险较小，成功率较高，常常为多数企业所采用。

3. 重新定位策略

重新定位策略是指企业变动产品特色，改变目标消费者对其原有的印象，使目标消费者对其产品新形象有一个重新认识过程。市场重新定位对于企业适应市场营销环境、调整市场营销战略是必不可少的。企业产品在市场上的定位即使很恰当，但在出现下列情况时也需考虑重新定位：一是竞争者推出的产品市场定位在本企业产品定位的附近，侵占了本企业品牌的部分市场，使本企业品牌的市场占有率有所下降；二是消费者偏好发生变化，从喜欢本企业某品牌转移到喜爱竞争对手的品牌。

（二）基于递送利益和价格的市场定位策略

营销学家菲利普·科特勒根据企业向目标市场递送的价值高低以及产品定价高低，将产品的市场定位策略分为以下五种。

（1）优质优价（more for more）。优质优价的定位是指提供最高档次的产品或服务，同时收取更高的价格来补偿较高的成本。采用优质优价定位的营销者不仅具有上等的品质，还为购买者带来了声望，标志着地位和高档的生活方式。

（2）优质同价（more for the same）。与竞争对手相比，以相同的价格向市场提供品质更优的产品。

（3）同质低价（the same for less）。企业以更低的价格向目标市场提供与竞争对手品质相当的产品，即所谓的物美价廉。

（4）低质更低价（less for much less）。质量不太好，价格也不高，事实上这类产品总是被需求的。很少有人对所有需要的产品或服务都买得起"最好的"，有些消费者愿意用更实惠的价格牺牲一些产品或服务的品质。相对于传统高、大、上的星级酒店而言，如家快捷酒店放弃富丽堂皇的装饰，以简约的环境向顾客提供住宿和其他必要的商务环境服务，同时伴随较低的价格，成功开启了快捷商务酒店的先河。

（5）优质低价（more for less）。以更低的价格向目标市场提供高品质的产品或服务，是很多企业的主张。但在实践中要做到优质低价并不容易，因为优质往往伴随着高成本。除非企业在成本控制方面通过某些途径取得了很大的竞争优势，否则很难实现这种两全其美。

不同的定位策略服务于特定的目标市场，不能在同一个目标市场中混乱地采取多种定位策略。企业向消费者递送的价值应该与其宣传的价值主张和市场定位相一致，否则很容易引起消费者的不信任。

★本章案例

小米：用软件思维做硬件

小米公司正式成立于 2010 年 3 月，仅用了 1 年多的时间，到 2011 年 12 月 21 日，小米公司就进入 CB Insights 的独角兽企业（估值超过 10 亿美元的企业）榜单。小米公司的发展历史，可以说是互联网思维的演变史。如果说前期的小米还有PC（personal computer，个人计算机）时代的思维，那么小米手机的推出标志着小米迈入互联网思维时代。

小米并非智能手机的先行者，在2011年小米推出第一部手机的时候，市场上已经有苹果、三星、索尼、HTC、摩托罗拉等多家厂商展开激烈的竞争。安卓手机由于先天的开放性，很难建立起像苹果手机iTunes和App Store那样封闭式的内容分发平台。因此，安卓手机的经营思维仍然偏向传统的硬件厂商思维，即追求实现硬件的高利润，比拼产品的工业设计和硬件性能，软件是为硬件带来溢价的增值部分，而不是收入的来源。

每一代硬件产品的生命周期要尽可能长，延缓新品的上市日期。手机厂商通常重资产运作，通过对产业链进行强有力的控制，以获得成本优势，提高利润空间。在当时，智能手机价格大多在4000元以上，手机系统和新型手机的更新周期通常在1年以上。

按照常规的竞争策略，小米手机几乎毫无胜算。因为彼时的小米，还需要依靠风险投资支持运营，所以不可能像苹果、三星那样投入巨额资金，控制漫长的产业链，小米必须要精打细算地花好每一分钱。此外，作为一个新进入的品牌，小米很难获得较高的品牌溢价，无法选择高利润的差异化战略。以低价取胜的成本领先战略，几乎成了小米唯一的出路，这也奠定了小米互联网思维的基础。

要实现产品的低价，必须严格控制成本。而轻资产运营的小米，无法通过收购实现纵向一体化，要加强对上游原料供应商的议价能力，只能通过大批量采购来实现，也就是做"极致单品"。小米1代手机几乎配置了当时性能最强劲的手机芯片，当它以1999元的价格推出时，立即在市场引起了轰动，开放预售的34个小时内就获得了30万部的预订量，而这是最初对小米1代手机销售总量的预估。在小米2代手机推出之前，小米1代手机总计销售了352万部。

如果仅仅靠低价，那么小米手机和山寨手机没有什么区别。功能的快速迭代是小米手机在用户心中建立品牌优势，实现差异化战略的重要升级。软件可以通过在线升级，随时添加新的功能，但手机作为硬件产品，功能参数在设计时就已经确定，一经推出就不可能对硬件功能进行扩展，小米如何解决这一难题？

答案是用软件思维做硬件。智能手机与过去的功能机不同，智能手机运用的是可编程芯片，通过更新手机系统，就可以带来很多新的功能，而这正是软件起家的小米的强项。

小米的MIUI系统建立了"橙色星期五"的软件升级制度。每周五下午5点，MIUI系统都要进行OTA（手机可以通过无线网络更新系统，无须连接电脑）更新。新系统发布之后的下一个周二，小米在论坛里发起"四格体验报告"问题调研，让用户对本次系统更新中改进的功能进行反馈，并对下一次更新提出建议。如此一来，就形成了非常稳定的迭代过程，问题的修复、新功能的增加，都来自一线用户的反馈，创新不再是闭门造车。

此外，小米深耕社群的用户运营方式，也是"互联网思维"的代表。用社群汇聚一批"达人"发烧友充当意见领袖，通过分享小米产品的体验，在自己的圈子里聚合更多的用户。

小米为鼓励这部分用户乐于分享,在论坛中设置了"签到""发帖""回帖""抢购""答题"等多种活动,并对积极参与者给予相应的奖励。如活跃用户可以成为小米论坛的高级用户"荣组儿",可以参与组织小米的线下活动。活跃用户有机会获得小米发放的"F码",可以享受免预约直接购买小米产品的特权。

小米社群的成功运营创造了直接的经济效益。据统计,小米社群的用户中,有近50%的用户购买了2部以上的小米手机;有68%的用户在购买小米手机时,会购买官方手机配件。

资料来源:节选自《也许它是今年全球规模最大IPO,小米凭什么值这么多钱?》,世界经理人网站。http://www.ceconline.com/strategy/ma/8800093116/01/,有改动

★ 本章实训

(一)内容

(1)组建营销团队,建立虚拟企业,选定经营的产品或服务。
(2)进行市场细分。
(3)选择细分市场,制定目标市场战略。
(4)交流讨论。

(二)要求

(1)50分钟内完成。
(2)注重团队合作。
(3)每个团队3~5人。
(4)完成实训总结。

★ 本章思考题

1. 举例说明在市场营销实践中,市场细分的意义。
2. 举例说明消费者市场细分的标准。
3. 分析企业可选择的四种目标市场策略。
4. 分析影响目标市场策略选择的因素。
5. 举例说明市场定位策略在市场营销实践中的应用。

第七章 产品策略

学习目标：掌握产品、产品组合的相关概念；了解产品的生命周期、产品生命周期各个阶段的营销策略；理解新产品的含义及开发过程；了解品牌与商标的内涵、包装策略，尝试结合市场营销策略及组合理论，解决企业市场营销实践存在的各种问题。

关键术语：
产品　product
核心产品　core product
形式产品　basic product
产品线　product line
产品组合　product mix
新产品　new product
产品生命周期　product life cycle

案例导入

微信时代

2010年10月，一款名为Kik的App因上线15天就吸引了100万用户而引起业内关注。

Kik是一款基于手机通讯录实现免费短信聊天功能的应用软件，这很快引起腾讯广州研发部（以下简称"广研"）总经理张小龙的注意。张小龙猜想移动互联网将来会有一个新的IM（instant messaging，即时通信），而这种新的IM很可能会对QQ造成很大威胁。他想了一两个小时后，给腾讯CEO马化腾写了封邮件，建议腾讯开发类似产品。马化腾很快回复了邮件并表示对这个建议的认同。

2010年11月19日，微信项目正式启动。最初的人员基本都来自广研的QQ邮箱团队，开发人员没有什么做手机客户端的经验，唯一做过的手机产品是在S60平台上做的"手中邮"。2011年中，广研分设"邮箱产品中心"和"微信产品中心"，开始独立运作QQ邮箱和微信两款产品，张小龙既是广研的总经理，也是微信产品团队的第一负责人。

2011年1月21日，微信1.0的iOS版上线。微信对于广研来说是个全新的领域，一开始很多人并不看好这个项目。从2月到4月，用户增长得并不快，所有平台加起来每天也就增长几千人。而与此同时，先于微信1个月推出的米聊已进入用户数快速增长的阶段，媒体的关注度也高于微信。而移动互联网IM工具市场由于开心"飞豆"、盛大"有你"、奇虎"口信"等功能类似产品的加入而呈现出复杂的竞争格局。

2011年4月，TalkBox（TalkBox是一款智能手机上的通信软件，可以利用语音等方式交流、分享和发布，后来被微信打败）突然火爆起来，张小龙敏锐地认为这个地方一定有很好的机会，当机立断决定在微信中加入语音功能。为了使用户在更多场景下都能较好地使用语音功能，微信团队对产品做了许多改进。例如，当距离感应器无感应，语音对讲会默认为扬声器播放；只要把手机贴近耳朵，马上就改为听筒模式，方便用户在开会或不方便扬声的时候接听。语音版使微信成为一个有一定影响力的产品，也使微信在竞争中占据了一个相对有利的位置。

2011年8月3日，微信发布2.5版本，支持查看附近的人。这一功能使用户可以查看到附近微信用户的头像、昵称、签名及距离，以便用户之间产生进一步的交流。这一功能使微信从熟人之间的沟通走向陌生人之间的交友。

2011年10月1日，微信发布3.0版本，支持"摇一摇"和漂流瓶。"摇一摇"可以让用户寻找到同一时刻也在摇晃手机的人；漂流瓶则秉承了QQ邮箱漂流瓶的理念。"摇一摇"一推出就迅速成为许多微信用户非常喜爱的一个功能，在2011年首届腾讯微创新奖中，"摇一摇"也榜上有名。

2011年12月20日，微信推出3.5版本，其中一个最重要的功能，是加入了二维码，方便用户通过扫描或在其他平台上发布二维码名片，拓展微信好友。同时，微信也推出了名为WeChat的英文版。

2012年4月19日，微信4.0的iOS版发布，其中"朋友圈"功能引起业界颇多注意，有评论认为这是微信"社交平台化"的一种尝试。微信4.0版本支持把照片分享到朋友圈，让微信通讯录里的朋友看到并评论。同时，微信还开放了接口，支持从第三方应用向微信通讯录里的朋友分享音乐、新闻、美食等。

2012年8月17日，微信公众平台正式上线，微信公众号可以说改变了人们获取资讯的方式，是一个具有划时代意义的产品。它可以说是使媒体人从传统时代走向新媒体时代的第一个平台，也是千千万万自媒体人的赚钱工具。

微信诞生6年，覆盖了中国90%的智能手机，月活跃用户超过9亿。自身功能上的更新速率已经放缓，而其生态建设速度是在与日俱增的，究其原因还是如今的微信已经成为一个承载众多用户的平台，一点点更新都会触及好几亿用户的神经。这就有了我们经常说的"微信的克制"。

为什么要克制？

微信的用户体量太大，每类用户对于微信的定义都不一样。例如对于很多父母辈来说，他们只想用微信来跟自己的孩子发发信息、视频聊天、收发红包什么的。只要简简单单就好，对于其他的新功能并没有太多要求。微信因为没有自动添加入口，就不会去打扰这一部分用户，保持了自己一贯的简单易用。

对于另一部分用户（如互联网的从业人员）来说，他们对新鲜的事物都很好奇，有什么新功能都会第一时间去尝试探索。那么这类用户就必须自己去找入口并亲自打开功能的开关。就像在现实世界中，你想要得到某个东西，一定要付出相应的努力。只有你自己主动去获取的东西才是你需要的，并且在付出了一定的努力后会懂得珍惜。

这样，微信很自然地满足了有这个需求的用户，同时不会打扰到不需要这种功能的用户。微信的克制是真正的以用户体验为依归，是实实在在的行动，而不是嘴上说说而已。微信的其他很多小细节都践行了类似克制的哲学。如公众号的关键词回复：想要得到，自己动手；朋友圈点赞和评论默认收起：避免用户盲目点赞、刷评论，使整体的社交氛围更加简单真实；订阅号的折叠：订阅号在刚发布的时候是展开的，到了 5.0 版本就被折叠了，因为订阅号每天都能推送消息，折叠后可以防止用户被骚扰，再后来，订阅号的未读消息气泡变成小红点，进一步降低了用户对订阅号的打开率，而服务号并没有折叠，但被限制为每个月只能群发 4 次消息；朋友圈的广告极少：其实朋友圈本来就不应该出现广告，这应该也是微信在某种程度上的妥协，广告并没有在朋友圈大范围地投放；朋友圈的小红点可以关闭：节省了多少用户的时间；限制微信群二维码的时效：一般产品的二维码、链接有效期恨不得都是"一万年""直到海枯石烂"，而微信群二维码设置了有效期，且只有短短的 7 天。

微信一直没有停下脚步……

资料来源：人人都是产品经理网. http://www.woshipm.com/it/841413.html，有改动

第一节　产品与产品组合

一、产品的概念

从营销的角度来看，产品是指能够在市场上得到的，用于满足人们欲望和需要的任何东西，包括实物、服务、场所、设计、软件、意识等各种形式。

市场营销者在向市场提供产品时，需要考虑产品的整体性和层次性，即产品的整体概念，它包括核心产品、形式产品、期望产品、延伸产品和潜在产品五个基本层次，如图 7-1 所示。

（一）核心产品

核心产品是指向顾客提供的产品的基本效用或利益，是顾客真正要买的东西，是产品整体概念中最基本、最主要的部分。顾客购买某种产品，并不是为了占有或获得产品本身，而是为了获得能满足某种需要的效用或利益。例如顾客购买洗衣机并不是为了得到洗衣机的机器或零部件，而是为了洗衣方便快捷。

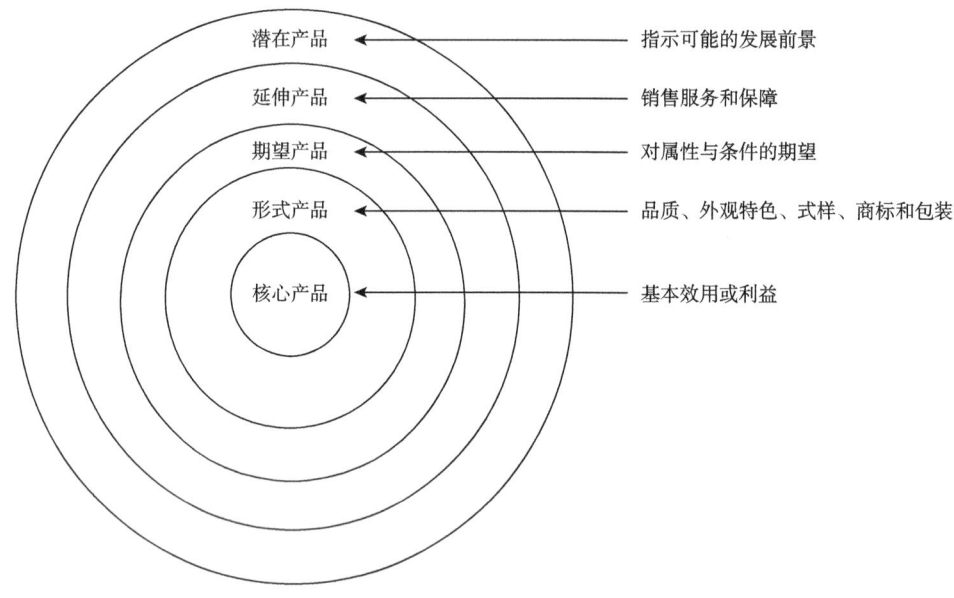

图 7-1 产品的五个基本层次

（二）形式产品

形式产品是核心产品借以实现的形式，即向市场提供的实体和服务的形象。形式产品一般有五个特征，即品质、外观特色、式样、商标和包装。产品的基本效用必须通过某些具体的形式才能得以实现。市场营销者应首先着眼于顾客购买产品时所追求的利益，以求更完美地满足顾客需要，从这一点出发再去寻求利益得以实现的形式，进行产品设计。

（三）期望产品

期望产品是指顾客购买某种产品时期望得到的，与该产品密切相关的一系列属性和条件。一般情况下，顾客在购买某种产品时，往往会根据以往的消费经验和企业的营销宣传，对所欲购买的产品形成一种期望，如对于旅店的客人而言，期望的是干净的床、香皂、毛巾、热水、电话和相对安静的环境等。顾客所得到的，是购买产品所应该得到的，也是企业在提供产品时应该提供给顾客的，所以顾客在选择档次大致相同的旅店时，一般不是选择哪家旅店能提供期望产品，而是根据哪家旅店就近和方便来定。

（四）延伸产品

延伸产品是顾客购买有形产品时所获得的全部附加服务和利益，包括提供信贷、免费送货、质量保证、安装、售后服务等。延伸产品的概念来源于对市场需要的深入认识。

延伸产品是顾客购买产品时得到的额外利益,是构成产品差异化的重要基础。美国学者西奥多·莱维特曾经指出:"新的竞争不是发生在各个公司的工厂生产什么产品,而是发生在其产品能提供何种附加利益(如包装、服务、广告、顾客咨询、融资、送货、仓储及具有其他价值的形式)。"

(五)潜在产品

潜在产品是指现有产品(包括所有延伸产品在内)可能发展成为未来最终产品的潜在状态的产品。许多企业通过对现有产品的附加与延伸扩展,不断提供潜在产品,所给予顾客的就不仅是满意,还能使顾客在获得这些新功能的时候感到喜悦。所以潜在产品指出了产品可能的演变和未来的发展前景,也使顾客对于产品的期望越来越高。潜在产品要求企业不断寻求满足顾客的新方法,不断将潜在产品变成现实的产品,这样才能使顾客得到更多的意外惊喜,更好地满足顾客的需求。

案例 7-1

在一次新产品发布会上,身着紧身牛仔裤的乔布斯指着自己的窄小裤兜说:"如果我们想在裤兜里塞进去一个产品,那它应该是什么?"紧接着,乔布斯拿出了 iPhone,"没错,就是它!" iPhone 时尚的外观、小巧的设置和极具社交功能的超前用户体验使得这款产品一经面市就吸引了成千上万的"果粉"追捧,就像乔布斯的一句名言一样,"消费者并不知道自己需要什么,直到我们拿出自己的产品,他们就发现,这是我要的东西"。

二、产品分类

按不同的分类方法,可以将产品划分出很多类别。从营销的角度,一般来说,可将产品按以下两种方法划分。

(一)按产品是否耐用和有形划分

按产品是否耐用和有形,产品可分为非耐用品、耐用品和服务。

(1)非耐用品。非耐用品是指使用时间较短的产品,甚至一次性消费的产品,如牛奶、手纸、文具、香皂等。这类产品单位价值较低、消耗快,消费者往往经常购买、反复购买、大量使用。对于这类产品,市场营销者可采取的营销策略包括利用多种渠道销售,方便消费者随时随地购买;薄利多销;积极利用各种促销手段等。

(2)耐用品。耐用品是指使用时间较长,至少可使用1年的产品,如住房、汽车、电视机、机械设备等。耐用品单位价值较高,购买频率较低,需要许多的人员推销和服务，销售价格较高，利润也相对较大。市场营销者对这类产品可采用的营销策略包括重视客户关系和人员促销，做好售后服务等。

（3）服务。服务是以各种劳务形式表现出来的无形产品，如教育咨询、酒店旅游、法律服务、金融服务等。市场营销者在对这类产品进行营销时，一定要注意服务提供者的技能和素质培训，以便更好地满足消费者需求。

（二）按产品用途划分

按产品用途，产品可分为生活资料和生产资料。

（1）生活资料。生活资料即消费资料，又称"消费品"，是指直接用来满足消费者物质和文化生活需要的那部分社会产品。

（2）生产资料。生产资料是指为了生产或再生产的需求而购买的产品。生产资料最终也是为了满足消费者需求，如个人或家庭需要空调，才促使空调制造商对钢材、电机、设备等生产资料产生需求。

三、产品组合

（一）产品组合相关概念

产品组合是指一家企业所能提供给市场的全部产品的总和，即企业的经营范围和产品结构。产品组合由不同的产品线和产品项目组成。产品线是产品组合的一大类，是能够满足同类需要、相互间密切关联的一组产品。产品项目是指在产品线中不同规格、品种、质量和价格的特定产品。例如，美的集团有冰箱、空调、电视等多条生产线，每条产品线中又有很多的产品项目。

组合和调整产品项目是企业常见的产品策略。产品组合涉及四个维度：宽度、长度、深度和关联度。产品组合的宽度是指一个企业的产品组合中所拥有的产品线的数目。产品组合的长度是指一个企业的产品组合中产品项目的总数。产品组合的深度是指企业经营的产品线所包括的产品项目的平均数多少。产品组合的关联度是指各产品线之间在最终用途、生产条件、销售渠道等方面的相互关联程度。例如，某制造企业生产的产品都与食品有关，且都采用相同的销售渠道，那么它的产品组合关联度就强；而一些实行多元化经营的企业集团，其各类产品线间的关联度则相对较小。

案例 7-2

可口可乐公司在中国的产品组合策略

可口可乐公司一改"给世界一罐可口可乐"的风格，正在向所有可饮用产品领域进军，致力于扩大饮料的品种。进入中国市场多年以来，可口可乐从推出单一品牌"可口可乐",到拥有"雪碧""芬达"等国际品牌和"天与地""醒目""津美乐"等中国本土品牌,其发展非常迅猛。其三种主要产品可口可乐、雪碧、芬达的销售额分别约占公司总销售额的20%、20%、10%。但可口可乐并没有实施多元化战略,因为可口可乐过去在发展饮料之余,也曾办过酒厂,开过种植场,甚至涉足电影业,但都遭到了失败。因此可口可乐公司规定,公司可以涉足茶、减肥饮料、八宝粥在内的所有饮料行业,但不能搞多元化。专注于饮料业的可口可乐把主业做得精益求精,它在发展任何一种饮品的时候都可以利用原有的销售渠道,使新产品迅速打开市场,同时也大大节约了成本。

可口可乐公司销售的饮料主要包括四类:以可口可乐为商标的碳酸饮料产品;饮用水系列产品;有咖啡因和维生素的功能性饮料;有益于健康和营养的果汁与含乳饮料。

除了可口可乐外,可口可乐公司推出的其他产品包装上都注明"可口可乐公司荣誉出品"字样。可口可乐公司的这种多品牌战略是以可口可乐这一强势品牌为核心,雪碧、健怡可乐、芬达为第二线保护产品,其他品牌为第三线补充产品,组建其品牌家族。这种品牌结构的主要优势在于三线品牌之间保持着相对合理的品牌距离,使得它们既可以相互支持和保护,一荣俱荣;又可以适当地规避品牌间的连带风险,不至于一损俱损。

可口可乐旗下部分产品组合如表7-1所示。

表7-1 可口可乐旗下部分产品组合

汽水类	不含汽水类	水类
雪碧	酷儿	冰露
醒目	美汁源	怡泉
芬达	健康工房	天与地
可口可乐	茶研工坊	水森活
健怡可乐	雀巢冰爽茶	

总的来说,可口可乐在中国的经营策略为单一化经营,产品的组合类型是市场专业型。仅从表7-1提供的数据来看,可口可乐部分产品的产品组合的宽度为3,产品组合的长度为14,产品组合的深度为4.7。从上面的分析我们可以看出,可口可乐诸多产品的产品关联度很强,并没有跨行业的产品经营。这样的产品组合使产品的销售模式比较稳定,且销售的成本低,而且品牌的信誉度会大大增加。

资料来源:豆丁网.https://www.docin.com/p-1999281863.html,有改动

(二)产品组合策略

企业在调整和优化产品组合时,依据不同的市场情况,可以选择如下策略。

1. 扩大产品组合策略

扩大产品组合包括拓展产品组合的宽度和增加产品组合的深度。例如当企业考虑增加产品特色,为更多的子市场提供产品时,则可以选择在原有产品大类内增加新的产品项目和产品线。一般而言,扩大产品组合能够更好地配置企业资源、分散风险、增强竞争能力、增加销售额。

2. 缩小产品组合策略

当市场繁荣时,较长、较宽的产品组合往往会为企业带来较多的盈利机会,但当市场不景气或者原料、能源供应紧张时,缩减产品组合可能使利润上升或亏损降低。因为,当缩减了产品组合中盈利能力较低或被市场淘汰的产品后,企业可以集中更多资源生产获利较多的产品项目。

3. 产品线延伸策略

当企业发展到一定规模和较成熟的阶段,想继续做强做大,争取更多的市场份额,或是为了阻止、反击竞争对手时,往往会采用产品线延伸策略,利用消费者对现有品牌的认知度和认可度,推出副品牌或新产品,以期通过较短的时间、较低的风险来快速盈利,迅速占领市场。产品线延伸策略是指全部或部分地改变公司原有产品的市场定位。其具体做法有向上延伸、向下延伸和双向延伸三种。

(1)向上延伸策略。向上延伸策略是指企业中低档产品向高档产品延伸,进入高档产品市场。一般来讲,向上延伸可以有效地提升品牌资产价值,改善品牌形象,一些国际著名品牌,特别是一些原来定位于中档的大众名牌,为了达到上述目的,不惜花费巨资,以向上延伸策略拓展市场。在向上延伸策略的实施过程中,企业可能会遇到实力强的高档产品厂商有力反击和消费者怀疑产品质量这两方面的威胁。

(2)向下延伸策略。向下延伸策略是指企业以高档产品品牌推出中低档产品,通过向下延伸策略扩大市场占有率。一般来讲,采用向下延伸策略的企业可能是因为中低档产品市场存在空隙,销售和利润空间较为可观,也可能是在高档产品市场受到打击,企图通过拓展中低档产品市场来反击竞争对手,还可能是为了填补自身产品线的空白,防止竞争对手的攻击性行为。在向下延伸策略的实施过程中,企业可能会遭遇的威胁有消费者对公司、产品形象的怀疑和品牌定位的矛盾,容易失去忠诚的老顾客。

(3)双向延伸策略。双向延伸策略是指原定位于中档产品市场的企业掌握了市场优势以后,决定向产品大类的上下两个方向延伸,一方面增加高档产品;另一方面增加低档产品,扩大市场阵地。双向延伸需要企业投入大量的资源,会导致如市场调研、产品开发、市场推广等成本的大量增加。

4. 产品线现代化策略

当企业生产模式已经过时,虽然产品组合的宽度、长度和深度都很适当,也必须对产品线实施现代化的改造。需要注意的是,现代化的改造需要企业做好充分的准备,并选择是采取逐步现代化还是快速现代化，逐步现代化可以节省大量资金，但是容易被竞争者察觉和反超，快速现代化可以出其不意击败竞争对手，但是短时间内耗费巨大，给企业带来资金压力。

第二节　产品生命周期

一、产品生命周期的各个阶段

美国哈佛大学教授费农 1966 年在其《产品周期中的国际投资与国际贸易》一文中首次提出产品生命周期理论。费农认为：产品和人的生命历程一样，要经历形成、成长、成熟、衰退这样的周期。产品生命周期就是产品从进入市场到最后退出市场所经历的市场生命循环过程，一般来讲，产品生命周期分为投入期（introduction）、成长期（growth）、成熟期（mature）、衰退期（decline）四个阶段。

（一）投入期

投入期也称导入期，是产品进入市场的初期，此时，顾客对产品还不了解，只有少数追求新奇的顾客可能购买，销售量很少。为了扩展销路，需要大量的促销费用对产品进行宣传。在这一阶段，由于技术方面的原因，产品不能大批量生产，因而成本高，销售额增长缓慢，利润一般为负值，产品也有待进一步完善。

（二）成长期

随着顾客对产品认识的增加，大量的新顾客开始购买，市场逐步扩大。产品开始大批量生产，生产成本不断降低，企业的销售额迅速上升，利润也迅速增长。竞争者看到有利可图，纷纷进入市场参与竞争，使同类产品供给量增加，价格随之下降，企业利润增长速度逐步减慢。

（三）成熟期

产品成长期发展到一定程度便进入产品生命周期的成熟期，这一时期，市场需求趋向饱和，潜在的顾客已经很少，销售额增长缓慢直至达到顶峰，利润也达到最大，然后转而下降。

（四）衰退期

随着科学技术的发展，竞争逐渐加剧，产品售价降低，促销费用增加，企业利润不断下降。新产品或新的代用品出现，将使顾客的消费习惯发生改变，转向其他产品，从而使原来产品的销售额和利润额迅速下降。于是，产品进入衰退期。

产品生命周期曲线如图 7-2 所示。

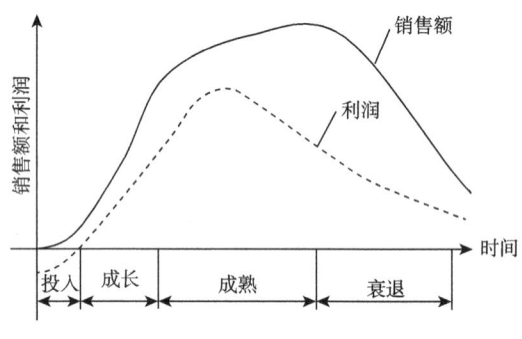

图 7-2 产品生命周期曲线

产品生命周期的长短受众多因素的影响，其中包括产品本身的特性、市场竞争的激烈程度、科学技术的发展水平、消费者需求的变化速度和企业营销活动的成功与否等。从社会总的发展趋势来看，产品的整体生命周期在缩短，资料显示，像手机一类的电子产品，更新速度仅仅几个月。

二、产品生命周期各阶段的营销策略

根据产品生命周期阶段的划分，可以看出不同的生命周期阶段产品呈现不同的市场特征。因此，市场营销者应该了解产品生命周期各个阶段的主要特征，并对其进行准确的判定，从而在产品生命周期的不同阶段采取不同的营销策略，以尽量缩短成本高昂的投入期，延长获利较多的成长期和成熟期，推迟衰退期的到来，实现产品在整个生命周期中的利润最大化。

（一）投入期的营销策略

投入期的特征是产品销量少，促销费用高，制造批量小，制造成本高，销售利润很低甚至为负值。根据这一阶段的特点，市场营销者应努力做到：投入市场的产品要有针对性；进入市场的时机要合适；设法把销售力量直接投向最有可能的购买者，使市场尽快接受该产品，以缩短投入期，更快地进入成长期。

在产品的投入期,一般有如下四种营销策略。

1. 双高策略

企业以高价格、高促销水平的方式推出新产品。实行高价策略可在每单位销售额中获取最大利润,尽快收回投资;高促销费用能够快速建立知名度,占领市场。实施这一策略须具备以下条件:产品有较大的需求潜力;目标顾客求新心理强,急于购买新产品,愿意支付高价;产品为具有较高科技含量的专利型新产品,竞争者短期内难以模仿;企业资金实力强,能够承担大量的促销费用。合理运用该策略有利于企业快速进入市场、尽快回收投资、获取利润和建立品牌偏好。

2. 密集性渗透策略

企业以低价格、高促销费用的方式推出新产品。目的在于先发制人,以最快的速度打入市场,取得尽可能大的市场份额。然后再随着销量和产量的扩大,降低单位成本,取得规模效益。该策略的适用条件是:产品市场容量相当大;潜在消费者对产品不了解,对价格十分敏感,产品价格需求弹性高;潜在竞争较为激烈;产品的单位制造成本可随生产规模和销售量的扩大迅速降低。

3. 选择性渗透策略

企业以高价格、低促销费用的方式推出新产品。目的是以尽可能低的费用开支求得更多的利润。该策略的适用条件是:市场规模较小;产品已有一定的知名度;目标顾客愿意支付高价;潜在竞争的威胁不大。

4. 双低策略

企业以低价格、低促销费用的方式推出新产品。低价可扩大销售,低促销费用可降低营销成本,增加利润。这种策略的适用条件是:市场容量很大;市场上该产品的知名度较高;市场对价格十分敏感;存在潜在的竞争者,竞争威胁比较大。

(二)成长期的营销策略

当新产品的销量迅速增长,消费者对该产品认知度迅速增加,消费习惯也已形成时,说明新产品的投入期已经结束,进入成长期。进入成长期以后,老顾客重复购买,并且带来了新的顾客,销售量激增,企业利润迅速增长。随着销售量的增大,企业生产规模也逐步扩大,产品成本逐步降低,新的竞争者会加入竞争。随着竞争的加剧,新的产品特性开始出现,产品市场开始细分,分销渠道增加。企业为维持市场的继续成长,需要保持或稍微增加促销费用,但由于销量增加,单位促销费用有所下降。这一阶段企业的营销重点应该是抓住时机,扩大市场份额,树立品牌形象,尽可能延长获取最大利润的时间。此时,企业可以采取下面几种策略。

(1)改进产品,提高产品质量和性能,增大批量生产,降低成本。

（2）加大促销力度，促销的目标从建立产品知名度转移到树立产品形象，创名牌效应，增强企业信誉。

（3）细分市场，寻找新的市场机会，吸引新顾客，开辟新的分销渠道。

（4）对高价产品择机降价，反击竞争者。

（三）成熟期的营销策略

产品经过成长期的迅速增长，销售额增长速度开始下降，进入成熟期。这一阶段，市场竞争非常激烈，各种品牌、各种款式的同类产品不断出现；市场需求渐趋饱和，产品销售额达到最高点；产品的生产技术成熟，批量大、成本低、薄利多销，利润达到最高点。这一阶段企业的营销重点应该是建立品牌忠诚，巩固市场占有率，并设法延长产品的成熟期，或使产品生命周期出现再循环。为此，可以采取以下三种策略。

（1）市场改良。市场改良即发展产品的新用途、寻求新的顾客或改变推销方式等，增加老顾客的使用量，以使产品销售量得以扩大。

（2）产品改良。产品改良即通过产品自身的调整来吸引有不同需求的顾客。整体产品概念的任何一层次的调整都可视为产品再推出。

（3）市场营销组合调整。市场营销组合调整即通过对产品、定价、渠道、促销四个市场营销组合因素加以综合调整，刺激销售量的回升。常用的方法包括降价、提高促销水平、扩展分销渠道和提高服务质量等。

（四）衰退期的营销策略

尽管企业努力延长产品的成熟期，但大多数产品最终还是会进入衰退期。这一阶段的主要特点是：产品销售额急剧下降；企业从这种产品中获得的利润很低甚至为零；市场竞争转入激烈的价格竞争，大量的竞争者退出市场；消费者的消费习惯已发生改变等。面对处于衰退期的产品，企业的营销重点是进行认真的研究分析，处理好处于衰退期的产品，确定引入新产品的步骤，通常有以下几种策略可供选择。

（1）维持策略。如果产品还有一定的市场需求，则继续沿用过去的策略，仍按照原来的细分市场，使用相同的分销渠道、定价及促销方式，直到这种产品完全退出市场为止。

（2）集中策略。把企业能力和资源集中在最有利的细分市场与分销渠道上，从中获取利润。这样有利于缩短产品退出市场的时间，同时又能为企业创造更多的利润。

（3）收缩策略。抛弃无希望的顾客群体，大幅度降低促销力度，尽量减少促销费用，以增加目前的利润。这样可能导致产品在市场上的衰退加速，但也能从忠实于这种产品的顾客中得到利润。

（4）放弃策略。对于衰退比较迅速或市场需求不再的产品，应该当机立断，放弃经营。可以采取完全放弃的策略，如把产品完全转移出去或立即停止生产；也可采取逐步放弃的策略，使其所占用的资源逐步转向其他的产品。

案例 7-3

方便面就要说再见？

康师傅红烧牛肉面、统一老坛酸菜面……那些曾经萦绕在无数人舌尖上的味道，伴随我们从绿皮火车到高铁动车，从矮矬平房到高楼大厦，从纯真的青春时期一步一步走入中年。方便面，那些曾经陪伴我们走过悲欢离合的熟悉味道，如今时过境迁，似乎正在与我们渐行渐远。

谈到方便面，许多人就会脱口而出两个家喻户晓的品牌：一个是康师傅，另一个就是统一。在方便面进入中国市场的多年间，这两个品牌几乎占据了中国大半方便面市场，其明星产品征服了无数消费者的味蕾。

但随着时间的推移，这两家巨头企业都仿佛走入一个死胡同。康师傅曾以60亿包的年销量被称为"中国面王"，同时也成为世界上销量最大的方便面生产商之一。但时至今日，康师傅已经脱去了原来的光环，跌落神坛。从2014年开始，康师傅出现业绩下滑，起初只是小幅度的下跌，在2015年出现大幅度下跌。根据相关数据，康师傅在2015年实现了91亿美元的营业额，下跌幅度高达11%。2016年，业绩持续下滑，康师傅控股公司并未有效止跌，2016年9月初，康师傅甚至被移出恒生指数成份股。要知道，康师傅在当年市值高达1400亿港元时被选入恒生指数成份股，而现在康师傅的市值已经跌掉了约2/3，只有530亿港元左右，5年市值蒸发近900亿港元。2016年底，交银国际评价康师傅"十年没有进步"并建议投资者沽出。

康师傅业绩萎靡不振的同时，另一巨头统一也没能幸免。2017年8月，从统一发布的数据来看，2017年上半年，统一营收108.86亿元，同比下降7.1%；毛利36.59亿元，同比减少15.38%；净利5.7亿元，同比减少26.52%。

实际上，从2011年开始，中国方便面市场整体规模就已经遭遇了连续5年的下滑，在经历20世纪90年代的高速增长后，这个被称为"国民食品"的市场似乎已迈过了成长期、成熟期，如今正在进入衰退期。从2014年开始，全国22家方便面企业中9家出现销量下跌，全行业产量下跌10.6%，销售额下跌7.9%，这9家企业包括康师傅、统一、今麦郎、白象等。

2017年8月11日，统一集团董事长罗智先发言希望退出方便面市场。此番言论一出，消费者纷纷发出疑问，这是否意味着要跟钟爱的"老坛酸菜"说再见了呢？随后罗智先表示，统一退出方便面市场，并不意味着离开方便面市场，而是会重新定位，统一未来将定位国民性品牌及高层次两种路线。也就是说，统一并非要退出方便面市场，而是要退出传统方便面市场，统一正在对产品进行升级，不再做简单的传统方便面，而是要做高端方便面。

这也是统一面对行业颓势做出的一次转型尝试，并就目前来看，这次转型还算成功。

那么究竟是什么造成了方便面企业今天的局面呢？首先，外卖的跨界运行给了方便食品极大的打击。据显示，2010年左右开始活跃的外卖市场在2015年市场规模达到442.4亿元，曾经爱吃泡面的年轻人群现在则更倾向于"叫外卖"，因为外卖口味更丰富，比泡面更健康。此外，各大连锁便利店，如全家、7-11等疯狂开店，使得年轻人逐渐习惯于这种便利店快餐模式,既可以加热,又可以得到一站式的服务,方便快捷。当然,现在大众提倡的"大健康"对方便面这一类经常会传出"地沟油"的速食产品来说,打击也是相当的大。

综上,陪伴了我们整个青春年代数十年奋斗时光的方便面,或许真有一天会消失在历史的长河中。但市场唯一不变的就是变化,任何一个产品都会面临被淘汰的问题,方便面这个曾经如日中天的大品类正在面临这样的转折。

资料来源:搜狐网. http://www.sohu.com/a/204843504_734286,有改动

第三节 新产品开发

在激烈的市场竞争中,产品作为满足消费者需求的核心,面对不断升级的消费需求必须做出相应的提升和改变。这要求企业不断进行市场调研,适时推出新产品,以适应竞争的需要,占领消费市场。

一、新产品的概念及类型

(一)新产品的概念

新产品是指对产品整体概念中的任何一部分进行变革或创新,并且给消费者带来新的利益、新的满足的产品。只要与老产品相比在结构、性能、技术等方面有显著进步和创新,而且这种变化能给顾客带来新的好处,都可以称为新产品,新产品并不一定指必须在技术方面有根本性创新的产品。

(二)新产品的类型

新产品可分为以下几种类型。
(1)全新产品。全新产品是指运用新科学理论、新原理、新技术、新结构、新材料等研制的前所未有的产品。
(2)换代型新产品。换代型新产品是指为适应新用途、新需求,在原有产品基础上采用新技术制造的性能有显著提高的产品,如黑白电视机换代为彩色电视机等。
(3)改进型新产品。改进型新产品是指采用新技术,对现有产品的质量、规格、型号以及款式等做了一定改进的产品。
(4)仿制型新产品。仿制型新产品是指本企业仿照市场上的已有产品,做了部分改

进而投入市场的产品。仿制是开发新产品最快捷的途径，风险较小，只要有市场需求和生产能力，就可以借鉴现成的样品和技术来开发本企业的新产品。但仿制需要在"专利法"等法律法规的约束下，对原有产品进行适当的修正。

二、新产品开发的程序

新产品的开发不是一蹴而就的，需要经历从新产品构思到生产进而全面商业化的过程。在这个过程的每一阶段，市场营销者都需要进行调查研究，慎重地做出决策，为了提高新产品开发的成功率，需要建立科学的新产品开发管理程序。

新产品的开发管理程序包括如下步骤。

（一）新产品构思

新产品构思是在市场调查和技术分析的基础上，提出新产品的构想或有关产品改良的建议，是新产品开发的首要阶段。构思是创造性思维，即对新产品进行设想或创意的过程。缺乏好的新产品构思已成为许多行业新产品开发的瓶颈。一个好的新产品构思是新产品开发成功的关键。企业通常可从消费者、科技人员、竞争对手、销售人员和经销商、企业管理人员、市场调研公司、广告代理商等方面寻找新产品构思的来源。

（二）新产品构思筛选

并非所有的产品构思都能发展成为新产品。有的产品构思可能很好，但与企业的发展目标和长远利益不符合，也缺乏相应的资源条件保障；有的产品构思可能本身就不切实际，缺乏开发的可能性，因此，必须对产品构思进行筛选。

（三）新产品概念形成

经过筛选后的构思仅仅是设计人员或管理者头脑中的概念，离形成产品还有相当大的距离。还需要形成能够为消费者接受的、具体的产品形象和产品概念。产品形象是指消费者根据某种现实产品或潜在产品所形成的特定产品的形象。产品概念是指企业从消费者的角度对创意所做的详尽的描述。产品概念的形成过程实际上就是构思创意与消费者需求相结合的过程。

（四）制订新产品营销计划

产品概念形成后，接下来企业应该制订一个把商品引入市场的营销计划，营销计划一般包括三个部分。第一部分描述目标市场的规模、结构和行为,计划产品的定位、销售量、市场份额和开头几年的利润目标;第二部分描述产品的计划价格、分销策略和第一年的营销预算;第三部分描述预期的长期销售量和利润目标,以及不同时期的营销组合策略。

(五)新产品商业分析

商业分析是指企业发展出产品概念,并制订初步营销计划之后,对产品商业吸引力的评价。商业分析包括审视预计的销售额、成本和利润是否达到公司预计目标;如果可以达到,则产品概念就能进一步发展到产品研制阶段。

(六)新产品研制

如果通过了商业分析,研发与技术部门就可进行具体研制,将产品概念转变为实体产品。这一阶段的资源投入是比较大的,所以必须提前确定产品概念能否变为技术上和商业上可行的产品。这首先需要一系列技术工作的准备和管理,要遵循初步设计阶段、技术设计阶段和工序图设计阶段的"三段设计"程序。此外,还需要商业方面的可行性论证,包括包装设计分析、品牌设计分析及产品外形设计分析等。论证通过后,接下来要进行样品试制,然后进行功能测试和用户测试,测试都通过的话,可以认为新产品研制成功。

(七)市场试销

当企业对新产品的研制和测试结果感到满意,就要着手确定品牌名称、包装设计和初步的营销方案,把产品真正地推向市场进行试销。市场试销是对新产品的全面检验,可为新产品是否全面上市提供系统、有效的决策依据,也为新产品的改进和市场营销策略的完善提供帮助,但试销也会使企业成本增加。由于产品试销一般要花费一年以上的时间,这会给竞争者提供可乘之机,而且试销成功不一定意味着市场销售就成功,因为各国及各地区消费者的消费心理不易准确估计,还有竞争复杂多变等因素,所以企业对试销结果的运用应考虑一个误差范围。缺乏设施、资源和经验的小公司可选择目标国家或地区的市场调研公司为自己服务。

(八)商业性投放

经过市场试销,企业已经获得了足够的信息,可以对是否向市场大批量生产该产品,让该产品正式上市做出最后的决策。如果决定商业性投放该产品,企业要准备足够多的资源:一是生产设施的购置或租用,二是大量营销费用的投入。因此,这一阶段企业决策包括:何时推出新产品;何地推出新产品;向谁推出新产品(目标市场策略);怎样推出新产品(商品导入策略)。

第四节 产品品牌与包装

一、品牌

在市场经济中,提高企业竞争力、成功地超越竞争对手的一个重要策略就是企业推出自己的名牌产品,通过产品良好的质量和口碑形成自身的竞争优势。品牌与商标决策是企业产品策略的重要组成部分。

品牌是一种用以识别某个销售者产品或服务,并使之与竞争对手的产品或服务区别开来的商业名称及其标志。通常由文字、标记、符号、图案和颜色等要素组合构成。其中,品牌名称是指品牌中可以用语言表达的部分,如海尔、联想、娃哈哈、海澜之家等。品牌标志是指品牌中可以辨认但不能用语言称呼的部分,如符号、设计、颜色等。在营销活动中,品牌是产品的一个复杂的识别系统,其实质是由提供服务或产品的企业给消费者的包括产品或服务特征、利益和服务的一贯性的承诺。

案例 7-4

雀巢公司品牌名称与品牌标志"雀巢"图形(图 7-3)紧密结合,使人们见图形而知名称,见名称而知图形,是名副其实的组合品牌。

图 7-3 雀巢的品牌标志

二、商标

(一)商标的含义

商标是指某个生产经营者或服务者提出申请,并经一国政府机关核准注册的,用在产品或服务上的标识。商标是一个法律概念，分为注册商标和非注册商标，非注册商标不受法律保护。

在市场经济条件下，商标对企业营销活动的作用越来越重要，作为企业一种重要的知识产权，企业享有对注册商标的专用权。注册商标不仅有利于提高消费者对产品的信赖程度，促进产品销售，还有利于维护企业正当的权益。

（二）商标和品牌的区别与联系

商标和品牌的区别主要在于：商标是法律概念，强调其已经获得的受法律保护的标示权；品牌是市场概念，强调与产品相关的质量、服务等方面的承诺。

从内涵来看，商标是品牌的一个组成部分，它只是品牌的标志和名称，便于消费者记忆识别。但品牌不仅仅是一个标志和名称，更蕴含着生动的精神文化层面的内容，品牌体现着企业的价值观和对消费者永恒的承诺。打造一个卓越品牌，要进行品牌调研诊断、品牌规划定位、品牌传播推广、品牌调整评估等各项工作，还需要提高品牌的知名度、美誉度、忠诚度，积累品牌资产，年复一年，持之以恒，坚持自己的品牌定位，信守对消费者所做的承诺，才能使品牌形象深入人心、经久不衰。

三、品牌策略

（一）同一品牌策略

同一品牌策略是指企业所有产品都使用统一的品牌商标。例如索尼公司，旗下所有产品都使用"Sony"品牌。使用统一品牌有利于企业统一产品形象，便于公众识别、记忆企业，尽快提高企业知名度，有利于新产品进入市场，同时还可节约品牌与商标的设计和广告促销费用。同一品牌策略的不足是某个产品出现问题会影响整个企业的形象和消费者对企业其他产品的认知。

（二）不同品牌策略

不同品牌策略是指企业的不同产品分别采用不同的品牌。这种策略有利于表现不同产品品牌的个性与特色，主要在以下两种情况下使用：其一是企业同时经营高、中、低档产品时，为区别不同类别而设立多个品牌；其二是为避免企业某种产品出现问题影响企业其他产品的销量，或企业的原有产品在社会上有负面影响，为避免消费者的反感，企业在发展新产品时特意采取多品牌命名。不同品牌策略不利于企业塑造统一的企业形象，而且因为多个品牌促销，也需要花更多的促销费用。

（三）品牌扩展策略

品牌扩展策略是指企业利用其成功品牌名称的声誉来推出改良产品或新产品，包括推出新的包装规格、香味和式样等，凭借现有品牌产品形成系列品牌产品的一种品牌策略。如海尔冰箱品牌成功之后，企业又利用海尔品牌推出海尔洗衣机、海尔空调、海尔电脑和海尔手机等。采用这种策略有利于新产品的市场推广，提高新产品成功的可能性，但如果新产品与原有品牌产品相关性不大，消费群体不一致，则收到的效果不大。

（四）中间商品牌策略

在生产商资金不足或市场营销资源缺乏的时候，可以采取使用经济实力强大、商誉良好的经销商品牌的策略，即中间商品牌策略。这种策略对于进入市场的中小企业非常有利，可以借助经销商的力量打开市场，而经销商也通过控制价格降低进货成本，增强竞争力，获得较高利润。

（五）借用品牌策略

借用品牌策略是指使用属于他人所有但企业拥有使用权的品牌的策略。借用品牌策略借用他人品牌推出产品，可以实现借誉上市，有利于提高产品投入期的销售量。但借用品牌无法树立企业自身的企业和产品形象，因此，应该等到时机成熟时推出自己的品牌，寻求长远发展。

（六）无品牌策略

无品牌策略是指企业对其所生产的产品不标注、不使用品牌名称和品牌标志，也不向政府相关部门注册登记商标，实行非品牌化。使用这种策略的产品叫无牌产品，一般是在市场上销售的包装简易而且价格便宜的普通商品。企业采用无品牌策略的优势是节省大量包装、品牌维护和促销的费用，但需要注意这种策略对建立产品、企业美誉度，赢得消费者关注，促进企业长远发展带来了障碍。

案例 7-5

宝洁公司品牌策略评析

品牌扩展曾一度被认为是充满风险的事情，有的学者甚至不惜用"陷阱"二字去形容其风险之大。然而，纵观世界一流企业的经营业绩，我们就不难发现，这其中既有像索尼公司那样一贯奉行"多品一牌"这种"独生子女"策略的辉煌，更有像宝洁公司这样大胆贯彻"一品多牌"策略，在国际市场竞争中纵横捭阖尽显"多子多福"的风流。

宝洁公司是一家美国的企业。它的经营特点如下：一是种类多，从香皂、牙膏、漱口水、洗发精、护发剂、柔软剂、洗涤剂，到咖啡、橙汁、烘焙油、蛋糕粉、土豆片，再到卫生纸、化妆纸、卫生棉、感冒药、胃药，横跨清洁用品、食品、纸制品、药品等多种产品业。二是许多产品大都是一种产品多个牌子。以洗衣粉为例，它推出的牌子就有汰渍、奥可多、波德等近10种品牌。在中国市场上，香皂用的是舒肤佳，牙膏用的是佳洁士，卫生巾用的是护舒宝，仅洗发精就有"飘柔""潘婷""海飞丝"三种品牌。要问世界上哪个公司的牌子最多，恐怕非宝洁莫属。

如果把多品牌策略理解为企业多注册几个商标，那就大错而特错了。宝洁公司经营的多品牌策略不是把一种产品简单地贴上几种商标，而是追求同类产品不同品牌之间的差异，包括功能、包装、宣传等诸方面，从而形成每个品牌的鲜明个性。这样，每个品牌都有自己的发展空间，市场就不会重叠。以洗衣粉为例，宝洁公司设计了9种品牌的洗衣粉：汰渍、奇尔、格尼、达诗、波德、卓夫特、象牙雪、奥可多和时代。它们认为，不同的顾客希望从产品中获得不同的利益组合。有些人认为洗涤和漂洗能力最重要，有些人认为使织物柔软最重要，还有人希望洗衣粉具有气味芬芳、碱性温和的特征。于是宝洁公司就利用洗衣粉的9个细分市场，设计了9种不同的品牌。

宝洁公司就像一个技艺高超的厨师，把洗衣粉这一看似简单的产品，加以不同的作料，烹调出多种可口的大菜。不但从功能、价格上加以区别，还从心理上加以划分，赋予不同的品牌个性。通过这种多品牌策略，宝洁已占领了美国更多的洗涤剂市场，截至2000年其市场份额已达到55%，这是单个品牌所无法达到的。

宝洁公司的多品牌策略如果从市场细分上讲是寻找差异的话，那么从营销组合的另一个角度看是找准了"卖点"。卖点也称"独特的销售主张"（unique selling proposition, USP）。这是美国广告大师罗瑟·瑞夫斯提出的一个具有广泛影响的营销理论，其核心内容是：广告要根据产品的特点向消费者提出独一无二的说辞，并让消费者相信这一特点是别人没有的，或是别人没有说过的，且这些特点能为消费者带来实实在在的利益。在这一点上宝洁公司更是发挥得淋漓尽致。以宝洁在中国推出的洗发精为例，"海飞丝"的特性在于去头屑，"潘婷"的特性在于对头发的营养保健，而"飘柔"的特性则是使头发光滑柔顺。在中国市场上推出的产品广告更是出手不凡："海飞丝"洗发精，海蓝色的包装，首先让人联想到蔚蓝色的大海，带来清新凉爽的视觉效果，"头屑去无踪，秀发更出众"的广告语，更进一步在消费者心目中建立起"海飞丝"去头屑的认知；"飘柔"，从品牌名上就让人明白了该产品使头发柔顺的特性，草绿色的包装给人以青春美的感受，"含丝质润发，洗发护发一次完成，令头发飘逸柔顺"的广告语，再配以少女甩动如丝般头发的画面，更强化了消费者对"飘柔"飘逸柔顺效果的印象；"潘婷"，用了杏黄色的包装，首先给人以营养丰富的视觉效果，"瑞士维他命研究院认可，含丰富的维生素B_5，能由发根渗透至发梢，补充养分，使头发健康、亮泽"的广告语，从各个角度突出了"潘婷"的营养型特性。

从这里可以看出，宝洁公司多品牌策略的成功之处，不仅在于善于在一般人认为没有缝隙的产品市场上寻找到差异，生产出个性鲜明的商品，更值得称道的是，能成功地运用营销组合策略的理论，将这种差异推销给消费者，并取得他们的认同，进而心甘情愿地为之掏腰包。

传统的营销理论认为，单一品牌策略便于企业形象的统一，减少营销成本，易于被顾客接受。但从另一个角度来看，单一品牌策略并非万全之策。因为一种品牌树立之后，容易在顾客当中形成固定的印象，从而产生心理定式，不利于产品的延伸，像宝洁这样横跨多种行业、拥有多种产品的企业更是这样。宝洁公司是以生产象牙牌香皂起家的，假如它一直沿用"象牙牌"这一单一品牌，恐怕很难成长为在日用品领域称霸的跨国公司。以美国Scott公司为例，该公司生产的舒洁牌卫生纸原本是美国卫生纸市场的佼佼者，但随着舒洁牌餐巾、舒洁牌面巾、舒洁牌纸尿布的问世，Scott公司在顾客心目中的心理定式发生了混乱——"舒洁该用在哪儿？"一位营销专家曾幽默地问：舒洁餐巾与舒洁卫生纸，究竟哪个品牌是为鼻子设计的？结果，舒洁卫生纸销量第一的地位很快被宝洁公司的CHARMIN卫生纸所取代。

可见，宝洁公司正是从竞争对手的失败中吸取了教训，用一品多牌的策略顺利克服了顾客的"心理定式"这一障碍，从而在人们心目中树立起宝洁公司不仅是一个生产象牙牌香皂的公司，还是生产妇女用品、儿童用品，以及药品、食品的厂家。

许多人认为，多品牌策略会引起企业内部经营各个品牌的兄弟单位自相残杀的局面，宝洁则认为，最好的策略就是自己不断攻击自己。这是因为市场经济是竞争经济，与其让对手开发出新产品去瓜分自己的市场，不如自己向自己挑战，让本企业各种品牌的产品分别占领市场，以巩固自己在市场中的领导地位。这或许就是中国"肥水不流外人田"的古训在西方的翻版。

从防御的角度看，宝洁公司这种多品牌策略是打击对手、保护自己的最锐利的武器。一是从顾客方面讲，宝洁公司利用多品牌策略频频出击，使公司在顾客心目中树立起实力雄厚的形象；利用一品多牌从功能、价格、包装等各方面划分出多个市场，能满足不同层次的顾客的不同需求，从而培养消费者对本企业的品牌偏好，提高其忠诚度。二是从竞争对手方面讲，宝洁公司采取多品牌策略，尤其是在洗衣粉、洗发水这种一品多牌的市场，宝洁公司的产品摆满了货架，就等于从销售渠道减少了竞争对手进攻的可能。从功能、价格诸方面对市场的细分，更是令竞争对手难以插足。这种高进入障碍无疑是大大提高了对手的进攻成本，对自己来说就是一块抵御对手的盾牌。

综上所述，我们从宝洁公司的成功中看到了多品牌策略的多种好处，但并非坦途一条。俗话说"樱桃好吃树难栽"，要吃到多品牌策略这个馅饼，还需要在经营实践中趋利除弊。一是经营多种品牌的企业要有相应的实力，品牌的延伸绝非朝夕之功。从市场调查，到产品推出，再到广告宣传，每一项工作都要耗费企业大量的人力、物力。这对一些在市场上立足未稳的企业来讲无疑是一个很大的考验，运用多品牌策略一定要慎之又慎。二是在具体操作中，一定要通过缜密的调查，寻找到产品的差异。有差异的产品品牌才能达到广泛覆盖产品的各个子市场、争取最大市场份额的目的。没有差异的多种品牌反而增加了企业的生产成本、营销成本，给顾客的心理造成混乱。三是要根据企业所处行业的具体情况，如宝洁公司所处的日用消费品行业，运用多品牌策略就易于成功。而一些生产资料的生产厂家则没有必要选择这种策略。

资料来源：新浪网. http://finance.sina.com.cn/view/management/2000-07-20/42508.html，有改动

四、包装

（一）包装的含义

包装是指对某一品牌商品设计并制作容器或包扎物的一系列活动。大多数物质产品在从生产领域转到消费领域的过程中，都需要有适当的包装。产品的包装是增加商品价值并实现商品价值和使用价值的一种重要手段，也是市场营销对产品要求的一个重要方面。

（二）产品包装的基本要求

1. 保护产品

包装可以保护产品的内在质量和外表形状，使产品的使用价值不受影响。保护产品免受日晒、风吹、雨淋、灰尘沾染等自然因素的侵袭，防止挥发、渗漏、溶化、玷污、碰撞、挤压、散失以及盗窃等损失。

2. 使用方便

包装给流通环节中的储存、运输、调度、销售带来方便，如装卸、盘点、码垛、发货、收货、转运、销售计数等。此外，包装还方便商店货架陈列展示与销售以及消费者携带、开启和应用。

3. 美化产品

包装可以起到美化产品的作用，良好的包装设计能给顾客留下过目难忘的印象，有效地吸引顾客，促进销量的增加，树立良好的企业形象。

4. 增加利润

包装除了通过促进销售增加企业的利润外，还能降低产品在流通中的损耗率，而且其本身能够提高产品的附加值，顾客因此而支付的价格远远高于包装的附加成本，从而大幅度地提高企业的利润水平。

（三）产品包装策略

1. 一致性包装

一致性包装是指企业所生产的各种产品，在包装上都采用相同的图案、色彩，体现出共同的特色，使顾客很容易就能察觉出是来自同一厂商的产品。这种策略优点是能节省包装设计费用，树立企业形象，易推出新产品，一系列格调统一的产品包装也容易给顾客留下深刻的印象。但这种策略不适用不同种类、不同档次的产品，容易对高档产品产生不利的影响。

2. 等级包装

等级包装是指企业为不同等级质量的产品分别设计和使用不同的包装，即高档产品采用精美包装，以突出其优质形象；低档产品采用简单包装，以突出其经济实惠的形象。此外，还可以根据顾客不同购买目的、购买力水平、使用习惯和购买心理来分类包装，如根据购买目的分为礼盒包装和自用包装，从而扩大产品销售。

案例 7-6

产品升级与包装

喜旺是一个凭卖烧肉起家的小公司，以"只售当日生产产品"的销售理念和连锁店均出现排队购买的现象，成为山东省内的强势品牌。但由于产品形象过于集中，在消费者心中形成"喜旺＝卖烧肉的"印象；同时，在连锁形象上有很大的随意性，造成品牌断层，这些均制约了公司的形象提升。

在这种状态下，公司开始寻找新的思路，进行市场扩张。针对公司目前的情况，公司对品牌资源进行盘点，并做出两个决策：一是改变肉食品牌等于低档品牌的习惯认知；二是利用整合营销传播，建立喜旺的独有地位。

众所周知，对于肉制品来讲，消费者最关注的莫过于安全和美味，喜旺在同行业还属于成长中的品牌。因此，它的第一传播要点就应该是安全和健康，待市场成熟后升华为营养和美味。

针对此次品牌定位，市场部征求了总经理的意见，大家一致认定喜旺目前的任务就是要在消费者心目中建立安全的信任感。既然有了目标，接下来就是如何对其进行落实，也就是要找出一条统领传播要点的广告语，而这条广告语绝不能像什么开创某某品牌那么空洞，要能让消费者感知到实实在在的安全。

经过几天的反复讨论，公司最终确定广告语为"喜旺食品，放心选择"——既朗朗上口，又能简明地告知消费者喜旺的品牌利益点。结合这个定向点，公司又延伸出"四大放心"，即原料放心、生产放心、运输放心和销售放心等，将品牌利益真正落实到方案上。规范了企业形象后，公司开始考虑寻求新的利益点。传统的产品如烧肉、牛汤牛肉、玫瑰肠等已成为公司的现金牛产品，只能采取维持策略来进一步稳定市场。

如何能在肉食品行业建立起领导者的风范，成为品牌发展的一个关键点。喜旺曾经推出过一系列的熟肉食品礼盒，在一定程度上受到了消费者的欢迎，但由于包装粗糙，产品多为常规熟肉食品组合而成，因此很难营造出高档形象，由于在价格上受制，给公司带来的效益并不很理想。

针对需求旺盛的春节礼盒市场，公司最初的思路是将各地有特色的小吃集合起来，让消费者品尝到不同的风味。经过讨论，思路延展到将国外一些熟肉食品中大家接受的美味集中起来，包装成一个高级熟肉食品礼盒，同时将国内的名吃集合到另外的礼盒内，以代替传统的礼盒。

按照这种思路，公司采取了全新的礼盒营销策略。

一、礼盒分类，锁定目标消费群

礼盒分为两个类别：一是"世界礼盒"，内包装为美国香熏肠、西班牙烤牛肉、印第安纳火鸡腿等 8 个国家的美食精粹，目标消费群定位于社会中高层人士家庭品尝或送礼给重要人士；二是"中华美食礼盒"系列，包括 4 个传统礼盒，分别由喜旺精选的肉食品和各地名吃组合而成，目标消费群定位为社会大众人士家庭品尝或送礼给亲朋好友。

二、高端带动形象，中低端走量

"世界礼盒"定价很高，在包装设计上也凸显西方风格，所以公司把它定位为形象产品，在所有的传播当中都以它为载体，提升喜旺的整体品牌形象，进一步向消费者传达"喜旺＝高档食品品牌"的理念。

"中华美食礼盒"设计传统、雅致，产品品种多样，价格实惠，自己食用或者送礼都有面子，因此作为整体销售的主力军，定位为走量产品，其任务是为公司提升销售和利润。

三、内外整合传播，强化品牌形象

全面整合外部传播形象，以"世界礼盒"为主要载体的同时，采取哑铃式投放策略，集中造势。与此同时，加强内部传播。公司选聘 100 名优秀的"世界礼盒"促销小姐，进行 3 天全封闭现场培训，因为"世界礼盒"的消费者大多是社会中高层人士，公司要求服务以及促销必须达到西餐厅的标准。培训中，首先让促销小姐以及主要业务人员了解"世界礼盒"，知晓它之所以具有高附加值，是因为这类产品是聘请 8 个国家的高级营养师研制而成，所有原料均来自国外，具有浓厚的异域风味。培训结束后，又对所有参与人员进行笔试、现场促销测试等多次考试，对不合格的人员现场清退，确保了每个参与销售"世界礼盒"的人员素质过关。后来的销售状况表明，科学整合传播和高素质的促销人员对礼盒的整体销售起着关键的作用。

经过几个月来频繁的产品口味测试、包装设计的反复修改、媒体组合的屡次探讨后，礼盒大战拉开帷幕。

好的产品，好的概念，好的形象，还必须有好的维护。"世界礼盒"一上市，市场部和销售部的人员以及广告公司的设计师就开始在各商场进行现场办公，大到产品陈列位置的谈判，小到样品的摆放，都尽力做到完善，有时候甚至会和促销小姐一起探讨临时突发的顾客问题。

辛勤的付出总会得到回报，礼盒产品上市之后，销售状况远远高出预估，生产厂连续加班也未能满足市场需求。由于礼盒的印刷量有限，后来不得不拿出库存的以往礼盒来拼装，也未能满足需求。整个销售情况盘点下来，仅在山东省内的销量就接近100万盒，销售额近亿元。作为第一个把熟肉产品进行礼盒包装的喜旺来说，不仅实现了行业内的一个创新，也引导了消费者树立消费健康高档熟肉食品的理念，把自己的品牌带入一个新的高度。

资料来源：豆丁网. https://www.docin.com/p-1630206095.html&isPay=1，有改动

3. 再使用包装

这种策略又称双重用途策略，是指所使用的包装物在被包装的产品消费完毕之后并未作废，还能改作其他用途，如产品包装盒、饮料瓶、糖果罐等。使用这种包装策略不仅可刺激消费者的购买欲望，扩大产品销售，同时还能使带有企业标记的包装物在被使用过程中起到延期广告宣传的作用。

4. 附加品包装

附加品包装是指包装容器内除目标产物外另附有赠品，以吸引消费者购买的包装策略，如购买酸奶赠送杯子、购买薯片赠送玩具等。该策略对儿童和青少年及低收入者较为有效。

5. 变换包装装潢

变换包装装潢策略是指企业改变和放弃原有的产品包装，改用新的包装，如洗衣粉加量不加价、饮料大瓶装、产品升级包装等。适时采用这种包装策略可以让产品以新的形象出现在市场上，满足消费者不断变化的偏好。

6. 绿色包装

绿色包装是指包装材料使用可再生、能循环的材料，包装废弃物容易被处理及对生态环境有益的包装，如纸质包装等。采用这种包装能最大限度地满足社会利益，也能获得消费者的认同，塑造良好的企业形象，从而促进企业的销售增长。

★ 本章案例

黄太吉：一个互联网思维先锋的败落

"互联网+"的到来，催生出很多新型的商业模式，而黄太吉就是一个互联网餐饮的典型例子。2012年黄太吉火爆互联网，经历多次转型后，黄太吉现在面临的局面却显得非常尴尬。

营销过度，产品体验太差

黄太吉的创始人是赫畅，他曾经在百度、去哪儿、谷歌从事品牌与用户体验管理工作，后两次创办数字营销企业，积累了丰富的营销经验。2012年7月起，黄太吉开始了万花筒一般的营销技法：外星人大会、美女老板娘、开豪车送煎饼，一时红遍互联网。

卖煎果饼子的黄太吉进入公众视线，它被认为是中国新兴互联网餐饮典型代表。

赫畅通过微博发起活动、互动，在线上聚集粉丝，在线下门店消费粉丝，但互联网只是营销手段，中间的环节还是靠人手工摊煎饼的制作方法。互联网的作用是导流，黄太吉比传统餐饮企业思路广、动作大、配合巧，成就了最初的品牌影响力。但不知道从哪天起，它终究还是被人们看透了，食客们尝鲜过后，还是选择了尊重自己的舌头，不再被眼球经济所左右。作为餐饮行业，再多的互联网思维，也要回归到产品本质：口味、价格、位置。不好吃，是黄太吉留给人们最深的印象。从大众点评的用户评分我们就可以看到，黄太吉分店大部分评分都在3星左右，而同为互联网思维的海底捞火锅基本都是5星。

赫畅曾问道，好吃重要吗？

食品好吃不一定重要，但是不好吃就一定重要了。对一家餐厅来讲，好吃不好吃不仅是评价一家餐厅的标准，而且是基本要求。除此以外的还有服务、互动、打折促销等。

营销胜过口味，慕名而去，味道一般，价格还不低，乘兴而去，败兴而归，用户被营销吊得口味高，吃后第一感觉却觉得不值。以互联网式的用户体验来思考传统美食，注重网络体验而不重实在的食品体验，真的难以说服大众。

多品牌运营，管理不足

煎饼果子在北方市场较为流行，普遍被作为早餐。黄太吉把销售时间延长到午夜，希望把煎饼培养成午餐和晚餐，显然这类型的消费者并不多，无法被高频次地消费，对于餐饮业来说，这是最致命的。眼看着黄太吉不能打开销售局面，赫畅想到了多品牌协同，以黄太吉为领导，从来饺子馆、大黄疯小火锅、牛炖先生、叫个鸭子、幸福小冒菜等品牌协同，意图占领白领市场。求胜心切的赫畅将门店地址都选在了CBD（central business district，中央商务区）核心办公区，高成本成了命门。CBD可选择的餐厅太多，多品牌又分散了资源，人们的关注度很难从煎饼果子的认知中走出。多门店多品牌的同时运营，又加上团队缺乏成熟的管理体系，黄太吉走到了一个死胡同。

转型O2O外卖平台，再次失败

传统模式的路子走不通，赫畅想到了转换商业模式。2015年，赫畅宣布，其外卖"中央厨房"国贸CBD基地一号正式启动，黄太吉正式加入在线外卖的竞争。营收方式类似其他外卖平台，向合作品牌收取占交易额一定比例的平台费用和外卖物流配送费，此外也可以收取入驻品牌外卖产品生产费用。黄太吉的目标群体由终端消费者转变为第三方餐饮品牌。早在黄太吉加入O2O外卖这个领域之前，这个市场就已经被美团外卖、百度外卖以及饿了么占领。想要抢占市场，比的就是烧钱、资源以及人才，比起这些巨头，黄太吉明显不具备任何优势。

合作成本高，商家纷纷出逃

2016年4月19日，黄记煌、仔皇煲、一麻一辣、青年餐厅、东方饺子王、局气、很久以前、有饭等中国餐饮品类冠军品牌的创始人，就入驻黄太吉外卖平台与黄太吉创始人赫畅举行了签约仪式。

在这8个签约的品牌中，青年餐厅、东方饺子王、很久以前、有饭这4个品牌已经不再出现在黄太吉外卖平台的品牌馆。

据有关商家透露，黄太吉要求用黄太吉的配送团队进行配送，而黄太吉为商家代加工以及配送的成本转嫁给了商户本身，每单的抽成比例高达40%~50%，而且商家还要自行对终端消费者进行补贴。

而美团外卖、百度外卖、饿了么三大外卖平台对于"大客户"，每单的抽成比例在15%~30%，另外还会联合商户向终端的消费者进行补贴。相比之下，黄太吉外卖平台的低流量、高抽成，在多数合作商户看来并不划算。

黄太吉的代加工工厂成本高，不论是租金、设备还是人工，都是一笔不小的开销。如果要扩张，资金的需求量极大。但黄太吉的流量极低，第三方平台并未从中得到任何益处，商家纷纷选择了终止合作，必然导致黄太吉的资金来源成很大问题。

本身不具备餐饮管理经验，外卖平台涉及的环节非常多，黄太吉根本无法应付大规模扩张后的经营问题。黄太吉面临着两难的尴尬境地。

多次转型的黄太吉并没有像赫畅预想的那样顺利实现100亿元的营收，外卖平台的路还没有畅通的时候，黄太吉又想往餐饮生态上做文章。我们无法预知这次转型之后的黄太吉会是怎样。无论什么样的商业模式，餐饮终究还是要落向实地。

资料来源：李大为：《销售与市场》2016年第10期. http://www.cmmo.cn/article-203763-1.html，有改动

思考：1. 黄太吉失败的原因是什么？
　　　2. 试分析多品牌运营的优势与劣势。

★本章实训

（一）内容
（1）小组共同设计一款互联网思维下的新产品。
（2）为新产品的导入确定营销活动和营销策略。
（3）邀请其他组点评产品和营销活动。
（二）要求
（1）50分钟内完成。
（2）注重团队合作。
（3）完成实训总结。

★本章思考题

1. 简述产品的营销概念及重要意义。
2. 简述产品组合及相关概念。
3. 产品组合策略的种类有哪些？
4. 产品生命周期及不同阶段的营销策略有哪些？
5. 简述新产品的含义、种类，以及开发新产品的步骤。
6. 品牌的含义、实质、特征是什么？

第八章 价 格 策 略

学习目标：了解商品价格的构成；掌握影响定价的因素、定价的基本策略、定价的方法，尝试结合定价策略相关理论，解决企业市场营销实践存在的各种定价问题。

关键术语：

价格策略　　pricing strategy
定价目标　　pricing objective
成本导向定价　　cost-driven pricing
盈亏平衡定价　　break-even pricing
需求导向定价　　demand-driven pricing
竞争导向定价　　competition-based pricing
撇脂定价　　skim pricing
渗透定价　　penetration pricing

案例导入

咖啡店的价格策略

在全球做咖啡厅生意，最好的有两家：星巴克和COSTA，两者店铺或者对面，或者相邻。某天，星巴克发现最近生意不太好，而COSTA却一直稳步提升。于是派人打探，原来COSTA采用了新营销策略——推出会员打折卡。

一张会员打折卡，能有什么威力？我们有很多会员卡，好像都没什么用……但COSTA的玩法不同。

当你走进COSTA点了一杯36元拿铁并准备付款时，服务员告诉你："先生你这杯价格36元的咖啡，今天可以免费得到。""怎么得到？""很简单，你办理一张88元的打折卡，这杯咖啡今天就是免费的，并且这张卡全国通用，你可以在任何时候到COSTA咖啡消费，都享受9折优惠哦。"

结果数据表明，有70%左右的客户都会购买这张打折卡。你有没有发现这个一箭双雕之计，有多么巧妙？

①扩充消费者第一次消费客单价。我们来算一笔账：如果每天有100个用户，每人消费36元，销售额就是3600元，如果每杯咖啡的成本是4元，利润就是3200元。

那么推出打折卡之后呢？如果向100个人介绍，有70个人购买了打折卡，就是（36

元×30人）+（88元×70人）=7240元，如果每张卡的制作成本是2元，那么利润就是6700元。客户数量不变的情况下，利润增加了一倍多。

关键是，用户还感觉自己占了便宜。对于用户来说，咖啡的价值是36元，所以办一张打折卡88元，送一杯咖啡，88-36=53元，然后这张卡以后还可以持续打折，很好。

真实的情况是什么？其实就是多花了53元，什么都没有买到。打折是建立在你消费的基础上，你不消费，这张卡对你没有半毛钱用，就算你消费，也是给咖啡店持续贡献利润。

②锁住消费者。当你响应了COSTA的主张后，获得了一张打折卡。就在你拿卡的一瞬间，其实它已经锁定了你的消费。COSTA与星巴克定价接近，当你下一次喝咖啡的时候，因为打折卡，所以基本不会考虑星巴克。

于是，星巴克的应对策略就是，推出"星享卡"。虽然形式上与COSTA打折卡不同，但营销策略接近，也是在你消费的时候，告知咖啡免费，然后售卡给你，但是这张卡不能打折，可以积分，还有以下一些优秀的设计。

亲友邀请券：是指你一次性购买两杯时，只需要付一杯的钱（含三张）。

早餐咖啡邀请券：是指你上午11点之前购买任意中杯饮品，免费。

升杯邀请券：是指你购买大杯饮品，只需要付中杯分量的钱。

这些设计可以让你邀请小伙伴一起喝咖啡，其实就是让用户帮它"抓潜"，后面两张券的设计，主要是让用户感觉票价值得，并且有了种莫名其妙的"身份"存在感。"星享卡"的奇妙之处，在于设计了"升级"体系，因为人们天性就喜欢升级。

集齐5颗星时，就会升到玉星级了，玉星级又有各种优惠，而玉星级之后又会有金星级！1积分=1块钱，50积分=1颗星，也就是说，你够"250积分=5颗星"时，可以升为玉星级。

看到星巴克的点餐牌，能从中发现什么？不错，不管是什么产品，中杯、大杯、特大杯之间的价格差都只有3元。这是为了让客户在对比中自动前进，选择大于等于"大杯"。对于一杯30元的咖啡来说，选择大杯的客户高达90%。而当你决心购买大杯的时候，兴奋地发现特大杯只要36元……

就这样，客户自己在内心已将价格锚点一步步拔高，然后说"服务员，我要大杯"。注意，服务员没有引导你的消费，是你自己的决定。这是由大脑本来的运作机制决定的。

另外，人们经常会放大自己的需求。我们经常认为自己是理性的，其实不然。当我们选择"杯型"的时候，几乎会忘记自己能否喝下这么多，只会盲目考虑买哪个更划算。而且，人们对产品的价格没有认知，只会在可见的空间内对比。

美国《经济学家》杂志做过一次实验。以前它们卖杂志都是卖两个版本：一个是实物版本，100美元；另一个是电子版本，内容一样，60美元。通常80%的人会选择电子版本，20%的人会选择实物版本。

这样的销售额为：（60美元×80人）+（100美元×20人）=6800美元。它们的预订量遇到了瓶颈，也就是说如果订购人数不增加，要增加销售额只有一种选择，就是增加客单价。

后来，有人为其设计了这样的营销策略：什么都没有改变，还是那两个同样的版本，同样的杂志内容，但是成交主张不一样。销售额瞬间发生变化。方案如下：实物版100美元，电子版60美元，实物加电子版105美元。

如果是你，你会选哪个？结果是，80%的人选择了"实物加电子版"，10%的人选择了实物版，10%的人选择了电子版。这样在没有增加任何成本的情况下，销售额增长到了10 000美元。

不难发现，其实人们对价值的判断是没有绝对标准的，原本《经济学家》杂志的客户在60美元和100美元之间做选择，后来加入了"实物加电子版"这个选项之后，人们就在105美元和160美元之间做比较了。

在有限的时间和空间里，只要展示不同等级，人们就会自动对其进行比对，然后选择那个看似最佳的选项，以免自己吃亏。

其实《经济学家》杂志后来又调整了一次策略，实物版：100美元；电子版：60美元；实物加电子版：100美元。结果如何？大部分人以为他们搞错了，疯狂下单。

资料来源：智多星：《销售与市场》杂志渠道版2016年第4期，http://www.cmmo.cn/article-200866-1.html，有改动

第一节 影响定价的因素

在市场经济中，合理定价是企业生存和发展，取得合理利润的重要环节。确定定价目标是企业定价策略的起点，其在战略层面上给出了企业产品定价的基本依据，而各种影响因素则从战术层面上为企业的定价决策提供参考。

一、定价目标

在市场经济中，定价的目标主要包括以下几种。

（一）维持生存

维持生存是指在企业产量过剩，或面临激烈竞争，或试图改变消费者需求的时候，需要把维持生存作为主要定价目标，在这种情况下，生存比利润更加重要。只要所定价格能弥补可变成本和一些固定成本，企业的生存便可得以维持。

（二）利润最大

利润最大是指在企业所能掌握的市场信息和需求预测的基础上，精确计算出价格、销量、收入及利润的数字关系，按照已达到的成本水平，适当定价，以追求所能得到的最大利润。

（三）市场占有率最大

市场占有率最大是指有些企业的定价目标是大幅度增加销售量，以提高市场占有率，为此，需制定相当低的价格，不惜放弃目前的利润水平，甚至不顾目前的生产成本。

（四）产品质量最优

产品质量最优是指企业将产品质量领先作为定价目标，并在产品生产和营销过程中始终秉承产品品质最优化的指导思想。这种定价目标势必采取高定价的方式来弥补高质量和产品研发的高成本。

二、产品成本

产品成本是产品在生产过程和流通过程中耗费的物质资料与支付的劳动报酬所形成的，是营销价格的最低界限和基本因素。产品成本一般由固定成本和变动成本两部分组成。固定成本是指为组织一定范围内的生产经营活动所支付的固定数目的费用，如机器、厂房、办公费用、管理人员的工资等，固定成本并不随产量的变化而等比例发生变化。变动成本是指原材料、燃料动力等随产量增减而按比例增减的费用。企业取得盈利的初始点只能在价格补偿平均变动成本费用之后的累积余额等于全部固定成本费用之时。显然，产品成本是企业核算盈亏的临界点，产品销售大于产品成本时企业就有可能形成盈利；反之则亏本。就社会同类产品市场价格而言，主要的是受社会平均成本影响。在竞争很充分的情况下，企业个别成本高于或低于社会平均成本，对产品价格的影响不大。产品定价时，不应将成本孤立地对待，而应同产量、销量、资金周转等因素综合起来考虑。成本因素还要与影响价格的其他因素结合起来考虑。

三、市场需求

产品价格除受成本影响外，还受市场需求的影响，即受商品供给与需求的相互关系的影响。当商品的市场需求大于供给时，价格应高一些；当商品的市场需求小于供给时,价格应低一些,这就是商品的内在规律——需求规律。反过来,价格变动影响市场需求总量,从而影响销售量,进而影响企业目标的实现。因此,企业制定价格就必须了解价格变动对市场需求的影响程度。反映这种影响程度的一个指标就是商品的价格需求弹性系数。

四、竞争者产品的价格

产品成本和市场需求分别为产品的价格确定了下限与上限,而竞争者的产品成本和价格则影响企业确定最终的价格。因此,生产企业必须充分关注竞争者产品的情况。

关注竞争者产品,必须充分了解竞争者所提供的产品质量和价格,以便企业可以和竞争者比质比价,从而准确制定自身产品价格。如果同质,则价格也应该相差不大,如果自身产品质量较高,则可以制定较高的价格;反之,则制定较低的价格。有时,出于市场竞争的需要,想要快速占领市场时,同质的产品也可以制定较低的价格吸引消费者,提高产品的吸引力和市场竞争力。

案例 8-1

顾客购买信用卡服务的价格构成包括发卡费、信用卡年费、转账手续费、透支利息、资金沉淀及挂失补卡费等。在激烈的市场竞争中,各银行都纷纷降低甚至免收各种手续费用来争取客源,最典型的是免费办卡、豁免年费、免费转账等,因此,这部分收入在银行信用卡业务利润构成中的比例有减少的趋势。降低价格的策略成为最基本的信用卡营销策略。为鼓励顾客的长期消费行为,各银行又推出低透支息和优惠积分计划等措施,以便获得长期稳定的利息收入。更重要的是,借此增加顾客在特约商户的消费,提高商户佣金这部分收入。这样,商户的佣金在银行信用卡业务利润构成中的比重将会增大,成为银行信用卡业务的利润增长点。

五、消费者心理

消费者受购买行为、购买目的等因素的影响,在购买产品时会有不同的心理,而这种心理在很大程度上会影响企业产品的定价。因此,了解市场上不同类型消费者的购买心理可以帮助企业更好地定价。

由于不同的消费者具有不同的文化程度、社会地位及收入水平等,因此不同的消费者就会形成不同的价格评价标准。如果消费者预期未来产品价格将下跌,就会减少现实的购买,采取等待观望的态度,持币待购;相反,如果消费者预期未来产品价格将上涨,就会争相抢购。消费者的预期心理及由此产生的消费行为,势必对企业定价产生影响。认知价值是消费者心理上对产品价值的一种估计和认同,它与消费者的产品知识、购物经验、对市场行情了解的程度有关，同时受到消费者兴趣爱好的影响。企业只有准确把握消费者的消费心理，才能制定出既能适应消费者需要，又有利于扩大产品销售和提高企业利润的价格策略。

六、其他环境因素

除了成本、需求等因素外，还有其他一些影响产品价格的内外环境因素，内部环境因素如企业的生产经营能力、企业经营管理水平及广告宣传策略等都会对产品定价产生一定程度的影响；外部环境因素如政策、气候、时间、地域、生产、宗教信仰、习俗等因素也直接、间接影响产品的价格。例如，政府对某些产品规定了价格浮动制度，以保持物价的基本稳定；政府对某些产品实行最高限价或最低保护价，以保障消费者或生产者利益；经济繁荣时，产品需求量大，价格高，反之则价格低；货币流通量处于通货膨胀时，价格高，币值稳定时，价格低；等等。

案例 8-2

2017 年，东北地区大豆产量明显增多，据卓创资讯统计，2017 年东北地区大豆产量较 2016 年增加约 120 万吨，同比增加 15.46%，加上大豆目标价格补贴政策直接改为补贴生产者，大豆价格跟随市场定价，低开低走。

在产量提高的情况下需求没有上来，大豆市场供大于求，整个市场的价格本来就不景气，再加上收购主力的收购价格下调，由 3800 元下调到 3500 元，对市场影响比较大。

第二节 定价方法

定价方法是企业为实现其定价目标所采取的具体方法。在选择定价方法时，企业要充分考虑产品成本、市场需求和市场竞争三个主要因素。基于这三方面因素，定价方法主要包括以下三种。

一、成本导向定价法

成本导向定价法是指以产品的成本为主要依据制定价格的方法，这是最简单、应用相当广泛的一种定价方法。成本导向定价法可以细分为以下几种。

（一）成本加成法

成本加成法是指按产品单位成本加上一定比例的利润制定产品价格的方法。大多数企业是按成本利润率来确定所加利润的大小。即

价格 = 单位成本 + 单位成本 × 成本利润率 = 单位成本 × （1 + 成本利润率）

在具体应用中又分为顺加法和倒扣法。

顺加法：产品价格 = 单位商品成本 × （1 + 加成率）× （1 + 税率）

倒扣法：产品价格 = 单位商品成本 × （1 + 税率）÷ （1 - 加成率）

（二）目标定价法

目标定价法是指根据企业总成本和预期销售量，确定一个目标利润率，并以此作为定价的标准。

其计算公式为

单位产品价格 = 总成本 × （1 + 目标利润率）÷ 预计销量

该方法优点是利润一定，缺点是忽略了成本管理，对售价不利。此外，这种方法以预计销量倒推价格。价格是影响销量的重要因素，因而就可能出现达不到预计销量，实现不了预期目标收益的情况。

（三）边际成本定价法

边际成本定价法又称边际贡献定价法，该方法是以变动成本作为定价基础，只要定价高于变动成本，企业就可以获得边际收益（边际贡献），用以抵补固定成本，剩余即为盈利。其计算公式为

产品价格 = （总变动成本 + 边际贡献）÷ 预计销量

边际贡献 = 预计销售收入 - 总变动成本

此方法要求对企业的销售模型和产品成本模型预先加以确定，然后根据两者间的关系推算价格水平，因其分析的起点是使企业的利润最大，所以是一种适合于企业长期采用的中长期价格制定方法。

（四）盈亏平衡定价法

盈亏平衡定价法也叫保本定价法或收支平衡定价法，盈亏平衡定价法是指在销售量既定的条件下，企业产品的价格必须达到一定的水平才能做到盈亏平衡、收支相抵。其计算公式为

产品价格 = 产品总成本 ÷ 预计销量

此方法使用的前提也是要在已知固定成本和变动成本的情况下科学地预计销售量。

思考并计算：

1. 日兴电器公司生产智能开关 1000 件，总固定成本 20 000 元，总变动成本 30 000 元，预期利润为 20%，按成本加成法确定其单位销售价格。

2. 某电器公司进口彩电，进货平均成本 2000 元，电器行的彩电加成率为 16%，按成本加成法计算这批彩电零售价格应是多少？

3. A 企业生产 B 产品的生产能力达 300 000 件，但目前市场需求为 200 000 件，且已趋于饱和，生产 B 产品单位变动成本为 1.2 元/件，企业固定成本总额为 100 000 元，计算 B 产品的盈亏平衡价格，如果企业要保证 60 000 元的利润，则定价多少？如果有厂商向企业订购 500 00 件产品，但出价 1.5 元/件，是否接受？

二、需求导向定价法

需求导向定价法是指企业在定价时不再以成本为基础，而是以消费者对产品价值的理解和需求强度为依据。需求导向定价法又可以细分为以下几种。

（一）理解价值定价法

理解价值定价法是指以消费者对产品价值的感受及理解程度作为定价的基本依据，把买方的价值判断与卖方的成本费用相比较，定价时更应侧重考虑前者的定价方法。因为消费者购买产品时总会在同类产品之间进行比较，选购那些既能满足其消费需要，又符合其支付标准的产品。消费者对产品价值的理解不同，会形成不同的价格限度。这个限度就是消费者宁愿付货款而不愿失去这次购买机会的价格。如果价格刚好定在这一限度内，消费者就会顺利购买。

（二）需求差异定价法

需求差异定价法是指根据销售的对象、时间、地点的不同而产生的需求差异，对相同的产品采用不同价格的定价方法。

（三）逆向定价法

逆向定价法是指重点考虑需求状况而不是产品成本，差的产品可能定高价，好产品也许定低价，依据消费者能够接受的最终销售价格，逆向推算出中间商的批发价和生产企业的出厂价格。

三、竞争导向定价法

竞争导向定价法是指企业以市场上相互竞争的同类产品价格为定价基本依据，通过研究竞争对手的产品价格、生产条件、服务状况等，确定自己产品的价格。竞争导向定价法，主要有随行就市定价法、主动竞争定价法、密封投标定价法等。

（一）随行就市定价法

随行就市定价法是指按照目前市场价格来确定售价，该方法售价一定，为了获取更多利润只有减少成本和费用。随行就市定价法是竞争导向定价法中广为流行的一种。这种定价法的好处是易为消费者接受，避免激烈竞争产生的风险，一般能为零售店带来合理、适度的盈利。

这种定价方法适用于竞争激烈的均质产品，如大米、面粉、食油以及某些日常用品的价格确定。

（二）主动竞争定价法

主动竞争定价法是指不追随竞争者的价格，而是根据零售店产品的实际情况及与竞争对手的产品差异状况来确定价格，与随行就市定价法相反。主动竞争定价法一般为富于进取心的零售店所采用。定价时首先将市场上竞争产品价格与企业产品估算价格进行比较，分为高、一致及低三个价格层次。其次，将企业产品的性能、质量、成本、式样、产量等与竞争产品进行比较，分析造成价格差异的原因。再次，根据以上综合指标确定企业产品的特色、优势及市场定位，在此基础上，按定价所要达到的目标，确定产品价格。最后，跟踪竞争产品的价格变化，及时分析原因，相应调整企业产品价格。

（三）密封投标定价法

密封投标定价法适用于产品投标的活动，也称投标竞争定价法，是指在招标竞标的情况下，企业在对其竞争对手了解的基础上定价。这种价格是企业根据对其竞争对手报价的估计确定的，其目的在于签订合同，所以它的报价应低于竞争对手的报价。

第三节 定价策略

定价方法是制定产品价格的一些基本手段，企业面对复杂多变、竞争日益加剧的市场环境时，还必须结合定价方法灵活地运用一些定价策略，以求能取得好的定价效果，实现既定的定价目标。

一、新产品定价策略

新产品开发成本高、缺乏定价参照物，在定价时应该灵活地采用定价策略，以达到帮助企业降低开发风险、尽快收回投资的目的。一般来说，常见的新产品定价策略主要有以下三种。

（一）撇脂定价

撇脂定价是指新产品刚刚面市时，企业利用一部分消费者的求新心理，定一个高价，在竞争者研制出相似的产品以前，尽快地收回投资，并且取得相当的利润，然后随着时间的推移，再逐步降低价格的一种定价策略。撇脂定价可以在短时间内实现利润最大化，使企业在新产品上市之初，即能迅速收回投资，还可以利用高价来控制市场的成长速度，使当时的生产能力足以应付需求，减缓供求矛盾，并且可以利用高价获取的高额利润进行投资，逐步扩大生产规模，使之与需求状况相适应。同时，撇脂定价使企业拥有较大的调价空间，在其新产品进入成熟期后可以拥有较大的调价余地，可以通过逐步降价保持企业的竞争力。此外，撇脂定价容易使产品在消费者心目中形成高价、优质的品牌形象。需要注意的是，高价产品的需求规模有限，过高的价格会牺牲一定的销量，而且，撇脂定价难以界定价格究竟定多高为好。

案例 8-3

2017 年 9 月上市的 iPhone X 采取了典型的撇脂定价。以在中国市场的发售为例，iPhone X 在苹果官方商店的零售价 8388 元人民币起，黄牛市场更是炒到万元上下，即使对于多年果粉来说，也属于高价位产品，但是一经推出，11 月 3 日的首批供货立马被抢购一空。苹果的撇脂定价取得了成功，而且屡试不爽。

从正代乔丹到 yeezy，再到 off-white 联名，这些产品刚一推出时都采取了限量摇号的方式，吊足了广大 sneaker（指热爱和收藏球鞋的人）的胃口，如果想尝鲜，则需要付出远高于其单纯物品价值的价格。同时，各限量鞋款不缺乏忠实拥趸，而且这部分人对价格又相对不敏感，基本每双鞋都能达到利益最大化。然后随着时间的推移，以前的鞋不免烂大街，这时候厂家就会推出各种"标新"的复刻版，如法炮制，再次"撇脂"。

（二）渗透定价

渗透定价是指以一个较低的产品价格打入市场，以吸引大量消费者，提高市场占有率的定价策略。其目的是在短期内加速市场成长，牺牲高毛利以期获得较高的销售量及市场占有率，进而产生显著的成本经济效益。渗透定价能使产品迅速占领市场，促进消费需求，并借助大批量销售来降低成本，获得长期稳定的市场地位。也可以靠微利阻止竞争者进入。但是，渗透定价有时候难以树立优质产品的形象，也会影响资本的回报率。

案例 8-4

淘宝经常有"九块九包邮"的产品，此类产品如果只卖给一个人一件那估计得亏了，实际上它们的货单价很低，但是客单价很高，综合起来就赚钱了。这就是赚钱的基点。有部分商家可能前期不赚钱，但是这种活动吸引了不少人，从而提高了它们的知名度或者拉动店铺内其他商品的销量。以做天猫保健品为例，5 元成本的减肥药，标价 69 元，拍下减 65 元，4 元全国包邮，再加上好评返现，瞬间冲到上万笔，抢下关键词第一名，每天搜索减肥词进店铺的访客数达 2.5 万，每天卖 800 单到 1000 单（价格回到 69 元），前期亏的 5 天内已经回本。

渗透定价的极致就是免费。360 杀毒软件的创始人周鸿祎开始做安全软件的时候，正是直接依靠杀毒软件免费，把原来很难撼动的瑞星、金山和江民这三座大山推倒了，带动了杀毒行业的免费趋势，将 360 安全软件布满电脑终端。360 敢于免费，是因为它有二段收费。

（三）满意定价

满意定价是指企业为产品所定的价格比撇脂价格低，比渗透价格高，是一种中间价格的定价策略。这种策略能使生产者和消费者都比较满意，有时候又叫"适中价格"。满意定价策略既可避免撇脂定价策略因价高而具有的市场风险，又可以避免渗透定价策略因价低而带来的资金周转困难。它适用于那些产销比较稳定的产品，不足的是有可能对消费者缺少吸引力，也难以在短时间内打开销路。

二、产品组合定价策略

当产品只是某一个产品组合中的一部分时，企业就需要研究出一系列价格，使整个产品组合的利润实现最大化。例如，消费者对滞销、价值高的产品价格比较敏感，反之，对畅销、价值低的产品价格迟钝一些，可适当降低前者价格，提高后者价格，使两者销售相互得益，增加总盈利。需注意的是，高价和低价一般不宜做经常性变动，以维护价格政策在消费者心目中的一贯性。

一般来说，常见的产品组合定价策略包括以下几种。

（一）产品线定价

产品线定价是指在定价时根据消费者不同类型的需求，设计不同功能和品质的产品，并首先确定某种产品的最低价格，它在产品线中充当领袖价格产品，吸引消费者购买产品线中的其他产品，然后再确定产品线中某种商品的最高价格，它在产品线中充当品牌质量和收回投资的角色，此外，产品线中的其他产品也分别依据其在产品线中的定位不同而制定不同的价格。

（二）副产品定价

副产品定价是指利用同一产品的不同部分对某些消费者具有差异价值来定价。在许多行业生产主产品的过程中，常常有副产品。如果这些副产品对某些客户群具有价值，必须根据其价值定价。副产品的收入多，将使公司更易于为其主要产品制定较低价格，以便在市场上增加竞争力。

（三）捆绑式定价

捆绑式定价是指将数种产品组合在一起以低于分别销售时支付总额的价格销售，核心是单买某一个产品价格很贵，但是购买套餐价格就很便宜，如吃饭时快餐店常见的单点和套餐。

（四）备选品定价

备选品定价是指在提供主要产品的同时，还附带提供备选品与之搭配。主要产品便宜，备选品价格高，如餐厅里饭菜比较便宜而酒水比较贵。

（五）附属品定价

附属品定价是指以较低价销售主产品来吸引顾客，以较高价销售备选产品和附属产品来增加利润。附属产品定价类似于二段收费，运用得当，可以为企业带来大量后续利润。

案例 8-5

一个消费者走进肯德基点餐，然后，看见了新出的汉堡售价 18 元；小份薯条售价 10 元；百事可乐，中杯 8 元，大杯 10 元。在外面一瓶装可乐也才 3 元钱！面对明显不合理的定价，消费者正在思考到底要不要在肯德基吃午餐。直到他看到了这个：新品汉堡＋中杯可乐，售价 15 元。两个加在一起比一个还便宜！消费者突然清晰起来，因为在这个时候，他正在思考的是应该购买套餐还是应该分别购买单品，并且由于显而易见的价格，他很快就得出了结论。

然后在这种愉快的气氛下，他享用了一顿美好的午餐，内心还有一些残留的做出购买决策后的成就感（虽然他自己可能没有发现），之前看到的那些价格明显不合理的单品，早已经被忘到九霄云外去了。

现在能看出什么了吗？实际上，那些高定价的单品并不是为了让你真的掏钱去买而摆在那里的，它们存在的唯一意义就是给你一种暗示：购买套餐是非常划算的行为。在这种暗示之下，消费者对产品的真实价值认知被扰乱，而在一种占了便宜的心态下提高了对套餐的购买欲望，从而把问题从"我是不是应该购买？"转变成了"我更应该购买哪一种？"实际上，肯德基推广新套餐的目的就在于此。

这种定价策略在生活中非常普遍，如苹果公司在发布 iPhone 5S 的时候同时推出了 iPhone 5C，由于 5C 缺乏亮点的设计且性价比不高，很多消费者从直觉上就认为买 5C 不如买 5S，从而提高了对 5S 的购买欲望，使用的是一个原理。

在产品组合当中，不是所有的产品项目都一定必须要盈利，策略性地为某些产品设计战略作用，从而提高产品组合的整体利润，是定价策略中非常实用的技巧。

资料来源：互联网．https://www.zhihu.com/question/28587559/answer/74964282，有改动

三、差别定价策略

（一）按顾客细分定价

按顾客细分定价是指企业把同一种产品或服务按照不同的价格卖给不同的顾客。例如，公园、旅游景点、博物馆将顾客分为学生、年长者和一般顾客，对学生和年长者收取较低的费用；铁路公司对学生、军人售票的价格往往低于一般乘客；自来水公司根据需要把用水分为农业用水、生活用水、生产用水，并收取不同的费用；电力公司将电分为居民用电、商业用电、工业用电，对不同的用电人群收取不同的电费。

（二）按产品式样定价

按产品式样定价是指企业按产品的不同型号、不同式样，制定不同的价格，但不

同型号或式样的产品其价格之间的差额和成本之间的差额是不成比例的。例如，43 英寸[①]液晶电视比 32 英寸液晶电视的价格高出一大截，可其成本差额远没有这么大；一件大衣 300 元，成本 150 元，可是在裙子上绣一组花，追加成本 10 元，但价格却可定到 400 元。

（三）按形象定价

按形象定价是指企业根据形象差别对同一产品制定不同的价格。这时，企业可以对同一产品采取不同的包装或商标，塑造不同的形象，以此来消除或缩小消费者认识到不同细分市场上的产品实质上是同一产品的信息来源。如羊毛围巾商可将围巾放入一个普通的盒子里，赋予某一品牌和形象，售价为 100 元；而同时用更华丽的盒子装同样的围巾，赋予不同的名称、品牌和形象，定价为 200 元。或者用不同的销售渠道、销售环境来实施这种差别定价。如某饮品在普通超市低价销售，但同样的饮品在豪华的酒店可高价销售，辅以针对个人的服务和良好的售货环境。

（四）按地点定价

按地点定价是指企业对处于不同位置或不同地点的产品或服务制定不同的价格，即使每个地点的产品或服务的成本是相同的。例如飞机、演唱会不同座位的成本费用都一样，却按不同的座位收取不同价格，因为消费者对不同座位的偏好不同；火车卧铺从上铺到中铺、下铺，价格逐渐增高；旅馆客房因楼层、朝向、方位的不同而收取不同的费用。按地点定价可以有效地调节消费者对不同地点的需求和偏好，平衡市场供求。

（五）按时间定价

按时间定价是指企业以时间为定价依据的差别定价。同一种产品，成本相同，而价格随季节、日期甚至钟点的不同而变化。例如，供电局在用电高峰期和闲暇期制定不同的电费标准；电影院在白天和晚上的票价有别。对于某些时令产品，在销售旺季，人们愿意以稍高的价格购买；而一到淡季，则购买意愿明显减弱，所以这类产品在定价之初就应考虑到淡、旺季的价格差别；长途电信公司制定的晚上、清晨的电话费用可能只有白天的一半；航空公司或旅游公司在淡季的价格便宜，而旺季一到价格立即上涨。按时间定价也具备促使消费需求均匀化，避免企业资源的闲置或超负荷运转的作用。

---

① 1 英寸≈2.54 厘米。

（六）按交易条件定价

按交易条件定价是指企业以交易条件为定价依据的差别定价。交易条件主要指交易量大小、交易方式、购买频率、支付手段等。交易条件不同，企业可能对产品制定不同价格。如交易批量大的价格低，零星购买价格高；现金交易价格可适当降低，支票交易、分期付款、以物易物的价格适当提高；预付定金、连续购买的价格一般低于偶尔购买的价格。

四、心理定价策略

心理定价策略是指针对顾客心理而采用的一种定价策略。运用这种策略使企业在定价时可以利用消费者心理因素，有意识地将产品价格定得高一点或低一点，来满足消费者心理需求，从而帮助企业扩大市场销售量，实现最大效益。

一般来说，心理定价策略包括以下几种。

（一）尾数定价

尾数定价，又称非整数定价，即给产品定一个零头数结尾的非整数价格。这种定价策略使消费者在心理上有一种产品便宜的感觉，还能让消费者觉得产品价格精准，从而对产品产生信赖。因此，绝大多数消费者在购买产品时，尤其是购买一般的日用消费品时，乐于接受尾数价格。例如2.99元、9.98元等定价，符合消费者求廉的心理愿望。尾数定价通常适用于基本生活用品。

（二）整数定价

整数定价与尾数定价正好相反，企业有意将产品价格定为整数，以显示产品具有一定质量和品位。整数定价多用于需求价格弹性小、价格高低不会对需求产生较大影响的产品，如价格较贵的耐用品或礼品，以及消费者不太了解的产品。对于价格较贵的高档产品，顾客对质量较为重视，往往把价格高低作为衡量产品质量的标准之一，容易产生"一分价钱一分货"的感觉，此外，这类产品的消费者都属于高收入阶层，较高的价格能满足消费者炫耀身份、地位的心理。

（三）声望定价

声望定价即针对消费者"便宜无好货、价高质必优"的心理，对在消费者心目中享有一定声望、具有较高信誉的产品制定高价。不少高级名牌产品和稀缺产品，如豪华轿车、高档手表、名牌时装、名人字画、珠宝古董等，在消费者心目中享有极高的声望价值。购买这些产品的人，往往不在乎产品价格，而最关心的是产品能否显示其身份和地位，价格越高，心理满足的程度也就越大。

采用声望定价要注意两个方面：一是高价的制定不能过于离谱，否则会让消费者觉得盛名难副，物非所值；二是采用声望定价的产品质量要有保证，好的产品才能维护住较高的价格。

案例 8-6

依云矿泉水在中国市场 300 毫升瓶装定价在 15～20 元，被称为矿泉水中的"奢侈品"。依云把自己定位为水中的高端水品牌，清晰的价格定位，让依云的消费人群自然划分，依云是高端消费人群的高品质矿泉水。依云高端水定位，无疑让自己显得无比高贵，成为高端消费人群的身份象征。依云产品瞄准的是中国月收入在 6000 元以上的年轻人市场，这一市场人数在 2013 年远远超过 3000 万，其中只需要有 1/3 的人群成为依云的消费者，就足以确立依云品牌在华的饮用水产品的领军地位和确保企业高盈利地持续运作。

（四）习惯定价

市场上，有些产品在长期的交易中已经形成了为消费者所习惯的价格，成为习惯价格。企业对这类产品定价时要充分考虑消费者的习惯倾向，以其作为定价的主要依据。对消费者已经习惯了的价格，不宜轻易变动。降低价格会使消费者怀疑产品质量有问题。提高价格会使消费者产生不满情绪，导致购买的转移。在不得不需要提价时，应采取改换包装或品牌等措施，减少抵触心理，并引导消费者逐步形成新的习惯价格。

（五）招徕定价

招徕定价是指商家利用消费者"求廉"的心理，将某几种产品价格定得低于一般市价，个别的甚至低于成本，以吸引消费者、扩大销售的一种定价策略。这种定价策略常被百货商场、超市采用，虽然几种低价产品不赚钱，甚至亏本，但从总的经济效益看，由于低价产品吸引了大量消费者，进而带动了其他产品的销售，企业还是有利可图的。采用这种定价策略需要注意降价的产品必须是质量优、品牌影响力大的畅销品，反之不仅达不到招徕顾客的目的，还会影响商家的信誉。另外，实施招徕定价策略的商家，经营的产品种类要丰富，以便在消费者选购时有更多的选择机会从而产生购买的欲望。

第四节 价格变动与企业对策

由于企业处在一个不断变化的环境，为了生存和发展，产品价格制定之后，有时候需主动降低价格或提价，有时候又需对竞争者的价格变化做出适当的价格调整。

一、降价策略

降低价格是企业在经营过程中经常采用的营销手段，一般情况下，企业降低价格的主要原因有以下几种。

（一）存货的压力

在市场经济环境中，企业可能会发生对市场需求预测不准或错过销售旺季等情况，由此产生的库存会占用大量的资金。为了尽快回笼资金，企业经常会对积压的产品进行降价处理。

（二）生产能力过剩

由于科技的进步，产品的生命周期越来越短，替代品的出现又使得企业的生产能力过剩的情况越来越多。企业需要扩大销售以消化多余的生产能力，但是又不能通过产品改进和加强销售工作等来扩大销售。在这种情况下，企业就需要考虑降低价格。

（三）竞争对手的冲击

（1）当企业的成本费用比竞争者低时，企业可以通过降低价格来抢占市场，提高市场占有率，从而进一步扩大生产和销售量，降低成本费用。在这种情况下，企业也往往采用降低价格策略。

（2）在强大竞争者的压力之下，企业的市场占有率下降，为应对竞争者的价格挑战，企业也会采用降价策略。很多企业降低产品价格并不是出于自愿，而是因为竞争对手率先降价不得不跟进以保持现在的市场份额。

（四）宏观环境的影响

针对政治、法律、经济等宏观环境因素的改变，企业也会做出降价的决定。例如，政府为了保护消费者，控制某个行业的利润，会通过政策和法令限制这个行业的产品的价格，从而导致产品价格的下调。

二、提价策略

虽然提价会引起消费者、经销商和企业推销人员的不满，但是一个成功的提价策略可以使企业的利润大大增加，所以企业有合适的机会就可以上调产品价格。一般来说，引起企业提价的主要原因有以下几种。

（一）产品成本增加

在现代市场经济条件下，通货膨胀、物价上涨，经常使得企业的成本费用提高。当通货膨胀发生后，许多企业往往采取种种方法来调整价格，对付通货膨胀，如采取推迟报价定价的策略，即企业决定暂时不规定最后价格，等到产品制成时或交货时方规定最后价格。在工业建筑和重型设备制造等行业中一般采取这种定价战略；在合同上规定调整条款，即企业在合同上规定在一定时期内（一般到交货时为止）可按某种价格指数来调整价格；采取不包括某些商品和劳务的定价战略，即在通货膨胀、物价上涨的条件下，企业决定产品价格不动，但原来提供的某些劳务要计价，这样一来，原来提供的产品的价格实际上提高了；减少价格折扣，即企业决定削减正常的现金和数量折扣，并限制销售人员以低于价目表的价格来拉生意；取消低利产品；降低产品质量，减少产品特色和服务。需要注意的是，企业采取这种策略可保持一定的利润，但会影响其声誉和形象，失去忠诚的顾客。

（二）产品供不应求

当企业的产品供不应求，不能满足其所有的消费者的需要时就可以采用提价策略。提价方式包括：取消价格折扣，在产品大类中增加价格较高的项目，或者开始全面提价。为了减少消费者的不满，企业提价时应当向顾客说明提价的原因，并帮助顾客寻找节约途径。

（三）与竞争者价格同谋

这种配合竞争者的涨价行为在很多国家都是被禁止的，但是在寡头垄断市场中，由于竞争者数量有限，因此更容易形成价格默契。当市场上有一家企业率先提出涨价时，行业内其他企业很可能会随后跟进。

三、消费者对价格变动的反应

企业无论是提价还是降价，这种行动必然影响消费者、竞争者、经销商和供应商，而且政府对关系国计民生的企业的价格变动也不能不关心。

企业的价格调整会直接影响消费者的利益，进而影响消费者的购买决策，因此消费者对企业价格调整的反应是企业在制定价格调整策略时应当关注的问题。

（一）消费者对企业某种产品降价可能会有的理解

（1）这种产品的式样老了，将被新型产品所代替。
（2）这种产品有某些缺点，销售不畅。
（3）企业财务困难，难以继续经营下去。
（4）价格还要进一步下跌。
（5）这种产品的质量下降了。

（二）消费者对企业某种产品提价可能会有的理解

（1）这种产品很畅销，不赶快买就买不到了。
（2）这种产品很有价值。
（3）卖主想尽量取得更多利润。
（4）通货膨胀下，各种商品价格都在上涨，提价很正常。

需要注意的是，消费者对于价值高低不同的产品的价格调整的理解也不相同。消费者对于那些价值高、经常购买的产品的价格变动较敏感，而对于那些价值低、不经常购买的小商品，即使单位价格较高，购买者也不大注意。此外，消费者虽然关心产品价格变动，但是通常更为关心取得、使用和维修产品的总费用。因此，如果卖主能使消费者相信某种产品取得、使用和维修的总费用较低，那么，他就可以把这种产品的价格定得比竞争者高，取得较多的利润。

四、竞争者对价格变动的反应

企业在考虑改变价格时，不仅要考虑到消费者的反应，而且必须考虑竞争对手对企业的产品价格调整的反应。当某一行业中企业数目很少，提供同质的产品，消费者颇具辨别力与产品知识时,竞争者的反应就愈显重要。企业如何去估计竞争者的可能反应呢?主要有两种方法:取得内部资料和借助统计分析。

总之,企业在变动产品价格时,必须善于利用企业内部和外部的信息来源,观测出竞争者的心思,以便采取适当的对策。

实际问题是复杂的,因为竞争者对企业降低价格可能有种种不同理解。如竞争者可能认为企业想偷偷地侵占市场阵地;或者认为企业经营不善,力图扩大销售;或者认为企业想使整个行业的价格下降,以刺激整个市场需求。

如果企业面对着好几个竞争者,在变价时就必须估计每一个竞争者的可能反应。如果所有的竞争者反应大体相同,就可以集中力量分析典型的竞争者,因为典型的竞争者反应可以代表其他竞争者的反应。如果各个竞争者在规模、市场占有率及政策等重要问题上有所不同,它们的反应也会有所不同,在这种情况下,就必须分别对各个竞争者进行分析。如果某些竞争者随着本企业的价格变动而变价,那么我们就有理由预料其他的竞争者也会这样干。

五、企业对竞争者调价的反应

企业主动调价一般都会经过慎重的思考,但是竞争者准备实施调价行为时,企业事先往往并不知晓。为了避免被竞争者打个措手不及,企业不仅应当密切注视竞争者的行为,而且应当提前制定好面对竞争者价格变动应采取的策略,以便第一时间化被动为主动。

企业在做出反应时,先必须分析:竞争者调价的目的是什么?调价是暂时的,还是长期的?能否持久?企业面临竞争者应权衡得失:是否应做出反应?如何反应?另外还必须分析价格的需求弹性,产品成本和销售量之间的关系以及竞争者调价将对本企业的市场占有率、销售量、利润、声誉有何影响等复杂问题。企业要做出迅速反应,最好事先制定反应程序,到时按程序处理,提高反应的灵活性和有效性。

此外,企业还应该结合所经营的产品特性确定对策。一般来说同质市场上,竞争者降价,企业必须随之降价,否则可能失去大部分顾客。如果竞争者提价,本企业可以跟进也可以暂且观望,因为如果同行业中大部分厂商维持原价,率先涨价者可能会受到损失。如果是异质市场,企业将有更大的选择余地。对于竞争者的涨价行为,企业可以根据内外部环境选择跟进或者观望。对于竞争者的降价行为,可以在下列对策中进行选择。

(一)降低价格跟随

企业可以跟进减价,以便和竞争者的价格匹配。在市场对价格敏感的情况下,企业不减价会失去太多的市场份额。一些企业还可能会降低产品质量,减少服务和市场营销活动来维持利润,但是这最终会降低企业的长期占有率。企业在减价的同时应努力维持产品的质量。

(二)价格不变

企业可以维持原价,但是要提高消费者感知质量。它可以改善与消费者的交流活动,强调优于低价竞争者的产品质量。企业会发现,维持原价和改善消费者理解的质量,比减价和低利润经营可能要容易一些。

(三)提高价格

企业可以改善质量和提高价格,对企业品牌进行高价格定位。较高的质量可以用来证明较高的价格,较高的价格反过来能使企业保持较高的利润。或者企业可以维持现有产品的价格,同时引进一种价格定位较高的新品牌。

(四)开创低价产品

企业可以设立一种低价格的"战斗品牌"——在产品系列中增加较低价格的产品,或者单独创建一种较低价格的品牌。当正在丢失的细分市场对价格敏感并且不会对较高质量的同类商品感兴趣时,这样做往往可以收到很好的效果。

最后,企业在对竞争者调价做出反应时,还要考虑本企业在行业中的定位,因为处于不同地位的企业在行业中的影响是不同的。例如市场领先者可以对中小企业率先降价置之不理,但一旦市场领先者主动降价,中小企业却不得不做出反应。

★本章案例

临近春节,茅台控价再出重拳。2018年2月8日起,北京地区开展茅台酒春节优惠促销活动,每人可凭本人身份证以1399元/瓶的价格购买两瓶53度500毫升飞天茅台酒。此前,广东、吉林、湖南、内蒙古等地已经按此价格执行。而同款茅台酒市场价已飙升至2000元/瓶,这意味着经销商卖出一瓶酒少赚600元。业内认为,成为国家发展和改革委员会(以下简称"国家发改委")重点关注对象的尴尬,让茅台集团加紧控价。但供不应求令茅台的终端控价策略难见成效,而频频的控价新动作也导致经销商疲于陪跑。

据了解,广东省在2018年2月5日就宣布,春节前以1399元/瓶的价格销售53度500毫升飞天茅台酒。此外,吉林、湖南等多地也将同款茅台酒的春节促销价格统一为1399元/瓶,同时规定每人限购两瓶,但各地活动持续时间不同,其中吉林为2月7日至2月9日,内蒙古为2月7日至2月15日,湖南为2月5日至2月15日。除此之外,湖南在2月5日还开展了免费为消费者鉴定茅台真伪活动,同时全省提供462瓶茅台酒和红酒,现役军人春节回家过年可免费领取一瓶茅台酒和一瓶茅台红酒。

然而，《北京商报》记者一早致电湖南长沙市某茅台专卖店，询问是否还可以去店里购买茅台酒时，却被告知"今天的配额已经售卖完了，需要明天早点来排队"。同样，位于广东某中外名酒城国酒茅台专卖店表示，消费者需要在微信公众平台上提前预约，预约成功后可在规定时间内到店提货。记者按照相关要求将预约信息发送至指定微信公众平台，但截至发稿前，记者一直未收到预约成功的信息通知。

进入2018年，茅台公司将53度500毫升飞天茅台酒出厂价从819元/瓶提高至969元/瓶，同时指导零售价从1299元/瓶提升至1499元/瓶。提价之后，尽管茅台公司声称严控价格，要求经销商不能触碰1499元/瓶的价格红线，但实际上，市场上茅台酒的价格已经飙升至2000元/瓶。茅台率先扛起涨价大旗后，高端白酒行业更是陷入价格飞涨的集体狂欢中。

2018年1月31日，国家发改委价格监督局召开白酒行业价格法规政策提醒告诫会。茅台在会上被点名做重点发言表态。当天，国家发改委还下发了《关于组织开展全国烟酒市场价格专项巡查的通知》，要求相关部门对烟酒市场价格出现异常波动情况加大巡查频次和力度。而巡查的重点为，严厉打击哄抬价格、严厉打击价格垄断行为等，防范节日期间烟酒价格异常波动，确保烟酒市场价格基本稳定。

在被国家发改委点名后，2月2日，茅台集团召开茅台酒市场工作会，会议要求全力抓好茅台酒的价格稳定和市场供应，要求所有经销商把库存的茅台酒全部投放市场，近期进货的市场投放率不得低于90%，春节前保证7000吨以上的茅台酒供应量。

市场工作会召开两天后，茅台开出了2018年首批重磅罚单，对10家违约经销商进行了处罚通报，其中，遵义、上海、长沙、广州四地5家存在哄抬价格、搭售、转移销售等行为的经销商，被处以取消经销计划的处罚，河南、南京、上海和北京四地的5家违约经销商则受到扣减合同的处罚。

"茅台最近这些举措积极响应了国家政策的号召，很明显是为了抑制茅台酒价格过高、过快地增长，目的性很明确。"白酒营销专家蔡学飞表示，"但是春节促销、处罚经销商、加大供货量等措施，在春节前的销售旺季，对于遏制茅台价格的作用实际上很有限。"

尽管茅台酒加大市场投放力度，但对于旺盛的市场需求而言，恐怕仍然难以解渴。有业内人士告诉《北京商报》记者，目前茅台酒的出货渠道以茅台云商为主，通过在茅台云商平台线上下单，然后线下提货。但线上大部分都是黄牛在刷单抢货，普通消费者很难购买到。

有业内人士坦言，茅台的价格飞涨和缺货，跟部分经销商的有意囤货、提高售价脱不开关系。茅台酒被囤积后，造成了缺货的现象，茅台酒的价格就被炒得更高，由此形成了恶性循环，也加大了对茅台酒的负面舆论。

此外，春节前夕进行控价并不是茅台一贯的策略。茅台在实施多种措施之后难以见到成效，实际上还是受到产能的限制。蔡学飞表示，茅台在春节前集中放量，尽管有可能实现短期抑价，但由于茅台的产能是有限的，现在加大投放量则意味着后备储存量缩减，在日后很有可能会造成茅台价格再次上涨。

同时，茅台在控价和稳定市场方面频频产生新动作，经销商们一路陪跑也尽显疲态。

据北京地区经销商介绍，茅台集团响应国家政策号召的同时，对公司的战略和战术进行调整，广大经销商只能积极响应。"我一直都是茅台的经销商，每次公司为了发展进行一些调整，我们就得跟着配合。"该经销商无奈地告诉《北京商报》记者，"例如这次春节促销的活动，从通知到实施不过四五天的时间，我们需要进行调货、人员分工、场地安排等多项准备工作，其间还要经常开会，根本就没有时间休息。"该经销商坦言，目前还面临如何区分谁是真正的消费者的难题，"如果是投机分子再次进行倒买倒卖，消费者还是难以享受到福利。"

资料来源：搜狐网．http://www.sohu.com/a/221755141_290957，有改动

思考：茅台的控价措施能够成功吗？为什么？

★ 本章实训

（一）内容

（1）小组就自己设计的产品进行导入期定价。

（2）采用不同的定价方法和策略为新产品定价。

（二）要求

（1）50分钟内完成。

（2）注重团队合作。

（3）完成实训总结。

★ 本章思考题

1. 影响定价的因素有哪些？
2. 定价方法的种类有哪些？
3. 定价策略的种类有哪些？
4. 企业提价可能有哪些原因？

第九章 渠道策略

学习目标：掌握分销渠道的含义及功能；了解分销渠道的类型；熟悉分销中间商的类型；掌握中间商的选择标准；掌握分销渠道设计方法；理解渠道冲突的概念及管理。

关键术语：

分销　placing

分销渠道　distribution channel

渠道管理　channel management

渠道冲突　channel conflict

案例导入

李宁的 3 年渠道复兴计划

老牌运动服饰李宁一直随着商业环境的变化而变化，对竞争环境变化做出及时的、适当的反应，从而不断地成长和成熟。

现在的成功，让一度亏损、低迷的李宁再次成为市场关注的焦点。李宁一再强调，产品、渠道、运营能力的提升，是扭亏为盈的关键。

广告语的一变再变

对于李宁来说，最为直观的改变要从其品牌广告口号说起。它先后经历了"中国新一代的希望""把精彩留给自己""我运动，我存在""运动之美，世界共享""出色，源自本色""一切皆有可能""让改变发生"七个口号的演变。不论是价格细分的市场，还是年龄细分的市场，李宁都没有安于现状。提高年轻人的认同感，是李宁品牌重塑的根本原因。所以，进军一线城市，开拓新生代消费群，成了李宁的出路所在。2010 年，李宁将"一切皆有可能"变成"让改变发生"，同时，宣布其沿用了多年的李宁 LN 旧 logo 正式为"李宁交叉动作"的新 logo 替代，完成了从"土"到"洋"的靠拢，品牌形象更加时尚。这一年也被称为李宁变革元年。

换标后的李宁成为提价的激进者，其 2010 年第四季度服装产品的价格上涨幅度达 17.9%。而提价带来的直接后果就是性价比优势消失，失去市场竞争力，随后便出现了单店销售下降、库存积压和大量关店等一系列连锁反应。

市场定位迷茫

虽然李宁一直致力于品牌形象在时尚化方面的努力，但是伴随着 20 世纪 90 年代主流消费群体逐渐步入中年的市场现实,李宁品牌形象在市场上出现了老化的迹象。一份调查报告显示,李宁一半以上的消费群体的年龄在 40 岁以上,已不再属于年轻人范围。虽然体育用品的核心消费群是 14~45 岁,但对体育用品企业来说,14~25 岁的年轻人群则是更为理想的消费者群体。年轻消费者认为李宁在酷、时尚、国际感上逊色于国际品牌。

正是李宁品牌在时尚和专业两个方向上不断摇摆,给不少消费者造成了"专业性方面不够专业,时尚性方面不够时尚"的感觉,既抓不住 90 后,又疏远了曾经的 80 后。

作为李宁第二任 CEO 的张志勇,曾试图用进军国际化来重塑李宁品牌,发起了让李宁时尚化、国际化的新一轮变革。事实上,从 2001 年李宁公司在西班牙桑坦德开设第一家海外专卖店,李宁的国际化就已开始。2005 年李宁成为 NBA 战略合作伙伴。财报显示,2004 年,李宁国际市场的收入占总收入的比重为 2.4%,2005 年为 1.3%,2006 年为 0.9%,2007 年为 0.8%,2008 年为 0.3%。2009 年,李宁成立新加坡子公司,国际市场占总收入的比重上升为 1%;2010 年,李宁成立美国子公司,国际市场占总收入的比重上升为 1.4%。2011 年,李宁的美国直营店悄然关闭;2012 年初,李宁海外业务负责人李嘉铭离职。同年 7 月,李宁西班牙经销商宣布破产,自此李宁国际化战略搁浅。

渠道复兴与扩张

自 2012 年开始,李宁连续 3 年亏损,也正是这 3 年时间,李宁进行了大幅度调整与转型。突破原有的批发业务模式,在同质化的竞争环境下开展差异化经营成为关键。李宁开始发力打造新的平台和商业模式,其中最为核心的就是"渠道复兴计划",该计划耗资高达 14 亿元至 18 亿元,希望通过改造,彻底摆脱过去传统的批发业务模式而转为零售业务模式。

尤其是 2015—2016 年,李宁公司已全力开展实施零售业务模式,建立全面整合的终端到终端零售业务平台,从公司、附属公司、渠道层面连接四个关键模块,包括需求预测、采购计划、供应链协作和零售运营。通过需求分析和制订采购计划提高库存效率、缩短现金转换周期,并针对零售门店实际销售做出实时安排。同时,该流程也保证了在正确的时间、正确的地点调配充足的存货,提高门店销售额。

但也不乏业内人士提出,李宁 3 年渠道复兴计划进展并不彻底,零售模式对公司资本开支施加了压力,零售点数量增加,相应的销售点租赁成本、员工成本等随之增加,终端物流费用也在增加等。

截至 2016 年 3 月 31 日,李宁品牌在中国的销售点数量共计 6106 个,较 2015 年底净减少 27 个。但李宁持续扩张的速度远超目前关店调整的速度。

对于李宁的这一做法,业界也提出了质疑,面对内忧外患,李宁最优的做法应是踏踏实实提高店面的营运能力和营利能力,而不是重拾扩张,最终导致大而不强。

值得一提的是,鉴于李宁和小米的用户群体存在一定程度的重合,所以笼络年轻人一直是李宁的目标。2015 年 5 月,李宁宣布和小米生态链企业、小米手环缔造者华米科技达成战略协议,共同研发新一代智能跑鞋,探索大数据健康领域。

李宁惯于主动出击，这也正是李宁品牌的活力所在。

资料来源：http://www.linkshop.com.cn/web/archives/2016/349169.shtml，有改动

很少有制造商能够直接将产品卖给最终消费者，大多数企业通过中间商将产品投放到市场上进行销售。因此，产品被生产出来后，如何实现产品从生产者向消费者的转移是生产者需要思考和解决的问题。产品从企业向消费者转移过程中所经过的路径被称为产品的分销渠道，分销渠道通常被认为是连接企业和市场的桥梁。生产者需要根据市场环境，综合产品的品种、数量、目标市场、消费特征和定价等多种因素来设计产品从生产者向消费者转移的渠道，以实现企业的营销目标。

第一节 分销渠道设计

一、分销渠道的含义与职能

（一）分销渠道的含义

企业生产产品或服务，并通过一系列组织将产品或服务最终销售给消费者（或企业用户）。这一过程中，企业不仅需要与顾客建立联系，还需要与企业供应链上的原材料、零部件供应商，以及产品或服务的分销商建立联系。菲利普·科特勒在其市场营销论著中将企业的供应链分为"上游"合作者和"下游"合作者两个部分。企业的上游合作者是指那些为企业提供原材料、零部件、信息、资金和专业技术的企业；企业的下游合作者是指帮助企业将产品或服务所有权最终转移至顾客的一系列组织，如批发商和零售商。企业的下游合作者集合又被称为面向顾客的营销渠道。

菲利普·科特勒进一步提出以"需求链"的观念来看待企业的"供应链"，企业的市场计划始于目标顾客的需求，企业以满足顾客需求为目标，通过组织资源和供应链来响应这些需求，创造市场价值。企业、供应商、分销商和最终顾客组成了"价值递送网络"，价值递送网络内的成员成为彼此的"伙伴"，通力合作使整个系统的绩效得到改进。

所谓的分销渠道，就是价值传递系统中的下游部分，是指产品或服务从生产者向消费者（或企业用户）转移所经过的通道，包括产品或服务从生产者向消费者转移过程中所有取得产品或服务所有权或帮助实现所有权转移的企业和个人。分销渠道通常包括四个部分：生产商，生产产品或服务，是分销渠道的起点；经销商，主要指批发商和零售商，他们通过直接获取产品或服务的所有权来实现所有权的转移；代理商，

协助产品或服务实现所有权的转移；最终消费者或用户，购买产品或服务后消费，是分销渠道的终点。

分销活动是在一定的分销渠道内进行的与产品或服务的所有权转移相关的活动。伴随着分销活动的开展，分销渠道内一般会产生以下五种流程。

（1）实物流，是指实体原料及成品从制造商转移到最终顾客的过程。

（2）所有权流，是指货物所有权从渠道中的某个主成员到另一个主成员的转移过程。

（3）付款流，是指货款在各渠道成员之间的流动过程。

（4）信息流，是指在市场营销渠道中，各渠道成员之间相互传递信息的过程。

（5）促销流，是指某一渠道成员运用其广告、人员推销、宣传、销售促进等活动对另一渠道成员施加影响的过程。

（二）分销渠道的职能

分销渠道作为企业的资产之一，其根本目标是根据企业的营销目标，帮助企业在适当的地点，以适当的质量、数量和价格供应产品或服务。一个成熟的分销渠道通常被认为应该具备以下职能。

（1）沟通信息职能，收集和传播营销环境中有关潜在顾客和现有顾客、竞争者和其他参与者及力量的营销调研信息。

（2）促进销售职能，发展和传播有关供应物的富有说服力的吸引顾客的沟通材料。

（3）交易谈判职能，尽力达成有关产品的价格和其他条件的最终协议，以实现所有权或者持有权的转移。

（4）订货职能，营销渠道成员向制造商（供应商）进行有购买意图的沟通行为。

（5）融资职能，获得和分配资金以负担渠道各个层次存货所需的费用。

（6）承担风险职能，在执行渠道任务的过程中承担有关风险（库存风险等）。

（7）物流职能，产品实体从原料到最终顾客的连续的储运工作。

（8）付款职能，买方通过银行和其他金融机构向销售者提供账款。

（9）所有权转移职能，所有权从一个组织或个人转移到其他组织或个人的实际转移。

二、分销渠道的长度与宽度

（一）分销渠道的长度

分销渠道的长度通过分销渠道的中间层数来计量。产品或服务从生产者向消费者或用户转移的过程中，产品或服务每经过一个直接或间接转移商品所有权的营销机构，就叫作一个中间层次。分销渠道中的层数越多，渠道就越长；反之，则越短。根据渠道内中间商的层数,企业的分销渠道被分为以下几类。

1. 零层分销渠道

零层分销渠道(图 9-1),又称直接分销渠道。它是指厂商直接将产品或服务销售给最终用户,中间不经过任何一个中间商。零层分销渠道是最短的分销渠道。在商业实践中,产业用品通常会通过直接分销渠道销售给企业用户,其原因是许多产业用品为定制类产品,成品参数需要按照用户的需求进行生产,甚至生产者还需要委派专家对用户进行使用指导和维护等;另外,相对于普通消费者,企业用户分布集中,用户购买批量大,这些特征使得多数产业用品更适合直接分销渠道。除此之外,一些消费品制造商为了降低渠道费用也会选择零层分销渠道,一个非常著名的案例就是早期戴尔公司所采用的电话直销模式。在我国的农村和城市郊区,目前还有很多农民将自己种植的蔬菜、水果或禽、蛋等生鲜农产品直接拿到集市上销售给消费者。这些都属于使用零层分销渠道。

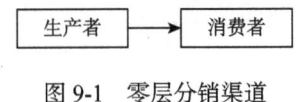

图 9-1 零层分销渠道

2. 一层分销渠道

一层分销渠道(图 9-2)含有一个分销中介机构。在消费者市场,这个中介机构通常是零售商;在产业市场,则可能是销售代理商或佣金商。

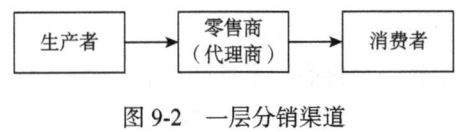

图 9-2 一层分销渠道

3. 二层分销渠道

二层分销渠道(图 9-3)含有两个分销中介机构。在消费者市场,通常是批发商和零售商;在产业市场,则通常是销售代理商或佣金商。

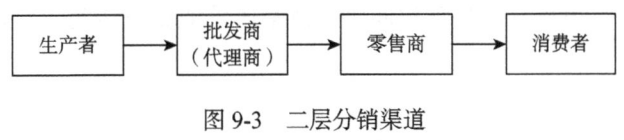

图 9-3 二层分销渠道

4. 三层分销渠道

三层分销渠道(图 9-4)含有三个分销中介机构。肉食类产品及包装类产品的制造商通常采用此种方式。在这类行业中,通常有一专业批发商处于代理商和零售商之间,该专业批发商从代理商进货,再卖给无法从代理商进货的零售商。

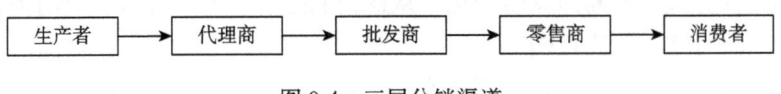

图 9-4 三层分销渠道

通常来讲，分销渠道层级越多，渠道成本也越高，直接表现为产品的流通成本高。随着市场竞争程度的加剧以及网络销售渠道的实现，多数消费品制造商为了提升产品的竞争力，产品的分销渠道表现出层级减少、长度缩短的变化趋势。

（二）分销渠道的宽度

分销渠道的宽度是指渠道中每一层次使用同类型中间商数目的多少。如果一个企业针对某一区域市场，同时使用了许多的批发商和零售商推销其产品，我们就说这是一种较宽的分销渠道，也称为密集式分销；反之，则称为较窄的分销渠道。最窄的分销渠道为独家销售或代理式分销，即在某一地区只授权或通过一个中间商经营和销售企业产品。介于独家销售和密集分销中间的被称为选择分销，是指生产者针对某一特定区域的市场仅仅选择几个中间商经销或代理其产品。消费品和工业品被认为适用于选择分销，但相对而言，消费品中的选购品和特殊品最适合采取选择分销。

三、分销渠道的基本模式

（一）传统分销模式

传统分销模式是指生产者利用中间商将产品供应给消费者或用户。传统分销渠道的典型形式是：生产者—批发商—零售商—最终使用者。传统分销渠道中的生产者与各级中间商以及中间商之间是相互独立的，渠道成员之间呈现出一种松散的交易合作关系。也正是这种松散的合作关系使得传统分销渠道具有较大的灵活性，渠道成员可以根据市场情况快速更换。但由于各成员之间缺少协作约束，各个成员会以追求自身利益最大化为行为目标，难以实现渠道整体价值的最大化。

目前，市场上资金实力弱、产品质量或产量稳定性低的小型生产者一般仍在采用传统分销模式。但随着市场从产品竞争向供应链整体价值竞争转变，松散的传统分销模式面临严峻的挑战。

（二）直销模式

直销又称无店铺销售，是指生产者直接将产品销售到消费者或用户手中，没有中间商的存在。在工业品领域，直销是常见的分销模式之一。随着经济的发展和信息技术应用普及程度的加深，直销模式在消费品领域也取得了一定的市场。随着社会环境的变化，直销模式的具体方式也不断地发生变化，从最初的邮购、电话订购、上门销售等方式发展为现在的网络订购、门店订购等。

直销模式没有中间商赚差价，流通成本相对较低，有利于提升产品的价格竞争力。

但直销模式对生产者的经营规模、资金实力和经营水平有较高要求。直销模式有利于产、需双方沟通信息，尤其适合定制类产品分销。

（三）整合式分销系统

整合式分销系统是指通过一定的形式约束，将各渠道成员进行一体化整合所形成的分销系统。根据渠道成员之间的关系构成，整合式分销系统可分为垂直分销系统、水平分销系统和多渠道分销系统三类。

1. 垂直分销系统

垂直分销系统由生产者、批发商（或代理商）和零售商组成，渠道成员之间关系紧密，都受到一定形式的约束，渠道能够以整体行为面对市场。根据对渠道成员的约束形式，垂直分销系统分为以下三种主要形式。

（1）公司式分销系统。公司式分销系统是指一家公司拥有和统一管理若干工厂、批发机构、零售机构等，控制市场营销渠道若干层次，甚至控制整个市场营销渠道，综合经营生产、批发、零售业务。这种渠道系统又分为两种：一种是大工业公司拥有和统一管理若干生产单位与商业机构，采取工商一体化经营方式；另一种是大零售公司拥有和统一管理若干批发机构、工厂等，采取商工一体化经营方式，综合经营零售、批发、加工生产等业务。

（2）管理式分销系统。并不是所有的生产者都有实力和能力构建公司式的产品分销渠道，因此，部分大型生产者会在销售促进、库存管理、定价、商品陈列、购销业务等问题上与中间商进行协调，使得渠道成员整体实现较统一的行为动作，这样的分销系统就被称为管理式分销系统。与公司式分销系统相比，管理式分销系统中，生产企业对渠道成员的约束力相对较弱。

（3）合约式分销系统。合约式分销系统是指不同层次的独立制造商和经销商为了实现其单独经营所不能及的经济性而以合约为基础实行的联合体。在实践中，生产商与经销商之间，以及经销商之间的联合方式是多样化的，主要包括以下几种形式。

①特许经营组织。特许经营组织是由生产和市场营销系统中的各个机构与其中某一授权机构组成的联合体，其中的授权机构对其他渠道成员具有较强的约束力。授权机构可以是制造商、批发商或者是零售商。

②批发商倡办的自愿连锁。为了和大型零售商竞争，一些中小零售商会在一个或几个独立批发商的倡导下自愿组成联营组织，通过签署合作协议约束组织成员。参加联营的各个中小零售商以联合采购、分别销售的形式进行经营，所以渠道内各成员仍旧保持了较高的独立性和经营特点。

③零售商合作社。这是一群独立的中小零售商为了和大零售商竞争而联合经营的批发机构，各个参加联营的独立中小零售商即为合作社的股东，组织成员成为利益共同体。合作社统一采购部分货物、统一宣传推广、共同培训职工等。

2. 水平分销系统

水平分销系统，是指处于同一分销渠道层级的两个或两个以上企业结成横向合作关系进行长期或短期合作的分销组织。这种联营主要是由于单个企业无力单独积聚进行经营所必须具备的巨额资金、先进技术、生产设备及市场营销设施，或是由于风险太大不愿单独冒险，或是由于期望能带来更大的协同效应等。因此，水平分销系统多由规模、实力相当的渠道成员组成。

3. 多渠道分销系统

生产者针对同一或不同的细分市场同时采用两条以上的分销渠道，那么该生产者的分销渠道就被称为多渠道分销系统。多渠道分销系统的明显优势就是可以扩大市场覆盖面，增加终端产品可获性，以及提升顾客购买产品的便利度。多渠道分销系统对制造商的管理和运营能力都提出了更高的要求，以避免不同分销渠道之间可能出现的价格冲突和串货等现象。

（四）电商时代分销系统

随着互联网应用的普及和快递业务的发展，网络购物已经成为当今社会的普遍现象。尤其是在中国，网络购物已经成为消费者的主要购物渠道之一。电子商务带来了全新的分销模式。从国内电子商务的发展历程来看，电子商务时代的分销模式分为以下几种。

1. B2C 网络分销模式

B2C（business to customer，企业到消费者）网络分销模式是指生产者借助互联网直接将产品销售给顾客，属于直销模式的一种。这种分销模式下，企业依靠网络服务商实现生产者与消费者直接对接、快速互动，一方面根据消费需求及时而又有针对性地实现产品设计、制造及销售服务的全过程；另一方面可以通过物流服务商实现产品的线下快速储运。B2C 网络分销模式下的渠道成员是各种网络服务商和物流服务商。

2. 网络平台分销模式

网络平台分销模式是指厂商通过网络商品交易平台（中心）进行商品线上交易、线下分销的模式。网络平台分销模式超越了单一企业 B2C 运营中进行网络直接销售的分销模式，在这种渠道模式中，生产商、物流商、客户通过网络商品交易平台紧密地联系起来，除为客户提供市场信息、交易信用保证、商品交易服务外，还提供仓储配送等全方位分销服务。

网络平台分销模式最大的特征就是突破了市场的地域限制。生产者、产品、物流商等信息的汇聚和规范化，最大限度方便了交易双方。另外，网络商品交易平台（中心）协助买卖双方解决商户信誉和商品信用担保、物流配送、资金结算等金融服务问题，极大地促进分销渠道的畅通。

3. O2O 模式

O2O 是指线上促销和线上购买带动线下经营与线下消费，O2O 模式电商分销渠道的新模式。对于某些产品，尤其是服务类产品，需要消费者到店才能消费，如餐饮、健身、观影、演出以及美容美发等服务类产品。O2O 通过促销、打折、提供信息、服务预订等方式把这类产品的信息推送给互联网用户，从而将这些客户转化为线下客户。

也有国内学者认为，无论是什么行业，无论销售还是营销，抑或是客户关系管理，只要是线上和线下相互匹配的，都可以冠上 O2O。在营销实践中，O2O 模式主要有以下四种。

（1）online to offline 模式。在线上完成交易，到实体店内体验和消费产品或服务。

（2）offline to online 模式。在线下促销，到线上完成交易。例如，厂商线下利用二维码所做的产品推广和促销活动，消费者通过扫码取得优惠资格，进而完成线上交易。

（3）offline to online to offline 模式。在线下促销，到线上完成交易，然后再到线下体验和消费。

（4）online to offline to online 模式。在线上交易或促销，到线下进行体验和消费，再到线上进行交易。

案例 9-1

未来 O2O 怎么玩

2014 年，在某次论坛集会中，多位来自不同领域的、专业从事 O2O 运营的经理人对 O2O 当前的痛点和未来进行了互动与圆桌讨论。

其中专门从事餐饮 O2O 服务和平台运营的易淘食 CEO 张洋分享了餐饮 O2O 近几年的发展模式。他说，2014 年中国已经有 1.8 亿人有网上订餐的行为和习惯，早期大众点评和口碑网、爱帮网这样的公司是主流，做的是纯信息化展示，像大众点评这样的企业又加入一些 UGC（user generated content，用户原创内容）元素，贡献一些点评信息，从而提供一个消费决策的功能。

但那个时候还是广告费为主导商业模式的时代，当时没有办法让用户完成在线的交易闭环，因为那个时候网络商铺还没有，也没有这么多用户存在。但千团大战后，生活服务的非标准化产品开始出现标准化的购买和预付。如今，外卖、预订、点菜、团购、优惠券、排队、商城等餐饮 O2O 形式层出不穷。餐饮企业的 O2O 也到达了一个历史拐点。

在张洋看来，过去传统餐饮企业基本上是配合互联网公司做一些事情，如做套餐、做外卖，传统餐饮企业对互联网公司来说只是一个供应商。但是，未来餐饮企业更多会全程控制整个流程，包括对数据的把控、对渠道的把控、对活动的把控。

传统餐饮企业的痛点之一是互联网化。他说，一个企业内部的流程和文化要全面互联网化，欲练神功必先自宫，但往往自宫的企业少之又少，比较大的几个企业转型都遇到困难,因为很多不懂互联网的人在干这个事情。"不要再成立 O2O 这个事业部了,O2O 不是一个事业部,它是引导你整个企业未来战略最核心的功能。"张洋说。

资料来源:个人图书馆. http://www.360doc.com/content/14/0701/08/14872595_391131119.shtml,有改动

四、分销渠道设计的内容

分销渠道设计是企业建立分销渠道系统的首要工作。通常来讲,企业分销渠道设计工作应该包括确定分销渠道目标、构建分销渠道方案和评估分销渠道方案三项内容。

(一)确定分销渠道目标

企业分销渠道目标,是指在企业营销目标的总体要求下,选择营销渠道应达成的服务产出目标,通常包括渠道成本水平、目标市场产品供给数量等指标要求。确定分销渠道目标第一步就是在市场调研的基础上了解目标顾客群体的购买习惯,包括购买时间、购买地点、对购买过程中的服务水平要求和支付习惯等内容。一个理想的分销渠道目标是在较低的渠道成本水平上满足目标顾客群的需求。

(二)构建分销渠道方案

在确定分销渠道目标后,渠道设计的下一步工作就是构建能够实现渠道目标的分销渠道方案,这部分主要包括四项工作:选择中间商类型,确定渠道长度,确定渠道宽度,确定渠道成员的合作方式与义务。

1. 选择中间商类型

对于实力雄厚的大型企业,需要选择是否使用中间商。企业建立直销系统,则不需要中间商,企业只需要确定直销模式的类型即可,包括人员推销模式、门店直销模式、线上直销或线上线下相结合的 O2O 模式。

大多数企业,尤其是消费品生产者,是需要借助中间商将自己的产品销售给消费者或用户的。这就需要企业决定分销渠道内中间商的类型,如批发商和代理商的选择,在零售环节,厂商需要选择零售商的类型,主要的零售商类型包括零售商贩、连锁超市、大型超市、社区门店和网络店铺。

2. 确定渠道长度

企业需要综合考量目标市场特征、产品特性、中间商特性以及市场的竞争程度和企业营销目标等多种因素,来决定分销渠道的长度,最终使得产品的分销渠道长度与渠道

策略目标相匹配。随着国内市场环境的持续向好，以及网络信息的普及，多数产品的分销渠道都呈现出缩短的趋势，主要表现为批发商层级的减少。一般认为，在批发商类型的中间商分销渠道中，"生产者—批发商—零售商—消费者"式的二层分销渠道是比较典型的渠道长度。

3. 确定渠道宽度

企业在确定分销渠道内中间商的类型后，需要考虑渠道内每个层次所使用的中间商的数量，即确定分销渠道的宽度。这一决策很大程度上取决于产品特性、目标市场特征以及所选择的中间商类型和规模。可供企业选择的分销渠道策略一般包括密集式分销、独家销售和选择分销三种。

4. 确定渠道成员的合作方式与义务

企业在确定了渠道的长度和宽度之后，需要进一步确定渠道成员之间的合作方式和成员之间的责任义务。以批发商—零售商式的分销渠道为例，从生产者的角度来看，企业需要决定是否对分销渠道内的成员进行整合，如果需要，考虑整合的方式，如公司式、管理式还是合约式。不同的整合方式对应的渠道成本不同，对成员的约束力也不同。因此企业需要在确定渠道成员之间的责任义务的基础上，结合渠道成本限制，来选择渠道成员的合作方式。

渠道成员合作过程中，一般需要明确如下任务和权利。

（1）价格政策。价格政策要求企业制定价目表，对不同地区、不同类型的中间商和不同的购买数量给予不同的价格折扣比率，价格政策的原则及主要内容应得到中间商的理解和认可。

（2）销售条件。销售条件是中间商的付款条件及企业的担保。对及时全部付清货款的中间商应给予现金折扣，企业还应向中间商提供有关产品质量保证和跌价保证，企业的跌价保证能够吸引并激励中间商大量购货。

（3）区域特权和具体服务。中间商应具有的特许权一般包括规定交货的时间、结算条件以及经营区域，在分销过程中，成员之间需要彼此为对方提供哪些服务。

（三）评估分销渠道方案

通常，企业可以设计出几个能够帮助企业实现分销目标的渠道方案，接下来企业就需要对已经设计出的不同分销渠道方案进行评估，确定各方案的可行性和经济性，并选择最优的分销方案。分销渠道方案评估一般包括三个方面的标准：经济性、可控性和适应性。

1. 经济性标准评估

经济性标准评估即比较不同渠道方案的构建和运行成本，以及每个渠道能够实现的产品销量。经济性标准是渠道评估最重要的标准。假设某企业有两种方案选择：方案一是组建自己的销售队伍，自行推销产品；方案二是寻找和利用目标市场区域的销售代理商进行产品销售。就上述两种方案，需要进行两方面评估：①比较由本企业推销人员直接推销与使用销售代理商哪种方式销售额水平更高。②比较由本企业设立销售网点直接销售所花费用与使用销售代理商所花费用，看哪种方式支出的费用大。企业对上述情况进行权衡，从中选择最佳分销方式。

2. 可控性标准评估

企业对渠道成员的可控程度是影响企业实现预期渠道目标的重要因素。显然，企业对独立代理商的可控性要低于企业自己的销售队伍。企业对渠道成员可控程度的降低会增加渠道风险。因此，企业在选择独立的代理商或批发商分销产品时可以通过与中间商签订经销协议的方式增加企业与中间商的合作深度，同时也依据经销协议内容对经销商建立协议约束力，增加企业对渠道成员的可控性。

3. 适应性标准评估

渠道方案一旦选定并实施，即意味着渠道成员之间将建立起某种程度的合作关系，如果成员之间的合作关系是通过合同或协议来约束的，那么在合同期满之前这种合作方式很难更改和调整，然而市场环境却是不断变化的。因此，企业需要考虑每一个方案对市场环境变化的适应性。一般来看，承诺期越长的渠道方案对外界变化的适应性是越差的，但企业对渠道的可控性越高，渠道适时做出适应环境变化的可能性越高。所以，长期承诺的渠道方案只有在经济性和可控性两个标准评估中获得较高等级后才可以被考虑，否则不建议使用长期受合作协议约束的渠道方案。

五、影响分销渠道设计的因素

（一）产品因素

不同产品适合采用不同的分销渠道，这是企业选择分销渠道时必须首先考虑的。产品因素通常包括以下几方面。

1. 产品价格

一般说来，单位产品价格高的产品，宜采用短渠道，尽量减少流通环节，降低流通费用；而单位产品价格低的产品，则宜采用较长和较宽的分销渠道，以方便消费者购买。

2. 产品的重量和体积

重量和体积直接影响运输费用与储存费用。因此，对于体积和重量过大的产品，宜采用短渠道，以减少商品损失，节约储运费用；体积和重量较小的产品，可采用较长渠道。

3. 产品的时尚性

对于时尚性强、款式花色变化快的产品，应选用短渠道，以免产品过时；而款式花色变化较小的产品，渠道则可长一些。

4. 产品本身的物理化学性质

凡是易腐、易毁产品，如鲜活产品、陶瓷制品、玻璃制品及有效期短的产品（如食品、药品等），应尽可能选择短而宽的渠道，以保持产品新鲜，减少腐坏损失。反之亦然。

5. 产品的技术服务要求

技术复杂、售后服务要求高的产品，宜采用短渠道，由企业自销或由专业代理商销售，以便提供周到服务。相反，技术服务要求低的产品，则可选择长渠道。

6. 产品的通用性

通用产品由于产量大、使用面广，分销渠道一般较长较宽；定制产品由于具有特殊要求，最好由企业直接销售。

7. 产品的标准化程度

产品的标准化程度高、通用性强，可选择较长、较宽的销售渠道；而非标准化的专用性产品，则应选择较短的销售渠道。

8. 产品所处的生命周期阶段

产品处于生命周期的不同阶段，对分销渠道的要求也不同。处于投入期的产品，其分销渠道是短而窄的。因为新产品初入市场，许多中间商往往不愿经销，生产企业不得不直接销售；处于成长期和成熟期的产品，消费需求迅速扩大，生产者要提高市场占有率，就要选择长而宽的渠道，扩大产品覆盖面。

（二）市场因素

市场状况直接影响产品销售，因此，它是影响分销渠道策略选择的又一重要因素。市场因素主要包括以下几种。

1. 目标市场范围

目标市场范围大的产品，消费者地区分布较广泛，企业不可能直接销售，因而渠道较长较宽；若目标市场范围较小，则可采用短渠道。

2. 市场的集中程度

市场比较集中的产品，可采用短渠道；若顾客比较分散，则需要更多地发挥中间商的分销功能，采用较宽、较长的渠道。

3. 每次的销售批量

每次销售批量大的产品，可采用短渠道；批量小及零星购买的产品，交易次数频繁，则需要采用较长、较宽的渠道。

4. 消费者的购买习惯

消费者的购买习惯直接影响着企业分销渠道的选择。

5. 需求的季节性

季节性商品由于时间性强，要求供货快销售也快，因此要充分利用中间商进行销售，渠道相应就宽些。

6. 市场竞争状况

企业出于市场竞争的需要，有时应选择与竞争者相同的分销渠道。因为消费者购买某些产品，往往要在不同品牌、不同价格的产品之间进行比较、挑选，这些产品的生产者就不得不采用竞争者所使用的分销渠道；有时则应避免"正面交锋"，选择与竞争者不同的分销渠道。

7. 市场形势的变化

市场繁荣、需求上升时，企业应考虑扩大其分销渠道；而在经济萧条、需求下降时，则需减少流通环节。

（三）企业因素

影响分销渠道设计的企业因素主要有以下几种。

1. 企业的规模和声誉

企业规模大、声誉高、资金雄厚、销售力量强，具备管理销售业务的经验和能力，在渠道选择上主动权就大，甚至可以建立自己的销售机构，渠道就短一些；反之，就要更多地依靠中间商进行销售。

2. 企业的营销经验及能力

一般而言，企业市场营销经验丰富，则可考虑较短的分销渠道。相反，缺乏营销管理能力及经验的企业，就只有依靠中间商来销售。

3. 企业的服务能力

如果企业有能力为最终消费者提供各项服务，如安装、调试、维修及操作服务等，则可取消一些中间环节，采用短渠道。如果服务能力有限，则应充分发挥中间商的作用。

4. 企业控制渠道的愿望

企业控制分销渠道的愿望各不相同。有的企业希望控制分销渠道，以便有效控制产品价格和进行宣传促销，因而倾向于选择短渠道；而有些企业则无意控制分销渠道，因此采用宽而长的渠道。

案例 9-2

梅西百货的全渠道战略

梅西百货公司，是美国著名的连锁百货公司，拥有 100 多年的发展历史。作为美国的高档百货商店，其主营业务为服装、鞋帽和家庭装饰品。然而，近几年来，梅西百货的日子并不好过。2016 年，在世界 500 强中，曾经号称"世界最大百货商店"的梅西百货却排在了第 389 位；2017 年，梅西官方宣布关闭 68 家门店，裁员 10 000 人。显然，这波美国百货业的颓势与以亚马逊为代表的电商的崛起难逃干系。

2017 年 3 月才开始接手梅西 CEO 一职的 Jeff Gennette 一上任就面对商场客流量减少、竞争对手打折幅度加大以及客户群体缩水的问题。尽管挑战不少，但梅西百货依然表示，要通过削减成本、调整营销策略来完成利润目标。其中，最引人注目的便是其采取的一系列线上线下联动的全渠道策略。

实体零售商和电商竞争到这个份儿上，基本上没有哪家是采用的单一渠道，关键在于谁可以真正打通各个环节壁垒，线上线下价格统一，调配供应链。梅西百货的全渠道策略有个非常明确的主题——"让购物体验简单而周到"。

"我们在移动端的销售增长尤其强劲，而移动端购物 App 也被用来作为提升门店购物体验的一个工具。"梅西百货高管 Hoguet 谈道，"比如，一个消费者可以在门店里用我们的手机 App 扫描商品，查看价格、剩余库存以及其他消费者对该商品的评论等。他在线下店试穿后，既可以直接买走商品，也可以选择在线购买然后由快递配送到家。"这样一来，消费者既可以享受逛商场的乐趣，又省去了拎着大包小包的麻烦。

与此同时，梅西百货还发现，它们推出"在线购物 + 到店取货"的服务之后，线上消费者来到门店后会带动更多的额外销售。

利用众多实体店的优势，梅西百货已经把店铺转化为配送中心。梅西百货通过引进先进的 B2B（business to business，企业到企业）订货系统，给实体门店的存货仓库附加了网上订单配送中心功能。这样做不仅更好地实现了库存管理，也使得门店库存信息共享，对于紧缺商品实现优化和配送。

梅西百货的网站有 25 万种商品，采用线上线下同价策略，线下的价格变动，线上会实时更新，并且支持网上购买的商品可以在商店里退货，增加线下体验。据悉，梅西百货吸引在线消费者来线下门店的第一个重要步骤就是让门店的库存更加可视化。现在，它们还在测试一个叫作"Shop Your Store"的功能,可以让消费者在手机 App 上看到自己所在门店产品库存的尺码、颜色等详细信息。

目前,梅西百货的线下门店可以完成周围片区(归属同一个邮政编码的范围)25%的在线订单。"这一突破对梅西百货非常重要,因为选择到店取货的在线消费者来到商场后,大概会比原先多消费 25%。"公司 CEO Jeff Gennette 指出,梅西百货正在实践多种将线上消费者引导至线下的策略。

有数据表明,相对于单渠道消费者,全渠道消费者平均要多消费 35%～50%。更为重要的是,全渠道消费者在顾客忠诚度方面要远远高于单渠道消费者,全渠道已经让购物带有了社交与传播的多重属性。

线上和线下渠道的整合,不仅整合了顾客的购买行为,也整合了零售企业的供应链体系和物流体系,让体验变得更顺畅和自然。

因此,传统商家必须要明白,线上线下全渠道发展已是大势所趋。线上线下供应链、物流、用户等必须通过"数据共享"实现打通,实体零售与电子商务的商业形态不能再对立,融合发展将成为电子商务发展的"新常态"。

梅西百货正是在用实际行动证明全渠道模式的可行性与必然性。

资料来源:http://www.ceconlinebbs.com/FORUM_POST_900001_900003_1127269_0.HTM,有改动

第二节 分销渠道管理

企业在确定渠道设计方案后,就需要将设计好的方案付诸实施,即开始构建和运营分销渠道系统,包括选择中间商、激励渠道成员、渠道系统评估、改进分销渠道、分销渠道冲突管理一系列工作。

一、选择中间商

中间商选择合理与否,对企业产品进入市场、占领市场、巩固市场和发展市场有着关键性的影响。渠道成员的选择实际上是一个双向选择的过程,既有企业对中间商的选择,也包括中间商对企业的选择。

生产企业在选择中间商时,需要综合考量中间商的经营实力和经营特点,并判定该中间商的经营特征是否与产品的营销目标相匹配。生产企业对中间商的考察一般包括以下几个方面。

（1）中间商的服务对象。不同中间商有不同的服务对象。生产企业选择分销渠道，应首先考虑中间商的服务对象是否与企业要求达到的目标市场相一致，只有一致的中间商才能选择。

（2）中间商的地理位置。中间商的地理位置直接影响到产品能否顺利到达目标顾客手中。因此，选择中间商必须要考虑其地理分布情况，要求既要接近消费者，又要便于运输、储存及调度。

（3）中间商的经营范围。如果中间者经营企业主要竞争对手的产品，就需格外谨慎，不宜轻易选取。当然，若本企业产品在品质、价格、服务等方面优于同类产品，也可以选择。

（4）中间商的销售能力。考察中间商是否有稳定的、高水平的销售队伍，健全的销售机构，完善的营销网络和丰富的营销经验。

（5）中间商的物质设施与服务条件。一些特殊商品要求一定的物质设施和储运条件，这就要求中间商具备这种物质储运条件。此外，有些商品属高档耐用消费品，需要提供一系列的售中和售后服务，这也同样对中间商提出了要求。

（6）中间商的财务状况。中间商财务状况的好坏，直接关系到其是否可以按期付款，甚至预付货款等问题。企业在选择中间商时，必须对此严加考察。

（7）中间商的营销经验。企业要尽可能选择营销经验丰富的中间商，以便产品顺利地通过中间商推销出去，如果中间商不具备较好的经营知识和能力，则不宜选用。

如果企业已经选定了期望的中间商，那么企业就需要研究中间商的购买决策行为。通常来讲，任何中间商都会对销售产品的毛利、广告、销售促进、退货保证的条件有特定的要求。另外，企业与中间商的合作应该是一种双赢局面，只有这样，企业与中间商才能建立持久、深入的合作关系。

二、激励渠道成员

绝大多数企业的分销渠道成员为独立的机构和个人，这些独立的机构与个人会有自己的经营目标和利益，其行为准则也往往是个人利益最大化。因此，为了使渠道成员尽最大努力保持渠道畅通，提升渠道绩效，企业需要在对渠道成员监督、评价的基础上，经常给予中间商激励。生产企业一般可采用资金支持、促进销售、提供市场信息、长期合作协议等激励措施。

在采取激励措施时，企业应尽量避免激励过分和激励不足两种情况。当企业给予中间商的优惠条件超过中间商取得合作与努力水平所需条件时，就会出现激励过分的情况，其结果是销售量提高，而利润下降。当企业给予中间商的条件过于苛刻，以致不能激励中间商的努力时，则会出现激励不足的情况，其结果是销售量下降，利润减少。所以，企业必须确定应花费多少力量以及花费何种力量，来鼓励中间商。

案例 9-3

某生产企业与中间经销商达成产品分销约定,由中间商代理销售产品。生产企业向中间商支付销售额的 25% 作为销售佣金,销售佣金的支付条件为:①中间商保持适当存货,生产企业支付 5%;②中间商达到销售配额,生产企业再支付 5%;③中间商为顾客提供有效服务,生产企业支付 5%;④中间商及时报告最终顾客的购买水平,生产企业再付 5%;⑤中间商顺利回收应收账款,生产企业支付 5%。

三、渠道系统评估

生产企业、渠道成员和市场环境都是处于动态的发展中,为了使三者能够相互适应与匹配,企业需要定期对分销渠道进行评估,以便精确了解分销渠道运行的各方面情况。并在此基础上进行必要的调整和修改,提高分销渠道绩效,增进渠道成员活力。对渠道系统的评估分为两个层面:渠道系统运行状态评估和渠道成员评估。

(一)渠道系统运行状态评估

对于渠道系统运行状态的评估仍然依据经济性、可控性和适应性三个标准。企业对渠道系统运行状态的评估应该包括分销渠道市场效益评估和分销渠道营利能力评估两个方面。

1. 分销渠道市场效益评估

分销渠道市场效益评估的主要目的是查看产品通过现有渠道进入市场后的综合表现。可以通过下述指标来判定分销渠道市场效益表现。

(1)产品销售量。通过产品销售量衡量和评估企业所制订的计划销售目标与实际销售额之间的关系。

(2)产品市场占有率。产品市场占有率反映了生产企业与竞争对手之间的关系,以及产品在市场上的竞争力。

(3)市场营销费用对销售额比率。市场营销费用对销售额比率可以反映出产品通过现有渠道进入市场,企业在达到销售目标时的费用支出。各营销费用分项对销售额比率则反映了不同营销活动对销售目标的重要程度。营销费用分项通常包括销售促进费用、销售人员费用、广告费用、市场营销研究费用、销售额管理费。

(4)顾客态度。顾客态度是顾客购买行为的决定性因素。企业可以通过建立顾客态度追踪系统来获取顾客态度的指标表现。顾客态度应该包括顾客购买前、中、后三个时间段对产品或服务的满意程度,具体可以通过顾客回访、问卷调查等多种形式实现。

通过上述分析,如果企业发现实际绩效与年度计划发生较大偏差,可以考虑采取渠道调整措施。

2. 分销渠道营利能力评估

分销渠道营利能力评估是用来测定分销渠道所创造的经济效益。

（1）分销渠道成本。分销渠道成本直接影响企业利润，它通常包括如下内容：直接渠道费用，包括直销人员的工资、奖金、差旅费、培训费、交际费等；促销费用，包括广告媒体成本、产品说明书印刷费用、赠奖费用、展览会费用、促销人员工资等；仓储费用，包括租金、维护费、折旧、保险、包装费、存货成本等；运输费用。这些渠道成本的大小，会直接影响分销渠道的经济效益。

（2）分销渠道营利能力的考察指标。销售利润率是评估分销渠道营利能力的常用指标之一。销售利润率是指企业利润与销售额之间的比率，表示每销售 100 元货物使分销渠道获得的利润，其公式是：销售利润率 = 本期利润/销售额 × 100%。除此之外还可以使用资产收益率、净资产收益率以及资产周转率等指标对渠道的营利能力做综合性评估。

（二）渠道成员评估

对渠道成员的评估内容一般包括销售配额的完成情况、平均库存水平、向顾客交货的时间、对损坏和遗失商品的处理、与企业促销和培训计划的合作情况等。针对绩效过低的成员，生产企业需要找出问题原因并考虑可能的补救措施与方法，必要时可以考虑更换或放弃该渠道成员。

测量渠道成员绩效，可以通过两种方法：第一，对成员的绩效进行纵向比较，并以所有中间商的平均升降比例结果作为评估标准；第二，将各成员的绩效与该区域基于销售潜量数额设立的配额进行比较，即根据中间商的实际销售数额与目标市场潜在目标销售额的比率，对目标市场的所有同级别中间商进行排序，企业的调整和激励措施应集中于那些排名靠后的成员。

四、改进分销渠道

市场营销环境是不断发展变化的，原先的分销渠道经过一段时间以后，很有可能会不再适应市场变化的要求，这时就必须对渠道进行相应的调整。一般说来，对分销渠道的调整分为三个不同层次。

1. 增减分销渠道中的个别中间商

当个别中间商的经营不善而造成市场占有率下降，影响到整个渠道效益时，可以考虑对其进行削减，以便集中力量帮助其他中间商搞好工作，同时可重新寻找几个中间商替补。市场占有率的下降,有时可能是竞争者分销渠道扩大而造成的,这就需要考虑增加中间商数量。

2. 增减某一个分销渠道

当生产企业通过增减个别中间商不能解决根本问题时,就要考虑增减某一分销渠道。

3. 调整整个分销渠道

这是渠道调整中最复杂、难度最大的一类,因为它要改变企业的整个渠道策略,而不只是在原有基础上缝缝补补。如放弃原先的直销模式,而采用代理商进行销售;或者建立自己的分销机构以取代原先的间接渠道。这种调整不仅是渠道策略的彻底改变,而且产品策略、价格策略、促销策略也必须做相应调整,以期和新的分销系统相适应。总之,分销渠道是否需要调整、如何调整,取决于其整体分销效率。因此,不论进行哪一层次的调整,都必须做经济效益分析,看销售能否增加,分销效率能否提高,以此鉴定调整的必要性和效果。

五、分销渠道冲突管理

(一)分销渠道冲突的表现和原因

1. 串货

串货是指经销商置经销协议和生产企业的长期利益不顾,以低于企业规定的售价向辖区之外的市场(如畅销地区、新市场或正在启动的市场)降价促销的行为。串货是最典型和常见的渠道冲突,危害极大,它会导致产品价格体系混乱,其他中间商利润受损,进而对企业的忠诚度降低,甚至给假货以可乘之机。

导致中间商串货的主要原因有以下几种。
(1)区域市场出现供应饱和。
(2)广告拉力过大,但渠道建设没有跟上,导致市场供不应求。
(3)不同区域市场的渠道建设和发展不平衡。
(4)企业针对各区域市场的价格政策不同,导致不同区域市场出现价格差。
(5)运输成本差异产生的销售成本差异,如中间商自己提货的运输成本小于生产企业配送,自己提货的中间商就具备了串货的条件。

2. 新旧渠道的冲突

由于生产企业适应市场的变化,顺应时代的潮流,需要采用新的营销渠道,会出现在同一地区同时存在新、旧两种分销渠道的情况,不同渠道经销商的销售价格出现冲突。一种典型的、常见的新旧渠道冲突就是传统实体经销与网络店铺经销的冲突。当网购已经成为消费者的常见购物平台后，多数生产企业都建立了相应的网络分销渠道。网络分销渠道与实体店面的分销环境和分销成本都有很大的不同。另外，与传统的实体店面销售面向特定区域市场不同，网络店铺面向整体市场，因此，如何平衡网络经销商与实体经销商之间关系，避免不同购物渠道销售价格差异过大，是很多企业需要解决的问题。

（二）控制渠道冲突

对于渠道冲突，需要企业从事前和事后两个角度进行控制。

企业需要从渠道制度设计层面入手，完善对于各级分销商的管理，尽可能避免由于制度设计缺陷而可能引发的渠道冲突；与分销商建立良好的合作关系，保持长期的双赢局面，使经销商意识到其长期利益与生产企业保持一致，对发生串货的经销商进行必要的惩罚，避免经销商主观意识导致的渠道冲突。

企业需要经常观测市场情况，一旦发现渠道冲突现象，就需要解决问题。在处理渠道冲突过程中，生产企业应该充分听取相关市场成员的意见，挖掘渠道冲突的原因，针对原因采取具体措施。渠道条件不同，企业解决渠道冲突所采取的方法往往也不同。若生产企业与渠道冲突相关中间商的力量相当，各方权利处于均衡的状态，企业应该和中间商进行协商、规劝和洽谈，寻找双方都能接受的解决方案。当生产企业在整个渠道中处于明显强势地位时，可以运用控制权对中间商实施奖惩措施。

案例 9-4

格力自建渠道掌控终端市场

2010 年，是格力空调畅销的第 15 个年头。这一年，格力空调以销售收入 600 亿元的成绩，继续领航国内空调业。在家电领域，很多品牌都踌躇不前，格力却能逆势而上，并且保持较高的利润率。总结格力电器取得的这些成就，总裁董明珠认为应该归功于其20 多年来建立起来的分销网络，"我们创造出'格力专卖店'这一独特的渠道模式，通过多年经营，逐渐形成了以城市为中心、以地县为基础、以乡镇为依托的三级营销网络，从而保证了在空调市场竞争激烈、家电渠道商挤压厂家利润的形势下，销售连年增长。"格力建立起的渠道优势成为其他竞争对手难以追赶的关键所在。

通过区域性销售公司形成渠道利益共同体

格力掌控渠道终端，是被逼无奈的结果。1997 年，格力湖北的四大经销大户，在整个行业空调大战中，为了抢占地盘、追求利润，搞竞相降价游戏，结果导致格力在湖北的市场价格体系被冲得七零八落。格力和经销商两败俱伤。

情急之下，时任格力销售总经理的董明珠提出一个大胆的想法：成立以利益为纽带，以格力品牌为旗帜，互利双赢的联合经营实体，由此，湖北格力空调销售公司诞生。区域销售公司由企业与渠道商共同出资组建，各占股份并实施年底共同分红。它的核心理念是渠道、网络、市场、服务全部实现统一，共同做市场，共同谋发展。其中，格力只输出品牌和管理，在区域销售公司中占有少许股份。湖北格力空调销售公司在成立后的第二年就使销售上了一个新台阶，增长幅度达45%，销售额突破5亿元。此后3年，格力空调的销售实现了飞跃式的增长，销售额从1997年的42亿元增长到1999年的60亿元，2004年时已达138.32亿元。

凭借这些区域销售公司的支撑，格力对零售终端的掌控力度越来越大。2004年3月，格力电器与国美在格力空调的销售上发生争执，格力电器认为成都国美擅自降价破坏了格力空调在市场中长期稳定统一的价格体系，决定停止向国美供货。国美则称由于格力电器在价格上不肯让步，与国美"薄利多销"的原则相违背，要求各地分公司将格力空调的库存清理完毕。争执最终导致格力电器脱离国美的销售渠道。不过，格力销售额并没有就此受到太大影响，那时它们的专卖店已近万家，遍布全国。

格力渠道体系自上而下分工明确，组织严密。格力空调省级合资销售公司由省内最大的几个批发商同格力电器合资共建，负责对当地市场进行监控，规范价格体系和进货渠道，以统一的价格将产品批发给下一级经销商；各地市级批发商也组成相应的合资分公司，负责所在区域内的格力空调销售，但格力在其中没有股份。此外，格力公司负责实施全国范围内的广告和促销活动，而当地广告和促销活动以及店面装修之类的工作则由合资销售公司负责完成。格力专卖店体系由区域渠道联营体直接管理，由区域联营体或下级经销商自建而成。格力先后在32个省（区、市）成立了区域销售公司，这些多支机构开拓了近万家专卖店。

格力的"股份制区域销售公司"模式，通过建立相对清晰的股份制产权关系，很好地解决了利益的创造和分享的问题。同时培养了各经销商对格力品牌的忠诚度，统一价格体系，成为利益共同体。

用资本的方式控制经销商

2000年之后，格力各地销售公司的实力壮大，控制权也随之增强，与格力的"摩擦"又多起来。为此，格力采取了强有力的措施。

2001年，格力先后在湖北和安徽清理了原有的经销商。2003年8月，格力开始主动对渠道动手术。第一步，格力首次向广州和深圳分公司注入资金，增持两个分公司的股份，达到控股目的。第二步，格力直接从总部派驻董事长和销售主管，总经理也由新股东担任。第三步，重新划分销售区域，将从化、番禺、花都和清远等分公司直接划入广州分公司，惠州、东莞等分公司划入深圳分公司。由此，广州和深圳分公司势力范围得以加强。此后，在湖北、安徽、广西也采取类似方法。

格力渠道简单说来是"三级体制"规划，厂家—厂商联营体—渠道体。这里面，厂家是决策层，厂商联营体是执行层，渠道体是格力到达最终消费者的平台和桥梁。格力以专卖店作为主导的零售形态，是想让格力专卖店未来的服务走向专业化、标准化。这种专业化、标准化的要求按照董明珠的话来说就是：只要某一个消费者在格力专卖店买一台空调，格力全国营业网点都知道他在哪一家专卖店买了什么型号的空调、什么时候装的机，该消费者所购的空调无论什么时候在什么地方出现质量问题，只要打个电话，格力的服务就能即刻到位。

资料来源：世界经理人网站。http://www.ceconline.com/sales_marketing/ma/8800060725/01/?_ga=2.107951618.1876481404.1512129879-1529571285.1512129879，有改动

第三节 中间商

一、批发商

批发活动泛指一切将产品或服务出售给以转售或商业用途为目的的购买者的全部活动。而从事批发活动的企业就被统称为批发商。

（一）批发商的职能

多数批发商直接从生产企业进货，然后销售给其他批发商和零售商、产业消费者。因为批发商并不直接面对消费者，所以即便是一些非常大型的批发商也很少被消费者知晓。批发商是生产企业和零售企业之间的桥梁，其在渠道中的职能主要包括如下内容。

1. 组织和购进货源

批发商根据客户需求寻找、组织并购进客户需要的产品，批发活动在宏观层面实现了依据客户需求对社会产品进行产品组合、分类管理的职能。

2. 仓储产品

批发商购进产品后进行仓储，分担了生产企业和零售商的仓储负担，同时也降低了生产企业和零售商的存货成本与存货风险。

3. 调运产品

批发商将产品从生产企业运输至便于再次销售的仓库或直接将货物运输至零售商仓库或货架。相比于生产企业，批发商更接近于零售商，批发商能够选取更优的运输方式和运输路线，更快捷地将产品运送给客户。

4. 促进销售

与生产企业相比，批发商和数量众多的用户或零售商联系更加紧密，更容易得到购买者的信任，所以，批发商的销售人员可以协助生产企业将产品销售给零售商或用户。

5. 提供市场信息

批发商既接近市场又接近用户，有利于收集市场情报，并及时将有关生产、技术产品的质量、市场需求动态的信息提供给生产企业。

6. 分担成本风险

批发商持有产品的所有权，承担了产品损坏、失窃、消耗和过时老化等成本，减轻和分担了生产企业、零售商或用户的成本负担和风险。

7. 化整为零，降低成本

批发商大批量的采购和运输，再把大包装分解成小包装出售给零售商或用户，前期的批量采购和运输可以降低商品流通成本。

（二）批发商的类型

1. 独立批发商

独立批发商（merchant wholesalers）指的是自己进货，取得产品所有权后再批发出售的商业企业。独立批发商是批发商最主要的类型，大约占批发商总量的50%。根据服务范围和发挥职能的差异，独立批发商被分为以下两种。

（1）完全服务批发商。完全服务批发商执行批发商的全部职能，他们提供的服务内容包括保管存货、维持销售队伍、提供信贷、运送货物以及协助管理等。完全服务批发商又分为批发商人和工业分销商。

①批发商人。批发商人主要向零售商销售产品并提供全面服务。常见的批发商人包括综合商品批发商、全线批发商和专卖批发商。综合商品批发商批发经营多条产品线。全线批发商经营一条或两条深度较深的产品线。专卖店批发商仅仅专业化地经营一条产品线中的一部分。

②工业分销商。工业分销商主要是向制造商销售商品，其经营品种范围一般较少。

（2）有限服务批发商。受经营成本、竞争能力或经营策略等因素的限制，有限服务批发商提供的服务项目和发挥的职能少于完全服务批发商。有限服务批发商主要有以下五种类型。

①现购自运批发商。现购自运批发商经营有限的几条快速消费品产品线，以现金支付的方式销售给小型零售企业。通常不提供送货服务。

②承销批发商。承销批发商不承担仓储的职能，他们拿到客户订单后向制造工厂进货，由工厂直接将货物发至客户。

③卡车批发商。卡车批发商主要履行销售和运输的职能，集中于易腐产品若干条产品线的经营，通过现金完成与购买者的交易。

④托售批发商。托售批发商又称货架批发商，他们在超市或其他零售商的货架上展示自己的产品，产品销售后零售商再向托售批发商支付货款。在产品展售期间，商品的所有权始终归托售批发商所有。

⑤邮购批发商。邮购批发商是指借助邮购方式开展批发业务的批发商，他们的客户多为距离较远的小、微型零售商。

2. 代理商和经纪人

代理商和经纪人都是从事购买、销售或二者兼有的洽商工作，但不取得商品所有权的商业单位。与批发商人不同的是，他们对其经营的产品没有所有权，所提供的服务比有限服务批发商还少，其主要职能在于促成产品的交易，借此赚取佣金作为报酬。与批发商人相似的是，他们通常专注于某些产品种类或某些顾客群。

经纪人的本质是相对短暂的代理人。经纪人是既无商品所有权，又无现货，不承担风险，只在双方交易洽谈中起媒介作用的中间商。在一般情况下，经纪人和买卖双方均无固定联系，成交后提取少量的佣金。与经纪人相比，代理商更长久地代表卖方或卖方。

经纪人和代理商主要有以下几种。

（1）产品经纪人。产品经纪人的主要作用是为买卖双方牵线搭桥，协助双方进行谈判，成交后向雇用方收取一定的费用。产品经纪人不备有存货，不参与融资，也不承担买卖风险。

（2）制造商代理（制造商代表）。制造商代理代表两个或若干个产品线种类互补的制造商，分别和每个制造商签订有关定价政策、销售区域、订单处理程序、送货服务、各种保证以及佣金比例等方面的正式书面合同。

（3）销售代理商。销售代理商是在签订合同的基础上，为委托人销售某些特定产品或全部产品，对价格条款及其他交易条件可全权处理的代理商。尽管销售代理商与制造商代表一样，同许多制造商签订长期代理合同，替这些制造商代销产品，但两者也有显著不同。两者的不同表现为：第一，每一个制造商只能使用一个销售代理商，而且将其全部销售工作委托给某一个销售代理商以后不得再委托其他代理商代销产品，也不得再雇用推销员去推销产品；而每一个制造商可以同时使用几个制造商代理，制造商还可以设置自己的推销机构。第二，销售代理商通常替委托人代销全部产品，没有销售地区限定，在规定销售价格和其他销售条件方面有较大的权力；制造商代理则要按照委托人规定的销售价格或价格幅度及其他销售条件，在一定地区内替委托人代销一部分或全部产品。所以，销售代理商实际上就是委托人的独家全权销售代理人。

（4）采购代理商。采购代理商一般与委托人有长期关系，代委托人采购、收货、验货、储运。由于采购代理商消息灵通，因而可以向委托人提供有价值的市场信息，而且能以最低价格买到最好的货物。

（5）佣金商（佣金行）。佣金商是指对委托销售的商品实体具有控制力并参与商品销售谈判的代理商。

3. 制造商的分销机构以及零售商的采购办事处

制造商的分销机构以及零售商的采购办事处，属于卖方或买方自营批发业务的内部组织。

（1）制造商的分销机构和销售办事处。制造商的分销机构执行产品储存、销售、送货以及销售服务等职能。制造商的销售办事处主要从事产品销售业务，没有仓储设施和产品库存。制造商设置分销机构和销售办事处,目的在于改进存货控制、销售和促销业务。

(2)零售商的采购办事处。许多零售商在大城市设立采购办事处,这些办事处的作用与经纪人或代理商相似。

(三)批发业的发展趋势

随着商品市场竞争的加剧,批发行业也面临着极其严峻的挑战。很多生产企业为了增加商品的市场竞争力,对产品成本的控制范围已经由生产领域扩大到了流通领域,那些不能根据成本、质量来创造价值的批发商有被淘汰的风险。一些积极进取的批发商开始不断寻求更好的方法来满足供应商和目标顾客不断变化的需求。例如在美国药品、保健品和美容产品领域居于主导地位的批发商麦克森(McKesson)公司,与药品制造商建立了直接的计算机联系,并为客户建立了扩展的在线供应管理系统和应收账款系统,更加便捷和高效地将供应商与客户需求对接。它为药品零售商提供了广泛的在线资源,包括供应管理支持、产品目录搜索、实时订单追踪系统和账户管理系统,努力为客户提供更多的增值服务。麦克森公司还通过建立高效的自动化仓储系统,降低商品的物流成本,提升商品的终端价格竞争力。

有些批发商通过增加面向零售商的服务项目来加深自己与零售商的合作深度,这些服务包括零售定价、联合广告、营销和管理信息报告、会计服务、在线交易等。大部分批发商也都通过在订货、仓储和运输等更多环节使用自动化系统与互联网系统来提升运营效率,以此向客户让渡更多的价值。

另外,随着商品流通渠道竞争的加剧,大型批发商和大型零售商之间的界限开始变得模糊,很多大型零售商开始拓展业务进入批发业领域,同时也有许多大型批发商开始着手建立自己的零售业务。

二、零售商

零售商是指将所经营的商品直接出卖给最终消费者的个人或组织。零售商是分销渠道的销售终端,也是距离消费者最近的渠道成员。与批发业不同,零售商的交易数量要远远大于批发商,但每次的交易数量都比较小。零售商的服务对象为消费者,所以地区分布最为广泛,分散在全国各地广大最终消费者中间。

零售商一头联结生产企业或批发企业,另一头联结消费者,是产品流通过程中的最后一个商业环节,更是商品价值实现的环节。因此,零售商的行为会对渠道系统绩效产生重要影响。随着商品经济的发展,零售商的类型不断发展更新,呈现出多样化的组织形态。

（一）零售商店

零售商店泛指一切从事商品零售的门店。在商品经济的发展过程中，如同产品存在生命周期一样，任何一种零售商店也会经历零售生命周期。当一种新的零售商店类型出现后，会经历快速发展、成熟和衰退，进而被另一种新的零售商店类型所取代。下面为大家介绍一下现阶段最主要的几种零售商店类型。

1. 百货商店

百货商店是一种大规模的经营日用工业品为主的综合性的零售商业企业，百货商店的经营特色是经营的产品组合广而深。百货商店通常采用传统的售货方式，每个商品部商品柜都有若干营业员为顾客服务。百货商店大多设在城市繁华区和郊区购物中心。与其他零售业态相比，百货商店内部装修豪华、购物环境舒适、人员服务周到、运营成本偏高，所以百货商店的目标顾客群体定位为中产及中产以上阶层，销售的商品以中、高档类别为主，其价格也高于一般的超级市场。

百货商店曾经是零售商业的最主要形式，但近年来受来自其他零售业态的竞争压力影响，许多发达国家，甚至包括我国的百货商店发展速度已经明显放缓，多数百货商店都在通过采取设立分店、改变经营业态和加强服务等措施提升自己的竞争力。

2. 专业用品商店

专业用品商店是专门经营一类或几类商品的商店。其产品线比较窄，但规格式样品种齐全。在钟表、食品、皮货、服装、体育用品等很多行业都可以看到专业用品商店的身影。相对于其他零售业态，这种商店的专业化服务程度非常高，如专营纽扣的商店、专营婚纱的商店，可以为顾客提供更加专业的服务。随着经济的进一步发展和居民收入水平的提升，专业用品商店将会随着细分市场的再细分和目标市场的再发展而更加完善与成熟。

3. 超级市场

超级市场是一种消费者自我服务、敞开式的自选售货的零售企业。超级市场的主要经营特点是经营规模庞大，基本上不设售货员，销售成本低，薄利多销。在超级市场出售的商品一般采用小包装，标明分量、规格和价格，方便消费者实现自助式购物，出门一次结算付款。为了满足消费者需要和低成本竞争的要求，超级市场越来越向多品种发展，一般拥有商品 2 万种以上，且销售的商品多为中低档商品。因为超级市场为自助购物，所以商品的包装实际上充当了"无声的售货员"的角色，因此，产品包装对于消费者的吸引力在超级市场中显得十分重要。

4. 便利店

便利店是一种以经营最基本的日常消费用品为主，规模相对较小，位于住宅区附近的综合商店。便利店营业时间较长，不少是每周 7×24 小时营业的商店。一般经营周转较快的方便产品，如日用百货、药品、应急商品、即食食品等。由于便利店能随时满足消费者的即时需要，因此商品的价格相对较高。这个领域经营比较成功的有日本的 7-11 等。

5. 折扣商店

折扣商店也是一种百货公司，其主要特点是出售的商品为折扣商品。折扣店经营的折扣商品一般为全国性品牌产品，质量有保证。折扣商店对于消费者的吸引力在于使消费者使用较低的价格购买到品牌产品。为了增加折扣商品的价格竞争力，折扣商店通常分布在交通方便的城市近郊，在销售过程中也以自助购买为主，只配备少量的服务人员，以相对较低的店面和运营成本提升产品的价格竞争力。

6. 购物中心

购物中心（shopping mall），又称超级商场，是以满足消费者的全部生活需求为目标而建立的一种消费场所。购物中心的规模比超级市场更大，一般同时提供百货购物、超级市场购物、餐饮、娱乐、休息等服务项目。多数购物中心选址在城市中心或交通枢纽区域，其目的是向消费者提供真正的一站式消费体验。目前在中国，经济增长和消费者收入水平的提升促使购物中心这一零售业态进入快速发展阶段。

7. 连锁商店

连锁商店是指在同一资本系统的统一管理之下的两个或两个以上的商店。连锁商店一般采取统一店名，统一从厂家直接采购，统一仓储、运输和配送，有效降低了商品的流通成本。连锁商店的集团总部一般会对店面管理人员提供培训机会，并且相对于独立的小型零售商，连锁商店的集团总部在市场预测、存货、定价策略和宣传推广技术方面都有比较进步的管理办法。当然，这种统一进货、统一管理的经营方式也有其明显的缺点：各个商店往往缺乏因地制宜的灵活性。

8. 自动售货机

自动售货机是一种不依赖人员服务的完全自助式销售方式。随着技术的进步，目前通过自动售货机出售的商品种类持续增加，除了饼干、糖果、饮料等商品外，还出现了鲜榨果汁自动售货机。在我国，自动售货机多分布于购物中心、加油站、咖啡馆，以及医院、学校、机关等场所。自动售货机虽然省却了销售人员，但需要人工定期巡回补货。自动售货机的缺点是经营费用很高，机器常需要保养和修理，所以自动售货机的商品价格比正常零售价稍高一些。因此自动售货机的商品多半是人们信得过的名牌货，而且限于单价稳定、体积小的商品。

（二）无门市零售

无门市零售泛指一切不依赖实体门店进行商品展示而进行零售的形式。早期的无门市零售包括人员上门推销、电话营销、邮寄营销和电视购物等销售方式,但近年来随着电子信息技术的发展和普及,无门市零售成为发展较快的零售业态,旧的无门市零售类型也不断地被新类型的无门市零售业态所取代。目前,无门市零售主要有直复市场营销、直接销售和网络店铺销售三种类型。

1. 直复市场营销

直复市场营销,是使用一种或多种广告媒体宣传商品信息,使广告信息所到之处迅速产生需求反应并最终达成交易的销售系统。早期的直复市场营销系统为直复市场营销者利用广告介绍产品,顾客通过写信、打电话等形式订货。直复市场营销者可在广告费用开支的一定范围内,选择可获得最大订货量的传播媒体,目的是迅速实现潜在交换,而不是刺激顾客的偏好和树立品牌形象。随着电子信息技术的发展,现在的直复市场营销已经演变为电商平台利用网络大数据向潜在消费者实现定向式、精准式广告投放。例如,淘宝网和京东购物平台均能够根据用户的浏览记录,定向为消费者提供可能感兴趣的商品链接,甚至可以通过第三方软件进行广告投放。

2. 直接销售

直接销售主要有挨门挨户推销、逐个办公室推销和举办家庭销售会推销等形式。由于需要支付雇用、训练、管理和激励销售人员的费用,因而直接销售的成本费用很高。目前,直接销售所存在的问题已经引起很多人对这种销售方式的反感。从发展来看,除某些特定种类商品及以某些特定顾客为对象的直接销售外,一般的直接销售很可能被电子销售所代替。

3. 网络店铺销售

网络店铺销售是目前零售业增长最快的部分,网络店铺帮助消费者实现24小时在家购物体验,被称为"零售业的第三次革命"。网络店铺通过互联网向潜在顾客展示产品信息,并通过网上订购、网上结算和及时配送,达到产品销售的目的,实现产品价值。目前,中国是网络店铺销售最为发达的国家。我国绝大部分中、小网络店铺分布于专业的电商服务平台,如淘宝网、京东所提供的第三方零售平台等。随着社交软件微信的普及,又涌现出了新的社交媒体零售商,即所谓的微商。网络店铺的快速发展,既体现在网络销售量的急剧增长上,也体现在网络店铺类型的演变上。

案例 9-5

阿里巴巴天猫"双 11"全球狂欢节

近年来,在电商平台的积极推动下,我国的"双 11"(11 月 11 日)已经逐渐演变为一个购物节。自 2009 年开始,阿里巴巴天猫将每年的 11 月 11 日定为天猫"双 11"全球狂欢节。2017 年 11 月 11 日,阿里巴巴第九届天猫"双 11"全球狂欢节全天交易以 1682 亿元的成绩再次刷新"双 11"销售纪录。下面是 2017 年天猫"双 11"全球狂欢节的几个时间节点的销售情况。

0点03分01秒，仅3分多钟天猫交易额突破第一个100亿元。

0点06分05秒，成交额超200亿元。

0点11分14秒，成交额破300亿元。

0点40分左右，成交额破500亿元。

1点49秒，成交额超过571亿元，这一数字是2014年"双11"全天的成交额。

2点15分18秒，成交额超800亿。

9点04秒，成交额超1000亿元，比2016年提早了10个小时，2016年天猫"双11"达到1000亿元交易额用了接近19个小时。

11月12日0点0分，1682亿元交易额达成。

面对这一系列销售增长数据，甚至有人将这一天称为世界奇迹日。天猫"双11"销售额的强劲和快速增长充分说明了网络店铺销售增长的量（表9-1）。

表9-1 2009~2017年历届天猫"双11"成交额

年份	销售额/亿元
2009	0.5
2010	9.36
2011	33.6
2012	132
2013	350
2014	571
2015	912
2016	1207
2017	1682

无线移动终端下单是网络销售的另一个重要趋势。2017年天猫"双11"销售额中，无线成交额占比高达92%，而2016年这一占比为82%。

资料来源：http://www.mnw.cn/news/shehui/1879502.html，有改动

三、零售业发展的新趋势

（一）新的零售形式不断涌现，零售生命周期缩短

为了适应新的市场形势、满足消费者的新需求，新的零售业态不断出现。如今最显著的零售发展趋势是网络零售，网络零售商既有纯粹的电商，也包括传统实体店面零售商开展的线上零售。这些网络零售商借助网站、手机App和社交软件迅猛发展。与此同时，新型零售业态的生命周期正在变短。传统的百货商店经过了大约100年的发展才达

到了生命周期中的成熟阶段；之后的仓储商店、超级市场等零售业态进入成熟期大约用了10年。随着社会技术的快速进步，消费者的生活方式持续地发生改变。即便是现在国内非常成功的电商，也都在持续不断地通过改进渠道结构、整合物流等措施来提升渠道运营效率。

（二）网络零售快速增长，线下零售出现展厅效应

目前，网络零售在全世界范围内都呈现出快速增长的态势，尤其是在类似于中国这样的经济快速发展的经济体中。与发达国家相比，我国的传统零售体系相对落后，在这样的环境中，网络零售与传统零售相比就具备更大的竞争优势，正是这巨大的竞争优势差，促使我国的网络零售业得到了前所未有的发展。

网络销售的一个绝对优势是价格普遍低于门市零售，但其缺点是不能给消费者提供产品的实物体验，因此有很多消费者在从网络店铺购买产品前，会选择在附近的实体店面查看自己想要购买的商品，如果满意，再从网络店铺下单购买，这些经营门店实际上充当了商品的展厅，消费者到门店的目的不再是购买产品，而是所谓的"逛展厅"。针对这一现象，初期大部分零售商都采用了降低价格的方式来争取消费者，受经营成本的约束，门店零售商很难在商品定价上与网络店铺相匹敌。现在，美国有些门店零售商开始采取改善购物环境、提升服务水平，甚至主动向顾客提供网络终端等措施改善顾客的门店购物体验，并取得了一些成效。相关资料显示，自2013年以来，美国零售市场的逛展厅现象开始减少，而反向逛展厅现象却有所增加。有69%的门店顾客在通过网络终端搜索产品和价格后，会选择购买门店货架上的产品。还有些零售商，如国内的苏宁电器，既有门店经营，也有线上销售，这些零售商统一线上线下的商品售价，并充分利用网络销售低成本的优势，充分减少店面商品库存，店面销售更多地承担起展厅的功能，当消费者决定购买某种商品后，服务人员通过网络下单销售商品。

（三）零售技术越来越重要

零售技术作为竞争工具，已经变得非常重要。在日常运营方面，多数大型零售商基本上都已经实现了利用电子信息技术进行订单处理、物流控制和其他经营活动，这些电子信息技术的运用能够在很大程度上帮助零售商实现精细化管理，提升企业运营效率。

先进的无线网络技术，帮助消费者与网络电商随时随地地建立联系，针对自己感兴趣的产品，消费者可以随时查看，并在不同的网络零售商之间进行比较，跨越了交易双方之间的空间和时间障碍。越来越多的门店零售商开始向店内引入数字技术，为顾客提供更多的购物体验。例如，梅西百货采用Shopkick的Shop-Beacon室内定位技术，当顾客进入店面后，蓝牙信号会激活顾客的智能手机或平板电脑上的Shop-Beacon软件，对顾客表示欢迎，并提示顾客店内正在进行的优惠活动和折扣产

品的具体位置。

(四) 巨型零售商的兴起

在零售业的发展过程中,一些零售商依靠自己的经营优势和雄厚的资本实力,不断兼并和收购同类型的零售商,建立了自己庞大的零售体系,成为某一领域的巨型零售商。例如,苏宁电器就是我国家用电器领域内典型的巨型零售商。凭借自己强大的零售网络,巨型零售商在采购过程中具有相对强势的讨价还价能力,尤其是面对小规模的制造商,巨型零售商能够取得比其他零售商更低的采购价格。正是凭借这些采购优势和卓越的管理制度,巨型零售商可以向顾客提供更好的商品选择、优质的服务和强有力的价格优势。

★本章案例

阿里布局新零售

2014年4月:阿里巴巴以53.7亿港元对银泰商业进行战略投资。

2015年8月:阿里以约283亿元人民币战略投资苏宁,成为第二大股东;苏宁将以140亿元人民币认购不超过2780万股的阿里新发行股份;双方将打通线上线下,全面提升效率,为中国及全球消费者提供更加完善的商业服务。

2016年11月:三江购物宣布获得阿里巴巴投资,阿里巴巴集团子公司杭州阿里巴巴泽泰信息技术有限公司以21.5亿元购入三江购物32%的股份,二者成立合资公司。

2017年1月:阿里巴巴集团联同银泰商业(集团)有限公司创始人沈国军,要求银泰董事会向其股东提呈有关通过协议安排私有化银泰的建议。完成建议交易所需的最大现金金额约为198亿港元。根据私有化协议,交易完成后阿里巴巴将成为银泰的控股股东,持股比例增至约74%。

2017年2月:阿里巴巴集团与百联集团在上海宣布达成战略合作,并表示将基于大数据和互联网技术,在全业态融合创新、新零售技术研发、高效供应链整合、会员系统互通、支付金融互联、物流体系协同六个领域展开全方位合作。

2017年5月:阿里巴巴集团与易果生鲜签订《股权转让合同》,阿里巴巴集团向易果生鲜收购联华超市18%的内资股股权。根据百联集团公告,阿里巴巴受让201 528 000股内资股股票,占联华超市已发行股本的18%,成为第二大股东。易果生鲜仍持有1.17%的股份。

2017年11月20日:阿里巴巴集团、Auchan Retail S.A.(欧尚零售)、润泰集团宣布达成新零售战略合作。根据战略协议,阿里巴巴集团将投入约224亿港元,直接和间接持有高鑫零售36.16%的股份。

高鑫零售是中国规模最大、发展最快的大卖场运营商,旗下欧尚、大润发两大品牌在全国29个省(区、市)运营446家大卖场。2016年,高鑫零售营收超过1000亿元,市场份额多年保持国内零售行业第一。双方联姻也意味着以大润发、欧尚为代表的中国最大商超卖场集团将从商业模式和资本结构上双通道加入由阿里巴巴推动的新零售行业。

2017年是新零售发展的元年。从马云提出"新零售"概念起，阿里用一系列的线上线下联动行为试图加速推动零售业的进化，对新零售的布局和铺设也随之迅速打开。

2017年11月20日在接受媒体采访时，阿里巴巴集团CEO张勇把阿里巴巴一系列在新零售的布局，比作"下围棋"。张勇说："我们是逐渐渗透，不是一步到位的。线下企业把线上部分交给我们，我们帮助它们把线下部分发展更好。这是所有合作的原则。例如在银泰，会员数字化基本完成，苏宁与阿里的合作，则主要体现在供应链建设。高鑫在快速消费品、食品领域是行业领先者，有一个全国性网络，未来的5亿消费者，都能得到一体化服务。这是一个市场趋势，消费者在年轻化，消费者在全面年轻化，人的生活方式结合在一起，分不清线上线下了。"在张勇看来，商业的本源并没有改变，线上线下的商业世界并无分隔，必须以互联网来推动整个商业的数字化转型，以大数据驱动重构人、货、场，从而全面提升消费体验。

张勇透露，在细分方向上，生鲜板块是重点。"在所有商业走向数字化中，以食品、快速消费品，特别是冷冻冷鲜食品为代表的几个大品类与消费者密不可分，在整个电子商务对整个零售商业全面影响的背景下，以快速消费品为代表的商业形态、大卖场的形态如何进行升级，如何不仅能够服务好现在的顾客，同时服务好正在成长起来的未来一代中国年轻消费者，是我们共同的课题。"

从投资百货业（银泰）、3C（家电、电脑、通信）家电连锁（苏宁）、各地超市便利店（三江、百联），再到联手全国最大的商超卖场集团（大润发、欧尚），阿里巴巴全面推动线上线下融合的新零售进程逐渐清晰。澎湃新闻记者的不完全统计显示，近4年来，阿里巴巴至少已经投入了750亿元人民币，用于战略入股或收购传统零售商业公司。至此，阿里的新零售版图已聚齐银泰商业、苏宁云商、三江购物、新华都等实体商业公司（包括综合零售和百货商超），此外还拥有百联集团等战略合作方，以及盒马鲜生、无人店等创新业态，各有侧重又彼此呼应。

资料来源：http://www.ceconlinebbs.com/FORUM_POST_900001_900002_1132928_0.HTM，有改动

★本章实训

（一）内容

（1）组建营销团队，确定分销的产品。

（2）明确产品的目标消费群体。

（3）根据目标消费群体的购买行为特征及产品特征设计分销渠道。

（4）交流讨论。

（二）要求

（1）50分钟内完成。

（2）注重团队合作。

（3）每个团队3~5人。

（4）完成实训总结。

★ 本章思考题

1. 分销渠道主要有哪些类型？
2. 中间商的作用是什么？
3. 影响分销渠道的主要因素有哪些？
4. 渠道冲突都有哪些表现？如何治理渠道冲突？
5. 你认为未来批发业态会呈现什么样的发展趋势？

第十章 促销策略

学习目标：掌握促销的概念及方式；掌握人员推销、广告、营业推广和公共关系四种促销策略的基本技巧；了解影响促销组合策略的因素。

关键术语：

促销　promotion

促销组合　promotion mix

人员推销　personal selling

广告　advertisement

营业推广　sales promotion

公共关系　public relation

案例导入

促销技巧

有一位销售高手，多思而常有妙想。一次，一批鞋油急售套现，众人皆无良方。他灵机一动，先购进了一批廉价的雨伞，然后推出"买高级鞋油优惠价5元，买两盒送一把雨伞"的促销活动。结果，热销一空且获利颇丰。旁人不解，他解释道：此类雨伞在当地零售价长期稳定在10元且是日常必需品，所以，雨伞在消费者眼中和10元人民币无异。此促销对于消费者来说，等于是不花钱得到了两盒高档鞋油，何乐而不为呢？但雨伞的批发价不过4元，一盒鞋油成本为5角钱，这样一个"买二送一"的套餐的成本仅为5元，稳赚5元，100%的利润率。

这是一个促销的小故事，但其中却隐藏着一种精妙的营销思想，即"挂羊头，卖狗肉"，就是通过搭售或赠送等方式完成实际销售目标的替换，体现价值感，达成营销目标。在这则小故事中，表面来看赚来的5元钱是鞋油的利润：利润=鞋油价格−鞋油成本−伞的成本，即5元=10元−1元−4元。但所卖的其实发生了改变：顾客是冲着伞来的，而不是鞋油。也就是说，顾客并不认可所谓高级鞋油5元的价值，其认可的是伞的10元价值。所以，销售利润归根到底是来自卖伞赚的钱，是伞的批发价和零售价间的差价。名义上叫卖的是鞋油，其实卖的是伞。用户的真实价值体验在于花10元买到了伞，还可以得到两盒可能高级的鞋油，从而感觉占了便宜。那为什么不直接"买雨伞送两盒高级鞋油"呢？显然，此种方案无法体现超值的价值让渡，吸引力大不如前者。价值的损失来自鞋油的让利程度被最小化了，即顾客很自然会以市场上最低的鞋油价格来衡量让利的幅度，顾客多半会想"不就是少了一两元钱嘛"，自然不肯轻易就范。由此可见，"挂羊头，卖狗肉"思想的优势在于提升了"羊头"的价值感，并传达了白得"狗肉"的表象，达到了"买狗肉送羊头"的促销效果。而增加的价值是价值的心理增值，是由于买卖双方对羊头、狗肉的价值认同差异所形成的。还以上面的小故事来分析，在卖方看来，伞只值4元，两盒鞋油更仅值1元，总价值不过5元，而在消费者看来，伞是值10元的，其价值足以抵扣他们的总体付出，而鞋油的价值是未知的，不管多少，都是白赚的，故不会特别在意，并且潜在的高收益（以零成本获取高级鞋油）加大了吸引力，有点类同于买彩票。这样，卖方的价值来自伞的差价扣除鞋油的成本，而消费者是以零成本获取了不确定收益。买卖双方心理博弈的结果是实现了"双赢"。

资料来源：https://club.tnc.com.cn/school/knowledge-viewknowledge-8913.html，有改动

第一节 促销与促销组合

一、促销的概念

促销即促进销售，是指企业利用各种有效的方法和手段向目标市场传递企业和产品信息，使消费者了解和注意企业的产品、激发消费者的购买欲望，并促使其实现最终购买行为的一系列综合性活动。促销的本质就是企业同目标市场之间的信息沟通。

二、信息沟通

既然促销的本质是信息沟通，那么为了实现有效的市场营销沟通，市场营销者就需要了解信息沟通包括哪些要素，有效市场营销沟通的基本步骤都有哪些。

（一）信息沟通要素

信息沟通过程包括以下九个要素。
（1）发送者：发送信息的一方，也称来源或沟通者。
（2）编码：将信息转换成可传递的符号或形式的过程，如语言、文字、图画、色彩、动作、标识等。

（3）信息：发送者所传递的内容。

（4）媒介：发送者把信息传递给接收者的渠道，如电视、报纸、广播或人员沟通等。信息必须借助一定的媒介进行传递。

（5）译码：信息接收者破译发送者所传递过来的符号的过程。

（6）接收者：接收信息的一方，也可称为目标听众或目的地。

（7）反应：接收者对所接收的信息做出的反应。反应的情况同发送者的愿望可能一致，也可能不一致。

（8）反馈：信息接收者将其反应返回发送者的过程，是接收者对发送者的反向沟通。

（9）噪声：信息传递过程中非预期的干扰和扭曲。噪声的存在会使发送者的信息最终不被接收或被曲解。

以上九个要素中，发送者和接收者是信息沟通的两个主要方面；信息和媒介是沟通的手段；编码、译码、反应和反馈都是沟通的主要功能。

（二）信息沟通步骤

信息沟通过程一般包括以下六个步骤。

1. 确定目标听众

确定目标听众是指营销沟通者要充分了解目标听众中哪些可能是未来的购买者，哪些是现在的使用者，哪些是购买决策者或影响者，等等。信息的接收者即目标听众可能是个人，也可能是一个群体。目标听众决定了信息发送者应当说什么（信息内容），怎么说（信息结构和形式），什么时候说（发送时间），在什么地方说（沟通媒介），由谁来说（信息来源）。

2. 确定听众反应和沟通目标

确定了目标听众后，还要确定目标听众的反应是什么。沟通者应了解听众处于购买准备过程的哪个阶段，并据以确定自己的沟通目标。听众的购买准备过程通常包括以下六个阶段。

（1）知晓。沟通者首先要了解目标听众对企业或产品知晓的程度，如果多数人还不知道，则沟通的目标就是使他们知晓，可用简单的沟通形式，多次重复产品或企业名称。

（2）认识。如果目标听众对产品或企业已经知道，但还认识不清，沟通的目标是使之对产品或企业性能、特点等有清楚的认识。

（3）喜欢。如果目标听众已了解产品，沟通者就需要知道他们对产品的反应如何，是喜欢还是不喜欢，或者无所谓。沟通的目标是着重宣传产品或企业的特色和长处等，使之产生好感。

（4）偏好。如果目标听众喜欢这个企业或产品，但还没有形成偏好，沟通的目标就是使他们形成对本企业或产品的偏好，而不去喜好其他企业或产品。这时，要着重宣传企业或产品较其他同类企业或产品的优越性。

（5）确信。如果目标听众对企业或产品已形成偏好，但还没有下定购买决心，这时沟通的目标就是努力促使他们建立和强化购买决心，使他们确信购买这种产品是最佳的选择。

（6）购买。如果一些目标听众已决定购买，但购买行动迟缓，这时，沟通的目标是采取必要措施促进购买行为的实现。

沟通者的任务就是判断目标听众处于哪一个阶段，以便采取对策促使他们尽快转入下一阶段，以至实现购买行为。

3. 选择信息发送者

听众对信息的信任程度在很大程度上取决于他们对信息发送者的看法。因此，由可靠的发送者发出的信息，就有说服力。例如，化妆品由著名影星或歌星做广告最有说服力；由文艺或体育明星为产品做广告，比一般人更有吸引力。信息来源的可靠性取决于以下三个因素。

（1）专业的权威性。信息发送者是某一专业领域内的权威。

（2）可信性。信息发送者要真实、客观地传播信息，才能使人信服。

（3）吸引力。信息发送者吸引听众的程度。

总之，使人信得过的信息来源应兼备较高的权威性、可信性和吸引力。

4. 设计信息的内容、结构和形式

发送出去的信息要能够引起听众的注意（attention）、兴趣（interest）、购买欲望（desire），并最终导致购买行动（action）。这四种反应在西方营销学中称"AIDA"（爱达）模式。为了实现这个模式，就要对信息的内容、结构和形式做出适当选择与设计。

（1）信息的内容。信息的内容应考虑其感染力。感染力可分为以下三种。

①理性感染力。与接收者个人利益相关的，如宣传产品物美价廉、可靠安全、卫生等。

②情感感染力。这类信息试图在接收者心目中产生正面或反面的感情，以激励购买行为。

③道德感染力。这类信息是利用心理上的道德感，促使人们分清是非，弃恶从善。

此外，要使信息的内容具有说服力，沟通者必须抓住听众心理，了解他们的真实需要是什么，然后有的放矢地设计信息内容。这样才能收到预期的效果。

（2）信息的结构。信息的结构是指如何组织信息，使之更合乎逻辑，更有说服力。在这方面要做出以下三项决策。

①在信息中是否做出结论。早期的研究认为，做出结论的信息效果较好。但近年来的研究发现，还是只提出问题，由听众自己去思考并做出结论为好。

②是只做正面宣传还是做正反两面评论性的宣传。通常只做正面的宣传即可。但是，如果听众已经接受了太多的反面宣传，心理上有了曲解的印象，就需要采取正反两方面理论性的宣传，以消除曲解。

③在信息中最有说服力的评论是放在开头还是放在结尾。一般情况下，放在开头吸引力较大。

（3）信息的形式。选择信息的表达形式也很重要。如果采用印刷品传播信息，要考虑标题、图案和颜色，为了引人注意，版面设计要新颖、鲜明和清晰，还要考虑版面的大小、位置、形状等。如果采用广播发送信息，就要考虑语言、声音和音响效果。如果通过电视或推销人员传播信息，除以上因素外，还应注意仪表、手势、服装和发型等。信息的形式必须能为接收者感知和理解。

5. 选择信息传播媒介

选择信息传播媒介是指在媒介方面首先应考虑采用人员沟通渠道还是非人员沟通渠道。

（1）人员沟通渠道。人员沟通渠道可以当面交流，也可以通过电话或信件交流。这是一种双向沟通，能立刻得到对方的反馈，因此，效率较高。一般对价值高和风险大的产品，多采用人员沟通渠道。此外，还可将产品有意识地卖给或赠给一些知名度高的组织或个人，以利于产品信息的广泛传播和扩大影响。

（2）非人员沟通渠道。非人员沟通渠道是一种单向沟通。包括大众媒介、气氛和活动等。大众媒介是指报纸、杂志、广播、电视广告和网络媒体等；气氛是指利用环境因素制造气氛，使听众了解产品并强化对产品的认识，从而产生购买欲望并导致购买行动；活动是指新闻发布会、开幕式、展销会等，可由公共关系部门举办。

6. 收集反馈

收集反馈是指信息发生后，应调查了解目标听众接收的效果如何：是否注意到信息的内容，看了或听了几遍，哪些内容能回忆起来，对信息的印象如何，对企业或产品的态度前后是否有所转变，等等。此外，还应调查听众的行为，如多少人购买了产品，多少人向别人介绍或议论过产品等。发送者只有了解了这些情况，才能不断调整所发送信息的强度和质量，以促使接收者的反应同发送者的愿望趋向一致。

三、促销组合与常见的促销工具

促销组合，又称营销沟通组合（marketing communications mix），是指企业根据市场环境、产品的特点和营销目标，综合使用两种或两种以上的促销工具进行促销活动。以下是几种常见的促销工具。

1. 人员推销

人员推销又称人员销售，是企业通过派出推销人员或委托推销人员亲自向顾客介绍、推广、宣传，以促进产品的销售。人员推销可以是面对面交谈，也可以是通过电话、信函交流。推销人员的任务除了完成一定的销售量以外，还必须及时发现顾客的需求，并开拓新的市场，创造新需求。

2. 广告

广告是企业以付费的形式，通过一定的媒介，向广大目标顾客传递信息的有效方法。现代广告不应只是一味的单向沟通，而是形如单向沟通的双向沟通，即应把企业与顾客共同的关心点结合起来考虑广告的制作和传播。

3. 营业推广

营业推广由一系列短期诱导性、强刺激的战术促销方式所组成。它一般只作为人员推销和广告的补充方式，其刺激性很强、吸引力大。与人员推销和广告相比，营业推广不是连续进行的，只是一些短期性、临时性的能够使顾客迅速产生购买行为的措施。

4. 公共关系

公共关系是企业通过有计划的长期努力，影响团体与公众对企业及产品的态度，从而使企业与其他团体及公众取得良好的协调，使企业有良好的发展环境。良好的公共关系可以达到维护和提高企业的声望，获得社会信任的目的，从而间接促进产品的销售。

四、市场营销沟通环境的新变化与整合营销沟通

（一）市场营销沟通环境的新变化

1. 消费者的主动沟通能力增强

现在的消费者生活在一个无线的数字化时代，智能手机和平板笔记本等智能无线终端的普及大大提升了消费者主动沟通市场和产品信息的能力。消费者可以方便地利用无线终端随时随地地搜索产品信息，与其他消费者交流消费体验，甚至创造和传播自己的市场营销信息与体验。

2. 企业转向目标营销战略

随着市场环境的变化，为了增加消费者对企业或产品的忠诚度，市场营销者逐渐从大众化营销转向更加聚焦的市场营销计划，在更加精确定义的微观目标市场群体中，试图与潜在消费者建立更加紧密的联系。

3. 通信技术的进步改变了企业与消费者的沟通方式

越来越多的消费者成为新媒体的使用者，也有越来越多的企业开始使用电子邮件、网页、社交软件等互联网媒体推广企业或产品。新媒体的应用，为企业与消费者之间的

沟通提供了更加便捷的通道。

（二）整合营销沟通

一个公司或企业往往会同时拥有多条市场营销沟通渠道，如公司网站、电子邮件、官方微博、电视广告或脸谱（FaceBook）、微信等社交软件沟通渠道，这些渠道所传达的信息汇总就构成了企业的总体形象。如果企业不同沟通渠道所传达的信息彼此冲突，就会导致企业形象、品牌定位发生混乱，甚至影响客户关系。为了应对这种多渠道营销环境，整合营销沟通（integrated marketing communication，IMC）的概念被提出，它是指将与企业进行市场营销活动有关的一切传播活动实施一元化过程。整合营销沟通是一个概念，更是一个过程。整合营销沟通要求把企业的所有市场营销沟通渠道和沟通工具纳入营销活动管理范围，仔细地整合各种沟通渠道，在统一的营销目标下，协调使用各种不同传播手段，发挥不同传播工具的优势，使各个沟通渠道传播关于企业或产品的清晰、一致和有说服力的信息。

第二节　人员推销策略

在中国，最卖座的国产手机之一是步步高系的OPPO和vivo，甚至在全球的销售量上，OV（OPPO和vivo的简称）累计超过了苹果，成为全球手机的又一大巨头。

近几年，国产手机又将目标纷纷转向全球人口第二大国印度。而vivo不但在国内市场销售火爆，更是打败了小米、联想和OPPO成为占据印度市场的最大国产手机品牌，仅次于三星，市场份额达到10%。

仔细想一想，OPPO、vivo这两年飞速发展，打败小米、超车华为靠的并不是现在风生水起的互联网电销，而是在商业界越来越不看好的线下销售团队。

那么是怎样的人才管理机制才能培养出这样一支富有爆发力的团队呢？

在与中国国情不同的印度市场，又是怎样的人员调配奠定了vivo霸主地位的呢？

一、人员推销的概念及特点

（一）人员推销的概念

人员推销是企业运用推销人员直接向顾客推销商品和劳务的一种促销活动。推销人员、推销对象和推销品构成人员推销的三个基本要素。其中前两者是推销活动的主体，后者是推销活动的客体。

(二) 人员推销的特点

1. 人员推销的优点

(1) 信息传递双向性。一方面，推销人员通过向顾客宣传介绍推销品的有关信息，如质量、功能、使用、安装、维修、技术服务、价格以及同类产品竞争者的有关情况。另一方面，推销人员与顾客直接接触，能及时了解顾客对本企业产品或推销品的评价，进行一定的调查研究，从而掌握市场生命周期及市场占有率等情况。

(2) 推销目的双重性。推销的一重目的是指激发需求与市场调研相结合，另一重目的是指推销商品与提供服务相结合。

(3) 推销过程灵活性。

(4) 友谊协作长期性。

2. 人员推销的缺点

人员推销的缺点主要表现在支出较大、成本较高、对推销人员的要求较高等方面。

二、推销人员的素质要求

在营销实践中，对推销人员的素质要求较高，通常要求推销人员应该具备以下素质：①态度热忱，勇于进取。②求知欲强，知识广博。一个合格的推销人员所掌握的知识应该包括企业知识、产品知识、市场知识、心理学知识和财务知识。③文明礼貌，善于表达。④富于应变，技巧娴熟。

三、推销人员的选择与培训

具有良好素质的推销人员，对实现推销目标、扩大销售、开拓市场具有举足轻重的作用，因此，推销人员的选择显得十分重要。

(一) 推销人员的选择

推销人员的来源主要有企业内部选拔和企业外部招聘。

推销人员的选择一般要经过笔试和面试。笔试是了解应聘者的文化、产品技术、营销知识、外语等基础知识；面试则是了解应聘者的仪表、口才、智商、反应灵敏度以及各方面知识的广度和深度。企业可以从众多的应聘者中挑选素质较好的人员,也可以从企业现有人员中选拔推销人员。无论采用哪种方式,都必须对选择的推销人员进行一段时间的培训才能担任实际的推销工作。

(二)推销人员的培训

1. 培训内容

(1)企业资料。企业的历史情况、组织结构、经营战略等。
(2)产品知识。产品质量、性能、用途、规格和型号以及本企业产品与竞争者产品相比较的优缺点。
(3)市场情况。顾客的动机和行为特点、竞争者策略以及目标市场的供求状况等。
(4)推销技巧。推销程序和规则、商业语言、人际关系等。
(5)法律常识。与推销活动有关的各种法规。
(6)技术知识。有关产品的生产技术和设计知识。

同时,对原有的推销人员每隔相当时间也要再进行培训,以便了解企业的新产品、新的经营计划和市场策略等。总之,推销人员要具备多方面的知识和技能。有些西方营销学家认为,优秀的推销人员应具备两方面的素质:一是有感同力,善于从顾客的角度考虑问题;二是有成功欲,勇于进取,不屈不挠,执着地为实现自己的目标而不懈地努力。

2. 培训方法

常用的培训方法有讲授培训、模拟培训、实践培训(岗位练兵)等。

四、人员推销的进程与策略

(一)人员推销的进程

所谓人员推销的进程,就是指推销人员围绕一定的推销目的而设计的达到预定目标的工作程序。要使推销人员的职能得以充分实现,推销人员应当充分把握推销活动的进程和熟练掌握推销进程各环节中的技巧。对推销活动的进程有较大影响的包括"爱达"公式、"迪佰达"(DIPADA)公式以及"程序化推销"理论。

(1)"爱达"公式。"爱达"公式是将推销进程分为四个阶段:引起注意、激发兴趣、促使欲望、导致行动。

(2)"迪佰达"公式。"迪佰达"公式则将推销进程分为六个阶段:发现需求(definition)、激发兴趣(identification)、增强信任(proof)、促使接受(acceptance)、促动欲望(desire)、导致行动(action)。

（3）"程序化推销"理论。"程序化推销"理论是把推销进程分成七个不同的阶段，在众多的推销理论中，应用最广泛的是"程序化推销"理论，下面就介绍这一推销进程。

1. 发掘

推销工作的第一步就是找出潜在顾客，去寻找和发现顾客的不同需求。

2. 事前准备

在出去推销之前，推销人员必须具备以下三类基本知识。
（1）产品知识：本企业、本企业产品特点及用途等。
（2）顾客知识：包括潜在顾客和现有顾客的个人情况等。
（3）竞争者知识：竞争者的产品特点、竞争能力和竞争地位等。

3. 接近

接近是指与潜在顾客开始进行面对面的交谈。此时推销人员头脑里要有四个主要目标。
（1）给对方一个好印象。
（2）验证在预备阶段所得到的全部情况。
（3）为后面的谈话做好准备。
（4）要选择最佳的接近方式和访问时间。

4. 介绍

介绍阶段是推销过程的中心。可通过顾客的多种感官进行介绍，其中视觉是最重要的一种，因为在顾客所接收的全部印象中，通过视觉得到的印象占比最大。在介绍产品时要着重说明该产品可给顾客带来什么好处。

5. 应付异议

推销人员应当具备与持不同意见的顾客洽谈的技巧，随时有对付反对意见的适当措辞和论据。

6. 成交

在洽谈过程中，推销人员要随时给予顾客以成交的机会，有些顾客不需要全面介绍，介绍过程中如果发现顾客有愿意购买的表示，应立即抓住时机成交。这时，推销人员还可提供一些优惠条件促成交易。

7. 事后跟踪

如果推销人员希望确保顾客满意并重复购买，那么"跟踪"就必不可少。跟踪访问的目的在于了解顾客对自己的选择是否满意，发掘可能产生的各种问题，表示推销人员的诚意和关心，以促使顾客做出对企业有利的购后行为。

总之，只要能准确把握推销进程的各个环节，相应采取不同的推销方式，循序渐进，逐步深入，就可能产生完美的推销效果。

（二）人员推销的策略

人员推销的基本方式包括上门推销、柜台推销和会议推销等多种方式。人员推销的对象也被分为消费者、生产用户和中间商。推销人员应该根据推销的对象、所选择的推销方式以及被推销产品的特征，选用合适的推销策略。人员推销常见的策略包括以下三种。

1. 试探性策略

试探性策略亦称"刺激—反应"策略，在不了解顾客的情况下，通过刺激性手段及渗透性交谈了解顾客的真实需要，诱发购买动机，引导其产生购买行为。

2. 针对性策略

针对性策略也称作"配方—成交"策略，适合在基本了解顾客某些情况的前提下使用。

3. 诱导性策略

诱导性策略亦称"诱发—满足"策略，是一种创造性推销策略，推销人员首先设法引起顾客需求，再说明所推销的产品能较好地满足该种需求。这种策略对推销人员的推销技巧要求较高。

案例 10-1

一个 vivo 销售业务员的经历

vivo 在 2016 年的市场表现十分抢眼。IDC（Internet Data Center，互联网数据中心）数据显示，vivo 中国市场 2016 年出货量 6920 万部，仅次于 OPPO 和华为，较 2015 年同比增长 96.9%。vivo 尝试在线上对天猫用户精准营销，同时，在线下，vivo 继续发挥其既有优势，深耕三四线城市、县城和乡镇，依靠代理商营销模式，所有授权经销商门店的导购员由业务员（乡镇）或督导（县城）领导。凭借线下组建团队的丰富经验以及利益分享机制，vivo 吸引了大批愿意为之奋斗的销售人员。一批训练有素的一线销售铁军迅速攻陷县城和乡镇市场，而乡镇业务员小舒就是其中之一。

2016 年 12 月，小舒被派往自己的家乡——湖南省邵阳市洞口县高沙镇，作为手机品牌 vivo 的乡镇业务员，管理辖区的经销商、导购员，并主导区域的线下促销活动。

此时距离他入职 vivo 还不到 3 个月，但斐然的销售业绩已经让他迅速得到上级赏识，因此才会被派去"打硬仗"。全镇 2016 年 12 月 vivo 销量为 200 余台。小舒 2017 年 1 月的销售目标是 480 台，约为 2016 年 12 月业绩的两倍，他必须在短时间内迅速搭建好团队，并且带领团队完成销售目标。领导丢下一句话，任务是不会变的，你自己想办法完成。

在这个名不见经传、人口相对密集的小镇，因为小舒的到来，vivo 和 OPPO 的战争悄然打响。

"这个时候我做了一件事情，就是感动他们"

由于刚加入 vivo 不久，又是从别的区域调配过来的，面对经验丰富的导购员和年岁更长的经销商老板，即便是回到自己的家乡，小舒并没有受到多大的欢迎。但作为训练有素又颇有天分的销售主管，对于如何融入这个团队，他胸有成竹："第一步是跟所有的老板把关系维护好，让所有的老板都认识我。第二步是把库存和导购员团队的结构建立起来。"

全镇有 20 个 vivo 授权经销商门店，其中 6 个门店有 vivo 派驻的导购员。这些导购员直接受雇于 vivo 及其代理商，需要经历严格的培训和考试，才会被聘用。

小镇生活安逸闲适，人情世故往来颇多，对于开店做生意，也并无太多章法和标准。经销商与 vivo 是平等的合作关系，要刺激销量并保证他们尽心尽力配合 vivo 开展促销活动和业绩目标，"人情"显得格外关键。

为了走近经销商和导购员，并且让他们从心底里真正认可和信任自己，小舒做了别出心裁又接地气的员工关怀。正值 vivo X9 上市，小舒应景地将每个月的 9 日定为 vivo 家庭日，并向上级申请了一些预算，旨在"增强导购员的归属感"。

每月 9 日这天，小舒早早起来，为导购员们送早餐。圣诞节会送精心包装好的苹果，情人节则是玫瑰花。不仅是导购员，经销商也是小舒实施员工关怀的对象。小舒印象最深的是，一位老板娘说："一般只有导购员有礼物，这次老板娘也有。嫁给我老公那么多年了，还没有收到过他的玫瑰花，竟然收到了你们 vivo 公司的玫瑰花。"

在小舒的暖心攻势下，被感动的不仅有经销商老板娘，还有经验丰富、自视清高的导购员。

"有的导购员都做了三四年，从销售层面来说我可能不如他专业。既然作为他们的领导，你要通过其他方面了解这个导购员心里想什么，需要什么。如他小孩子生病，我给他买感冒药；接他小孩上学、放学。他生日我了解到，没有告诉他，当天买个蛋糕送给他。"小舒认为，"你做了几件小事，他就慢慢地觉得你这个人还是蛮用心的，在这样的领导手下做事还是蛮好的。"

乡镇不如县城和大城市里忙碌，小舒时常去门店帮导购员、经销商卖手机，甚至擦柜台、打扫卫生也成为他的日常工作。作为业务员，得到导购员和经销商的认可至关重要，只有被认可，才能带领团队一起向同一个目标努力奋斗。

"聊"出来的培训

员工关怀之外，培训也是业务员工作中非常重要的一部分。经历严格选拔正式入职后，员工也需要定期接受培训。

在乡镇，经销商老板一般没有受过专业、系统的销售培训，纯凭经验在卖手机。在他们的概念里，vivo 的特点无非是质量好，设计好，价格统一。以 vivo 的主打产品 X9 为例，以小舒的观察，"很多老板都不知道前置双摄是干什么的，只知道它有两个摄像头，广告也是这么说的。"

为了让经销商的门店发挥最大价值，到店内对经销商老板和店员展开一对一的培训非常重要。若恰逢有客户过来看手机，就现场演示给他们看。不求达到导购员的专业程度，但是起码 vivo 最大的卖点他们需要知道。长此以往，经销商的销售技能得到提升的同时也能感受到 vivo 对他们的重视。"他心存感激，也会主推你的 vivo。"小舒说。

在乡镇，人们一旦遇到关于手机大大小小的问题都会来找店主和店员解决，老人们也只在门店的运营商代理点用现金充话费。每逢赶集或上街购置日用百货时，对电子产品感兴趣的年轻人也会顺路来店里逛逛。老板可能在店里兼着修理手机甚至各类电子产品，店员可能是老板的亲戚、朋友。醒目的招牌，干净、宽敞的空间，在乡镇依然不多见。地处中心地带的门店，通常会成为乡镇的小小"集散中心"。

人来人往，要在店内做培训并不是件容易的事。对于店员和老板来说，接受培训也不是作为经销商的义务。此时，效率并不是最重要，因为培训需要"聊"出来，见缝插针才是最合适的策略。原本半个小时的培训，可能需要一两个小时甚至更久的时间来完成。小舒的战术是，一等他们有空了就跟他们聊。在他看来，不论他们有没有用心听，今天聊一点，明天聊一点，时间久了自然而然就听进去了。

了解所在的经销商门店中竞争对手和店面的整体销售情况，不仅是 vivo 导购员的职责，也是业务员工作中很重要的一部分。而老板并没有提供这些信息的义务，那么这也需要业务员从侧面向老板了解。当然，这也要靠业务员的"聊"功。

初见小舒正值春节期间，此时不论是镇上还是村里，未出正月十五，只要是开门迎客的店铺，就算没有糖果，至少也要有花生、瓜子招待顾客。装修豪华的店铺，顾客进门立马递上一支烟也不为过。在镇中心的经销商门店里，小舒穿着睡衣，嗑着瓜子，询问着导购员和门店老板这个月的销量。这是特属于小镇的生意经。

攻陷无导购门店

搭建团队，提升团队销售技巧和凝聚力的同时，小舒也在费尽心思策划线下促销，以求完成业绩。"过程是自己想出来的，结果才是老板想看的。"小舒说。

2017 年 1 月，他向上级申请了 3 万元经费，用于在全镇开展促销活动。

小舒准备了三四车的帐篷、拱门，他要让全镇都是一片 vivo 蓝。他还申请了七八个 vivo 人偶，在主街宣传 vivo，边走边喊"买手机选 vivo，买品质选 vivo"。三天活动期间，共售出 129 台 vivo 手机，创下镇上的销售纪录。

活动效果显著，年后在公司支持下，小舒又策划了一次活动。上一次活动在 6 家有导购员的门店开展，而这一次选择了没有派驻导购员的门店。乡镇授权经销商的客流和销量有限，若一个品牌已经占据强势地位，其余品牌很难超越。在这些没有导购员的门店，OPPO 销量明显高于 vivo。

小舒通过投入物料和礼品等扶持无导购员的经销商，让经销商们受宠若惊。这样的活动能够推动经销商老板在日常经营和销售中更加支持 vivo，而他们的经营能力有所增强后，就会接纳 vivo 派驻的导购员。

两次大型促销活动后，经销商看到了 vivo 对于他们的支持，小舒也用实际行动证明了他作为乡镇业务员的能力。vivo 在镇上门店的销售占比从 15%～20% 增长到 30%～35%。2017 年 2 月的月销量增长到 530 台，导购员的数量也从 2016 年 12 月的 6 个增加到如今的 12 个。

要有从别人手里抢食的精神

小舒信奉狼性文化。他说，狼代表的是主动出击，要有从别人手里抢食的精神。他认为，在镇上，vivo 还有很大的增长潜力，2 月 OPPO 的销量是 300 余台，vivo 还可以从 OPPO 的 300 多台里面抢 100 台。在 vivo 销量占比表现不错的门店，还可以尝试通过提高店面的总销量来带动 vivo 销量的增长。他对此充满信心。

vivo 培训师常说，"我们销售的不是产品，我们的客户购买的也不是产品，而是一套能解决问题的方案"。小舒认为，要帮每一个不同的用户判断这个产品是否适合他，购买这个产品能否实现利益最大化，帮助他们花最少的钱解决问题。

在小舒的销售哲学里，每一个人都是客户，每一个人时时刻刻都在"销售"。不论是购买手机的客户，还是他日常工作中需要面对的导购员和经销商都是他的客户。谈恋爱的时候，销售的是自己；跟朋友聊天，销售的是想法；在工厂工作，销售的是技能。

他很享受做销售，"赢"的感觉，比赚钱更爽。除此之外，还能看清楚很多人，也能了解很多事和物。他坚信做销售是永远不会被淘汰的，"你卖的不是产品，而是你自己。没有卖不出去的产品，只有卖不出去产品的人。"

资料来源：http://www.iwshang.com/Post/Default/Index/pid/250444，有改动

第三节 广告策略

一、广告的概念和种类

（一）广告的概念

广告作为一种传递信息的活动，是以促进销售为目的，通过一定形式的媒体，并消耗一定的费用，公开而广泛地向公众传递有关商品或劳务等信息的宣传手段。

（二）广告的种类

按不同的划分标准，广告有不同的种类。

1. 按内容和目的划分

按内容和目的，广告可分为商品广告和企业广告。

商品广告，是指针对商品销售开展的大众传媒活动。按照具体的广告目标或直接目的不同可以分为三类：①开拓性广告，亦称报道性广告。以激发顾客对产品的需求为目

标，适用于产品的投入期，用来向顾客传递产品的用途、性能、质量、价格等有关信息，以促使新产品进入目标市场。②劝告性广告，又称竞争性广告。目的是激发顾客对产品的兴趣，增进"选择性需求"，适用于进入成长期和成熟前期的产品。③提醒性广告，也叫备忘性广告或加强性广告。目的在于提醒顾客，使其产生"惯性"需求。适用于已进入成熟后期或衰退期的产品。

企业广告，又称商誉广告。目的是提高企业的声望、名誉和形象，以利于销售产品。注重宣传、介绍企业的品牌、商标、厂址、厂史、生产能力、服务项目等情况。

2. 按广告传播的区域划分

按广告传播的区域，广告可分为全国性广告和地区性广告。

二、广告媒体

广告媒体也称广告媒介，是广告主与广告接受者之间的连接物质。它是广告宣传必不可少的物质条件。广告媒体并非一成不变，而是随着科学技术的发展而发展。科技的进步，必然使得广告媒体的种类越来越多。

（一）广告媒体的种类

为了正确地选择广告媒体，必须首先了解广告媒体的种类及其特点。

1. 报纸

报纸具备时效性强，发行面广，便于保存和查阅等特点，可以传达复杂的信息，而且广告费用相对低廉。报纸广告的缺点是艺术表现力不强，广告的注意度较差。报纸按出版时间分成日报、晚报、周报，并按报纸内容分成综合性和专业性等不同种类，一般地域性很强，大多数报纸与广大消费者的生活密切相关，更适合用来传达消费类的信息。但须注意的是，年轻一代似乎正在失去阅读报纸的习惯，报纸的流通量将会进一步下降。

2. 杂志

杂志印刷精美，信息容量大，易保存，针对性强，因为其目标人群清晰，能发展出忠实地关注某一领域内容的订阅者。但出版周期较长，发行范围也有限。我国有上万种杂志，可分为周刊、半月刊、月刊、双月刊、季刊以及年刊，专业领域分布从政治、经济、军事，到文化、教育、生活、娱乐等多方面，有些是完全专门性的，有些是综合性的。杂志广告中封面和封底的价值最大，其次是封二、底二，中间插页以及其他部位。

3. 广播

广播的特点是时效性强，而且收听便利，不受时空限制，但信息容量较小，而且不易保存。广播是我国覆盖面最广、消息传递最迅速的媒体。广播广告完全通过语言和音响效果来表达广告的意境，要求广告语言自然、简短易记，并有很高的播音技巧。因为汽车普及和交通拥堵日益严重，人们在车里的时间增加，广播的使用将会增加。当然这种增加会在一定程度上被音乐磁带和CD的作用抵消。

4. 电视

电视集声、色、彩、像于一体，艺术感染力很强，而且覆盖面广、传播速度快，具有很强的吸引力，是一种注意度最高的媒体广告。其缺点是时间有限，不易保存，不易传达较为复杂的信息，而且广告费用昂贵。当然，作为现代社会信息传播中最具魅力的工具，电视广告效果也是最为明显的。电视广告的表现方式主要有故事式、名人推荐式、解决问题式、引证式、示范式、赋予广告以生命力的幽默式等形式。随着很多消费者转向互联网，电视的重要性会下降。

5. 互联网

互联网兼具上述几种传统媒体各自的优点，如时效性强、艺术表现力强、发行范围广等，而且具有易于定点投放、易于评估广告效果等传统媒体所不具备的优势，是一种近年来广受欢迎的广告形式。互联网广告的缺点是注意度不高。随着互联网培育的年轻一代逐渐长大，其重要性会大大增加。

6. 其他媒体

其他媒体包括广告牌、霓虹灯、灯箱、橱窗、壁画等户外广告媒体。这类广告媒体光亮艳丽、引人注目，而且可以长期保存，反复宣传，但由于它们不能移动，传播面和影响面较小，适合去影响固定的目标人群。

此外，信函、包装袋、商品目录，甚至人体都可以作为广告宣传的重要媒体。目前还出现了用气球、飞艇做媒体的广告，广告媒体正在向多样化和现代化的方向发展。

（二）广告媒体的选择

如上所述，各种广告媒体都有它的优缺点，企业对广告媒体必须进行认真选择，以保证广告信息能得到有效的传播，广告的费用能得到合理的使用。选择广告媒体时，需注意以下几个因素。

1. 目标顾客的特征

企业应该根据目标市场顾客的特征来选择广告媒体。例如，对妇女用品的广告，妇女杂志和电视广告效果较好，而对学龄前儿童的广告，最好的媒体是电视。

2. 产品种类

企业应该根据不同的产品特征来选择广告媒体。生产资料和消费品、高技术性能产品和一般性产品，应分别选用不同的媒体。例如，对复杂的技术产品，选择专业性杂志或样本做广告效果较好，而服装广告，选择彩色印刷杂志广告最有吸引力。

3. 媒体的传播范围

不同的媒体传播范围大小不同，市场的地理范围也影响媒体的选择。畅销全国的产品宜在全国性的报刊、电台和电视上做广告。如果产品只适合在某一地区销售，显然，应选择地方性报纸或其他广告媒体。

4. 媒体的影响力

报纸杂志的发行量，广播、电视的听众、观众的数量，媒体的频率及声誉，是媒体影响力的标志，媒体的影响力应达到目标市场的每个角落，但越出目标市场的广告又是浪费。不同媒体的影响力不同，如果广告信息只要求听到，就可以选择电台广播为媒体；如果不仅要看到，还希望保留较长时间，那就选择广告牌、霓虹灯、橱窗陈列等为媒体；如果不仅要听到、看到还要动作表现，那就必须选择电视或电影作为媒体。

5. 媒体的时效性

广告媒体时间上的选择不同，效果不同，费用也不同。对广播、电视媒体来说，每天选择什么时间播放有很大的不同。另外，许多产品的销售是有季节性的，不要在全年平均使用广告，应注意其时效性。

6. 媒体的费用

各种广告媒体的费用多少不同，效果也不同，广告活动应考虑费用与效果的关系，既要使广告达到理想的效果，又要考虑企业的负担能力。力求在一定的预算条件下，达到最好的广告效果。

三、广告的创作和设计

除了恰当地选择广告媒体，广告宣传效果在很大程度上取决于广告形式的创作和设计。广告的设计应遵循以下原则：①真实性。②社会性。③针对性，最关键的因素是诉求主题。④感召性。⑤简明性。⑥艺术性。同时，针对产品所处生命周期时段的不同，企业应该据以设计不同的广告。投入期：开拓性广告；成长期：竞争性广告或说服性广告；成熟期：刺激需求、促进销售；衰退期：提醒性广告，进行理性诉求。

广告的创作和设计是一门重要艺术，主要包括四个方面：主题、文案、画面和技术。

（一）主题

广告主题即广告的中心思想，体现了广告目标的核心，对广告的全部创作和设计起着主导作用，因此在广告文案、画面、技术的设计中都必须注意围绕主题、突出主题，而不应让一些同主题无关或关系不大的内容占太多的分量，以免冲淡广告的主题，分散顾客的注意力，从而削弱广告的效果。

（二）文案

广告文案是广告信息的具体表现方式，它是在广告目标和主题确定的前提下，对如何表达广告主题的形式、语气、用词及版式等具体方面所进行的文字或语言描述。一般包括以下三方面的内容。

（1）广告标题。广告标题是指出现在广告开头，用以对广告的内容加以提示的醒目语句。

（2）广告正文。广告正文是指具体表现广告内容的各种文字材料，可以是说明文、对话、诗歌、小品等各种体裁和形式。广告正文应当言简意赅、简明扼要，切忌冗长地堆砌辞藻，应以尽量少的语言表达尽量多的信息。

（3）广告口号。广告口号也称广告语，是指对企业或产品特征进行高度概括的标志性短语。例如，白丽美容香皂广告中的"今年20，明年18"。广告口号同广告标题的主要区别在于：前者是企业或产品的一种标志，无论广告内容如何变化，口号一般不变；后者只是广告内容的提示，可随广告内容的变化而变化。

（三）画面

广告画面是用以配合文字对广告主题和内容进行形象化表现的方式，它是用图画、摄影、色彩以及版面布局等形象化的视觉语言对广告的主题和内容加以表现。其目的是增强美感和吸引力，增强广告的宣传效果。

（四）技术

广告技术主要是指用以实施广告艺术表现形式的技术手段。如广告装潢材料的选用，广告模具的制作，电学、化学、机械动力等原理在广告制作上的应用等。良好的广告技术手段不仅可以提高对广告信息的表现力，增加吸引力，而且还可能在一定程度上降低广告的制作成本，因此也是广告创作和设计的重要方面。

总之，广告创作和设计是一种艺术，不仅宣传企业和产品，而且应当给人以很高的艺术享受。要使人们得到启发、受到感染、留下深刻印象，广告创作和设计就要不断创新，要有新的构思、新格调，才能对消费者形成强烈刺激，引发其购买欲，从而促进商品销售。

四、广告效果的测定

(一) 广告促销效果的测定

广告促销效果,也称广告的直接经济效果,它反映广告费用与产品销售量之间的比例关系。广告促销效果的测定,是以产品销售量增减幅度作为衡量标准的。但是单纯地以产品销售量的变动来评定广告效果并不全面。主要有以下几种测定指标。

广告费用占销率 = [广告费/销售量(额)] × 100%
广告费用增销率 = [销售量(额)增长率/广告费用增长率] × 100%
单位广告费用促销额(量) = 销售额(量)/广告费用
单位广告费用增销量(额) = [报告期销售量(额) − 基期销售量(额)]/广告费用

(二) 广告本身效果的测定

广告本身效果的测定,主要是指广告对目标市场消费者所引起心理效应的大小,包括对产品信息的注意、兴趣、情绪、记忆、理解、动机等。

测定指标主要有:知名度、注意度、理解度、记忆度、视听率、购买动机。
常用的测定方法主要有:①价值序列法。②配对法。③评分法。

案例 10-2

微电影营销

在生活节奏越来越快、信息越来越碎片化的背景下,更多的企业开始乐于尝试微电影的营销方式。从全球领先的市场咨询机构 Millward Brown 2014 年发布的《视频广告投放趋势洞察》白皮书中也能得到佐证,其公布的数据显示视频广告的投放已超过综合门户,成为广告主最青睐的网络广告投放形式,其中微电影成为广告主投放意愿最高的视频形式之一。并且广告主在 2014 年倾向于更加追求创意与媒体产品,原创出品内容尤其得到广告主的关注。根据易观智库的调研数据,2013 年所有原创出品内容的播放量达到 21 亿次规模,同比增长 54.4%。

2013 年,全球最大的独立内存产品制造商金士顿推出了《A Memory to Remember 记忆月台篇》微电影,并在网络视频播出平台投放。金士顿这部只有 7 分 32 秒的微电影,在中国台湾引起了热烈反响。在 10 天内,这部微电影就吸引了中国台湾六个主要新闻电视台主动做专题报道,包括舒淇、刘若英等名人也主动推荐这部影片。片中出现不到两秒的金色 U 盘,也因此热销到缺货。

微电影改编自英国 BBC 曾报道过的地铁遗孀请愿新闻,一位丈夫曾是地铁播报员的老妇,因为一句"mind the gap"的地铁广播,在月台守候数年,当广播的声音被换成其他声音后,老妇伤心请求,想换回她丈夫的声音。

这则短小的故事正暗合了金士顿 2013 年所推出的品牌主张:"记忆,永远都在。"

在这个情感经济的时代,情感可以创造财富,也可以创造品牌,事实是情感正在创造一切。只要你敢把情感体验营销玩到极致,你就能够收获到意想不到的成功。

资料来源:http://www.doc88.com/p-7025824780658.html,有改动

第四节 公共关系策略

一、公共关系概述

(一)公共关系的概念

公共关系(以下简称"公关")是指组织机构与公众环境之间的沟通与传播关系。公共关系学也是我国高等教育的一门新兴专业学科,开设大专、本科至最高硕士的课程。关于公共关系的各种定义有很多,一般是指一个社会组织用传播手段使自己与相关公众之间形成双向交流,使双方相互了解和相互适应的管理活动。这个定义反映了公共关系既是一种传播活动,也是一种管理职能。

公关的主体:组织。公关的对象:公众、职员。公关的工具:媒介。

(二)公共关系的特征

公共关系具有以下几个特征。

(1)公共关系是一定社会组织与其相关公众之间的相互关系。

(2)公共关系的目标是为企业广结良缘,创造良好的企业形象和社会声誉。

(3)公共关系活动以真诚合作、平等互利、共同发展为基本原则。

(4)公共关系是一种信息沟通,是创造"人和"的艺术。

(5)公共关系是一种长期活动。

(三)公共关系的作用

公共关系的本质是"内求团结,外求发展"。作用表现在以下几个方面。

(1)收集信息,监测环境。信息是企业生存与发展必不可少的资源,企业公关需要收集的信息包括以下几个方面:①产品形象信息。②企业形象信息,包括公众对组织机

构的评价、公众对企业经营管理水平的评价、公众对企业人员素质的评价、公众对企业服务质量的评价。③企业内部公众的信息，如职员对企业的期望等。④其他信息，如竞争者的动态、顾客的需求变化以及国内外政治、经济、文化、科技等方面的重大变化。

（2）咨询建议，决策参考。①公共关系参与决策目标的确立。②公共关系是获取决策信息的重要渠道。③公共关系是拟订决策方案不可缺少的参考。④公共关系为决策方案实施效果提供反馈信息。

（3）舆论宣传，创造气氛。

（4）交往沟通，协调关系。

（5）教育引导，服务社会。公共关系具有教育和服务的职能。

二、公共关系的活动方式和程序

公共关系的活动方式，是指以一定的公关目标和任务为核心，将若干种公关媒介与方法有机地结合起来，形成一套具有特定公关职能的工作方法系统。可分为以下十种：宣传性公关、征询性公关、交际性公关、服务性公关、社会性公关、建设性公关、维系性公关、进攻性公关、防御性公关、矫正性公关。

公共关系的工作程序：①公共关系调查。②公共关系计划。③公共关系实施。④公共关系检查。

案例 10-3

海底捞"三小时危机公关"：这锅我背、这错我改、员工我养

海底捞是一家在各地拥有百余家直营餐厅的大型跨省餐饮品牌火锅店，生意一直火爆。2017年8月25日，一则关于海底捞两家门店后厨脏乱情况的报道闹得沸沸扬扬，报道中涉及的两家门店分别为海底捞劲松店和太阳宫店。

2017年8月25日14时，海底捞在北京劲松店、北京太阳宫店的食品卫生安全事件爆发3小时后，发表了致歉信。2个小时后，它又对这一危机发布了7条处理通报。

上午，海底捞沦陷；下午，海底捞逆袭。

有人将海底捞的反应归纳为三个词：这锅我背、这错我改、员工我养。

在海底捞的致歉信中，我们看不到"仅"或"只有"这样的字眼。

首先，海底捞没有按照惯例，将事发的概率范围尽可能缩小，反而承认，"每个月我公司也会处理类似的食品安全事件"。接下来，海底捞进一步表示，以往该类事件的处理结果都会公告于众，消费者们可以通过其官网或者微信公众平台对此进行查证——为自己对食品安全问题的重视找证据。"我们感谢媒体和公众对海底捞火锅的监督并指出我们工作上的漏洞，这暴露了我们的管理出现了问题。"

公众无法容忍价值观错误，而管理是可以补救的。换句话说，海底捞强调它们一直在坚守社会责任的底线，而对于管理漏洞深表自责。

海底捞在最短的时间内，已经在处理通报中出台了一些具体的行动陈述，如聘请第三方公司，对下水道、屋顶等各个卫生死角排查除鼠；与第三方虫害治理公司从新技术的运用，到门店设计等方向研究整改措施；公布一系列整改措施的具体负责人的职位、姓名甚至联系电话。

这些细节的公布，不仅使传说中的"相关负责人"瞬间透明，呼应了下文中"主要责任由公司董事会承担"的表述，还用新科技解决了消费者无法监督的疑虑，让一场浮于表面的"危机公关"变为有迹可循的"公关管理"。

不需要"临时工"来顶包，海底捞"处理通报"中第6条，让很多人大跌眼镜——海底捞将事件根由衍生到企业管理制度，并在公众面前保全员工："涉事停业的两家门店的干部和职工无须恐慌，你们只需按照制度要求进行整改并承担相应的责任。该类事件的发生，更多是公司深层的管理问题，主要责任由公司董事会承担。"海底捞一直以来主打"将员工当作顾客来服务"的企业文化。其大多数员工来自农村，经济能力不高，公司鼓动他们"靠双手改变命运"，并赋予他们给顾客赠送菜品、免单等权利，为其解决住宿问题，建立子女寄宿学校，对有贡献的员工奖励全家旅游、父母养老金等。

我们几乎可以在海底捞的致歉信和处理通报中，看到每一位利益相关者的身影。

"今天，媒体的朋友也为我们提供了照片，这让我们十分惭愧和自责。"

"我们感谢媒体和顾客帮助我们发现了这些问题。"

"欢迎顾客、媒体朋友和管理部门前往海底捞门店检查监督。"

"门店在此次整改活动中，应依据所在国家、地区的法律法规，以及公司相关规定进行整改。"

"涉事停业的两家门店的干部和职工无须恐慌。"

毕竟，这一刻，生存才是首要目的。

公共关系营销专家告诉我们："危机既然发生了就是好事"。它作为系统失控的信号，有大量尚未被挖掘出来的价值。每个企业都有漂亮一次的机会，"但别忘记，只有一次"。

资料来源：网易新闻．http://money.163.com/17/0826/09/CSON9E19002580S6.html，有改动

第五节　营业推广策略

一、营业推广概述

（一）营业推广的概念

营业推广又称销售促进，是指那些不同于人员推销、广告和公共关系的销售活动，

它旨在激发消费者购买和提升经销商的效率，诸如陈列、展出与展览表演和许多非常规的、非经常性的销售尝试。

（二）营业推广的优缺点

营业推广具有以下优点。

（1）可以吸引消费者购买。这是营业推广的首要目的，尤其是在推出新产品或吸引新消费者方面，由于营业推广的刺激比较强，较易吸引消费者的注意力，使消费者在了解产品的基础上采取购买行为，也可能使消费者追求某些方面的优惠而使用产品。

（2）可以奖励品牌忠实者。因为营业推广的很多手段，如销售奖励、赠券等通常都附带价格上的让步，其直接受惠者大多是经常使用本品牌产品的消费者，从而使他们更乐于购买和使用本企业产品，以巩固企业的市场占有率。

（3）可以实现企业营销目标。这是企业的最终目的。营业推广实际上是企业让利于购买者，它可以使广告宣传的效果得到有力的增强，破坏消费者对其他企业产品的品牌忠实度，从而达到本企业产品销售的目的。

营业推广具有以下缺点：①影响面较小。它只是广告和人员销售的一种辅助的促销方式。②刺激强烈，但时效较短。它是企业为创造声势获取快速反应的一种短暂促销方式。③顾客容易产生疑虑。过分渲染或长期频繁使用，容易使消费者对卖者产生疑虑，反而对产品或价格的真实性产生怀疑。

二、营业推广的基本策略

（一）面向消费者

（1）赠送促销。向消费者赠送样品或试用品，赠送样品是介绍新产品最有效的方法，缺点是费用高。样品可以选择在商店或闹市区散发，或在其他产品中附送，也可以公开广告赠送，或入户派送。

（2）折价券。在购买某种产品时，持券可以免付一定金额的钱。折价券可以通过广告或直邮的方式发送。

（3）包装促销。以较优惠的价格提供组合包装和搭配包装的产品。

（4）抽奖促销。消费者购买一定的产品之后可获得抽奖券，凭券进行抽奖获得奖品或奖金，抽奖可以有各种形式。

（5）现场演示。企业派促销员在销售现场演示本企业的产品，向消费者介绍产品的特点、用途和使用方法等。

（6）联合推广。企业与零售商联合促销，将一些能显示企业优势和特征的产品在商场集中陈列，边展销边销售。

（7）参与促销。消费者参与各种促销活动，如技能竞赛、知识比赛等活动，能获取企业的奖励。

（8）会议促销。各类展销会、博览会、业务洽谈会期间的各种现场产品介绍、推广和销售活动。

（二）面向中间商

（1）批发回扣。企业为争取批发商或零售商多购进自己的产品，在某一时期内给经销本企业产品的批发商或零售商加大回扣比例。

（2）推广津贴。企业为促使中间商购进企业产品并帮助企业推销产品，可以支付给中间商一定的推广津贴。

（3）销售竞赛。根据各个中间商销售本企业产品的实绩，分别给优胜者以不同的奖励，如现金奖、实物奖、免费旅游、度假奖等，以起到激励的作用。

（4）扶持零售商。生产商对零售商专柜的装潢予以资助，提供POP（point of purchase，卖点广告）广告，以强化零售网络，促使销售额增加；可派遣厂方信息员或代培销售人员。生产商这样做的目的是提高中间商推销本企业产品的积极性和能力。

三、营业推广的步骤

（一）确定推广目标

营业推广目标的确定，就是要明确推广的对象是谁，要达到的目的是什么。只有知道推广的对象是谁，才能有针对性地制订具体的推广方案。例如，是为达到培育忠诚度的目的，还是以鼓励大批量购买为目的。

（二）选择推广工具

营业推广的方式方法很多，但如果使用不当，则适得其反。因此，选择合适的推广工具是取得营业推广效果的关键因素。企业一般要根据目标对象的接受习惯、产品特点和目标市场状况等来综合分析选择推广工具。

（三）推广的配合安排

营业推广要与营销沟通的其他方式如广告、人员推销等整合起来，相互配合，共同使用，从而形成营业推广期间的更大声势，取得单项推广活动达不到的效果。

（四）确定推广时机

营业推广的市场时机选择很重要，如季节性产品、节日礼仪产品，必须在季前节前做营业推广，否则就会错过时机。

（五）确定推广期限

推广期限即营业推广活动持续时间的长短。推广期限要恰当，若过长，消费者新鲜感丧失，产生不信任感；若过短，一些消费者还来不及接受营业推广的实惠。

★ 本章实训

（一）内容

模拟商品销售：学生自选商品，自愿分组进行角色扮演，模拟演示销售某商品的全过程。

（二）要求

（1）演示得体，语言流畅，重点突出，卖点独特可信。

（2）声音洪亮，表情和站姿自然，现场气氛活跃，反复训练，达到声情并茂的境地。

（3）每组现场模拟演示10分钟。

★ 本章思考题

1. 什么是整合营销传播？
2. 主要的促销工具有哪些？每种工具特点是什么？
3. 什么是促销组合？企业的促销组合决策过程包括哪些环节？
4. 什么是广告策略？广告策略的内容包括哪些？

第十一章 服务市场营销

学习目标：了解服务市场营销理论产生的历史背景；掌握服务的概念及特征，掌握服务市场营销的概念与特征，理解服务市场营销组合要素构成及营销要素的特征；掌握服务质量评价SERVQUAL方法。

关键术语：
服务营销　service marketing
服务营销组合　service marketing mix
顾客利益　customer benefit
服务包　service pack

案例导入

中年如家的战略变革

如家酒店集团创立于2002年，从零开始，探索出中国快捷连锁酒店的商业模式，并于2006年10月在美国纳斯达克上市。如家酒店集团是中国酒店业在海外上市第一股，并始终以顾客满意为基础，以成为"大众住宿业的卓越领导者"为愿景，向全世界展示中华民族宾至如归的"家"文化服务理念和民族品牌形象。

2017年是如家酒店集团创立的第15个年头，15年来，如家一直稳坐中国快捷连锁酒店行业老大的位置。这期间，如家酒店集团进行了四次战略升级，分别经历了：1.0时代的单店向连锁发展；2.0时代单一产品向多产品发展；3.0时代单一品牌向品牌多元化发展；4.0时代单一酒店产业向产业多元化发展。

如家酒店集团和所有的企业一样，会到达中年，会面临危机。如家酒店集团CEO孙坚2014年接受采访时就说道："我就一直在思考我们企业的未来，那段时间社会上到处是各种兼并收购的新闻，一些刚成立的公司估值高达数十亿。这让我感到迷茫，我开始思考我们早前的商业价值、商业逻辑还能否成立，于是我们开始自我变革。原来我们只开经济型酒店，现在我们推出新的产品，包括中端和精选的产品，还开拓了线上零售。同时我们成立了网络营销中心，专门研究新技术新渠道。我们还成立了百万创新基金，鼓励员工提新想法新项目，如果新项目被采纳，我们会请员工来主导这个项目。"

为渡过中年危机，如家酒店集团实行门店总经理淘汰制度，业绩业务不达指标直接淘汰，同时相应地鼓励任用新的干部。集团总部为适应新的制度将原先的部门管理方式进行改变，成立了4个跨部门的委员会：顾客体验委员会、管理效率委员会、特许加盟委员会、人才发展委员会，用委员会的形式让中层管理者自主管理。以前一个部门内需要完成的流程现在更多地在这个委员会内讨论完成，很多流程不需要反复在几个部门间循环。

在如家成长的十几年中，市场环境发生了巨大的变化。经济型酒店住宿服务业的发展普遍出现了产品僵化、营利弱化、人群老化、需求分化和观念固化的特征。如家酒店集团通过自我革新，积极进行内部改革，勇敢应对行业的"五化"。

1. 首酒合并，如家战略升级应对资本及市场竞争

从2001年底开始创业，只用了5年时间，如家酒店集团就赶超了历史更长的锦江之星连锁酒店，成为中国第一家上市的经济型连锁酒店。为满足市场需求，如家酒店集团在快捷酒店行业市场又摸爬滚打8年后，在2014年实现品牌及业务升级，从单一的快捷酒店品牌向多品牌产品延伸。但2015年以来酒店行业市场出现了国有资本、国际资本、民营资本的深度融合，形成了新的产业生态圈，2015年锦江股份收购卢浮集团到战略投资铂涛集团就是其中的典型。

国内酒店行业曾经"三分天下"的格局被打破，酒店行业开始进入寡头竞争时代，应对市场的风云转变，如家酒店集团从美国纳斯达克退市实现私有化，再和首旅合并，这一系列动作可谓一气呵成，没有半点拖沓。如家酒店集团和首旅酒店集团合并后，原如家酒店集团董事兼CEO孙坚出任首旅如家酒店集团总经理，并开始对首旅酒店集团品牌进行梳理整合，将如家酒店集团多年来市场化的经验运用到拥有国资背景的首旅酒店集团品牌中，首旅如家酒店集团将向中高端市场发起猛烈冲击，如家酒店集团可谓进行了一次华丽的转身。

2. 业务重新布局，如家品牌升级进入中高端酒店蓝海市场

孙坚在接受《第一财经》采访时说道：向存量要发展，将合适的旧经济型酒店升级改建为客房价较高的新中端酒店，此举不仅解决了寻找物业的问题，还从一定程度上提升了客房收益。既然这么多的酒店企业如今都进行了整合，那么合并后的酒店企业会拥有全系列的发展和更丰富的品牌，这就需要有新产品去满足更多客人的需求，而从现有的经济型酒店物业中寻找合适的项目去改建成为新的升级版酒店，这是一个不错的方向。

这样的表述，让我们可以明显地看出如家酒店集团未来的战略方向，借助和首旅酒店集团的整合，如家酒店集团从产品上已经完全跳出连锁酒店的圈圈。在品牌上，虽然先期已经推出了"和颐至尊酒店""和颐酒店""如家精选酒店""如家商旅酒店""素柏·云酒店"这五款中高端定位的酒店，但是在品牌的呈现上还未完全展现，起码从名称的叫法上，消费者还是很难确认这些酒店品牌是中高端的品牌，但毕竟如家酒店集团通过产品已经迈出了第一步。

3. 多维产品开发，如家产品升级满足用户差异化需求

1.0版的住宿，是客栈或者乡村生活的状态，就是我们在武侠电视剧看到的场景，是个性化但非标准化的。随着全球工业化，有效率工业化的方式被引入住宿业，酒店行业

产生了标准，而我国到改革开放后才逐渐形成，这便是2.0版的住宿。2.0版标准化的住宿在21世纪头10年的中国达到巅峰，形成了锦江、如家、铂涛、华住这样集团化的酒店企业。

接下来3.0版的住宿其实就是精品酒店，又回到个性化，但是这种个性化是坚持在标准之上的个性化，只是它不按照所谓工业化的一成不变的方式来布局这个酒店了，可能是按照我们想要的一个生活场景、一个生活方式，去重新梳理和打造它，变成了3.0版的酒店，包括主题文化酒店、客栈、民宿等。而4.0版的住宿，便是一个新的循环，将现在3.0版的个性化酒店重新标准化去打造，只是这条路还比较漫长。

中国酒店行业市场目前正处于3.0版住宿的阶段，如家酒店集团也根据市场的需求重新定义旗下的酒店。如家酒店集团旗下现有十二大住宿品牌：和颐至尊酒店、和颐酒店、如家精选酒店、素柏·云酒店、驿居酒店、如家商旅酒店、睿柏·云酒店、如家酒店、莫泰酒店、派柏·云酒店、云上四季酒店及云上四季民宿。每个品牌也都在不断细分目标客户群体。

和颐至尊酒店，是如家酒店集团旗下中高端商旅型连锁酒店品牌，酒店融合了东西方的文化艺术，倡导商旅途中视觉、听觉、味觉、嗅觉、触觉"五感"全方位体验，满足高品位商旅人士的社交情感需求，将人文关怀融入产品和服务之中。

和颐酒店，注重设计细节，为客户配套便捷高效的商务设施和物超所值的星级酒店住宿服务体验，让消费者在领略通体舒泰的全方位感官享受后，重塑和谐、激发活力。

如家精选酒店，采用流行的英伦现代设计风格，倡导商旅途中视觉、听觉、味觉、嗅觉、触觉"五感"全方位体验，满足高品位商旅人士的社交情感需求，致力于为客户的工作和生活带来无限灵感。

驿居酒店，让客户在一成不变的旅途中体验诱惑，在循规蹈矩的城市穿梭中产生冲动，并让客户去享受变化的愉悦。

如家商旅酒店，致力于以最合理的价格为客户提供其正在追寻的休憩港湾，在现代快节奏的商旅生活中，为客户准备舒适的睡眠环境、健康的早餐以及各类高效的配套设施，更为客户创造旅途中的理想工作场所。

如家酒店，如家集团的领导者品牌，通过标准化、简洁、舒适的酒店住宿服务，让商务及休闲旅行客户收获温馨、便捷的住宿体验。

莫泰酒店，以设计时尚、设施完备、舒适方便为客户提供增值服务，并在贯彻时尚理念的同时，注重客户健康、高品质的生活方式的提升，为客户打造全新酒店住宿体验。

素柏·云酒店、睿柏·云酒店、派柏·云酒店，是如家酒店集团旗下品牌管理输出的代表性品牌，客户在这些酒店既可以享受如家带来的标准化服务，还能享受店家带来的独特风情和梦想情怀。

云上四季酒店，致力于打造传承经典中国元素和体现滇域文化特色的连锁型酒店，将滇域文化带给全国各地的客户。

云上四季民宿，是如家酒店集团旗下休闲度假民宿平台，全国各地景区及城市近郊的特色民宿都可以加入这个平台，围绕"民宿管理支持平台""民宿预订平台"和"后台资源共享平台"打造立体化的民宿生态圈。

不仅于此，如家酒店集团还在尝试公寓、非标类型住宿产品的体验："逗号"公寓正瞄准都市青年，将住宿与社交功能的融合体现为为都市年轻人打造一站式的时尚、舒适住宿空间；如家与首汽达成合作，瞄准酒店出行市场，并通过如家小镇、娱乐空间、如家机器人等产品的打造，满足更多客户群体的需求。

4. 生态圈建设，如家渠道升级增强客户及会员价值

孙坚在如家和首旅合并后多次强调：未来整个首旅如家将会以住宿为核心，并综合首旅集团旗下的相关资源打造一个顾客价值生态圈。目前如家酒店集团的酒店生态圈已经在如火如荼的建设中，围绕"吃住行游购娱"六大维度展开，为客户提供旅途中具有价值的全方位一体化的产品和服务。首旅集团旗下业务涉及酒店、餐饮、旅行社、景点、汽车、地产等行业，这些都将在首旅如家生态圈建设中发挥重要作用，而这些都将紧紧围绕客户价值这个核心。

在如家生态圈打造上，如家酒店集团和首汽租车不谋而合。首汽租车依托首汽集团和首旅集团的资源优势建立了以出行场景模式组合而成的大出行外延型"生态圈"，但无法实现租车的场景化。在与如家酒店集团达成生态圈合作后，首汽租车实现了用户消费和体验场景的互补，而如家酒店集团也探索出了"住宿＋出行"的生态圈模型。

在"互联网＋"的时代背景下，个性化、定制化、多元化的解决方案是各行各业发展的大趋势，这也一方面成为如家酒店集团为用户创造更多价值的途径，另一方面成为抢占大住宿市场份额、构建住宿为核心生态的重要方式。应对市场和用户诸如商务、政务、会议、赛务、度假、家庭、乡村、主题、经济等多样化的需求，如家酒店集团在生态圈的构建和建设中将不断满足用户需求与提升用户价值。

资料来源：世界经理人网站。http://blog.ceconlinebbs.com/BLOG_ARTICLE_247025.HTM，有改动

第一节　服务市场营销概述

20世纪70年代，欧美的一些营销学者发现实体生产行业的营销管理方法和理论并不适用于服务业。传统的产品市场营销理论过分强调生产的低成本和规模经济，类似这样的管理方法会造成服务质量的下降，进而破坏顾客关系，并最终导致利润下降。因此，服务业需要新的营销理论与方法来指导和开展服务营销活动。这样的背景下，服务市场营销理论和方法应运而生。

一、服务的概念与特征

（一）服务的概念

服务的概念是随人们对服务认识的不断深入而不断发展的。1960年，美国市场营销协会最早给出了服务的定义，认为服务是用于出售或者是与产品连带出售的活动利益或满足感。遗憾的是这一定义并没有将服务和有形产品区分开来。

此后，其他学者也从不同的角度给出了服务的概念。1963年，威廉·J. 里甘（William J. Regan）提出服务"是直接提供满足（交通、租房）或者与有形商品或其他服务一起提供满足的不可感知活动"。1974年，威廉·J. 斯坦顿（William J. Stanton）将服务定义为可被独立识别的不可感知活动，为消费者或工业用户提供满足感，但并非一定要与某个产品或服务连在一起出售。1990年，著名营销学家克里斯汀·格罗鲁斯将服务的定义概括为：或多或少具有无形性特征的一种或一系列活动，通常（但并非一定）发生在顾客与服务的提供者及其有形的资源、产品或系统相互作用的过程中。之后，美国市场营销协会也对其1960年提出的服务的定义进行了补充和完善，将服务重新定义为：可被区分界定、不可感知却可使欲望获得满足的活动。这种活动的生产与出售与其他产品或劳务的生产或出售相联系，亦可单独。在需要借助某些有形产品协助生产服务时，不会涉及有形产品的所有权转移问题。

我国学者郭国庆在其《服务营销管理》一书中将服务定义为：服务是一种或多或少具有无形性特征的活动或过程，它是在服务提供者与服务接受者互动的过程中完成的，服务行为主体是为了另一个主体对象获得利益，同时服务也是一个企业实行差异化战略的重要手段，通过服务的差异化，企业可以创造自己长期的竞争优势。本章中所涉及的服务概念采用我国学者郭国庆所提出的概念范畴。

（二）服务的特征

与实物产品相比，服务被普遍认为具有以下四个特征。

1. 无形性

服务的无形性体现在两个层面。第一个层面，与实物产品相比，服务的多数组成元素是非物质的，这些非物质的部分不能被顾客看见、触摸甚至是感知。第二个层面，消费者对服务利益的感受比较困难。对于某些服务的消费利益，消费者很难感知，或者不能在消费的第一时间感知。当然，几乎不存在消费者完全不能感知的服务利益，否则，消费者就失去了消费的动机，只不过有些服务消费的利益是在消费过后的较长时期内才能被感知。例如，汽车出现故障，车主将车子交由汽车修理服务公司处理，但车主在取回车子时,对汽车维修服务的特点及经修理后的汽车部件是否全部恢复正常,都是难以察觉并做出判断的。

服务的无形性并不是指服务的提供过程中完全不借助有形产品,恰恰相反,绝大多数服务供给或消费的过程中都需要借助实物载体。例如某种软件服务,其功能是通过对软件程序的运行或使用帮助消费者实现某种结果,而软件程序在从软件商传递给消费者的过程中必须借助光盘、硬盘或内存等硬件设施。

2. 不可分离性

有形的工业品或消费品在从生产、流通到最终消费的过程中,往往要经过一系列的中间环节,生产与消费的过程具有一定的时间间隔。而服务产品则与之不同,它具有不可分离性的特征,即服务的生产过程与消费过程同时进行,也就是说服务人员提供服务时,正是消费者消费服务的时刻,二者在时间上不可分离。由于服务本身不是一个具体的物品,而是一系列的活动或过程,因此在服务的过程中消费者和生产者必须直接发生联系,从而生产的过程也就是消费的过程。服务的这种特性表明,消费者只有而且必须加入服务的生产过程中才能最终消费到服务。一个最简单的例子是,病人必须向医生讲明病情,医生才能做出诊断,对症下药。

3. 差异性

服务的差异性特征是指服务产品的构成成分及服务质量水平是不稳定的、时常变化的。在服务供给过程中,与消费者直接接触的服务人员的行为是服务中的主要因素之一,但即便是同一服务人员所提供的服务也不可能是完全无差异的,因为服务人员的心情、态度甚至是生理状态都有可能会影响服务的构成。服务的质量很难有统一的标准来测量,因此在服务营销学中对于服务质量的评价以消费者的感知质量为导向,由于不同消费者对服务期望和评价标准的不同,同样的服务,不同的消费者所感受到的服务质量也可能是不同的。

4. 不可储藏性

服务产品的不可感知形态以及服务的生产与消费同时进行,使得服务产品不可能像有形的消费品和工业品一样被储藏起来,以备未来出售;而且消费者在大多数情况下,亦不能将服务携带回家安放。当然,提供服务的各种设备可能会提前准备好,但生产出来的服务如不当时消费掉,就会造成损失(如车船的空位等),不过,这种损失不像有形产品损失那样明显,它仅表现为机会的丧失和折旧的发生。因此,不可储藏性的特征要求服务企业必须解决由缺乏库存所引致的产品供求不平衡问题、制定分销策略来选择分销渠道和分销商、设计生产过程,以及有效地弹性处理被动的服务需求等。

综上所述,服务的无形性特征基本上被认为是服务产品的最基本特征。其他特征都是从这一特征派生出来的。事实上,正是因为服务的无形性,它才不可分离。而"差异性""不可储藏性"在很大程度上是受"无形性"和"不可分离性"两大特征所决定的,同时,就对服务市场的营销行为及顾客行为的影响而言,前两种也不如后两种特征那么深远。

二、服务市场营销的概念

服务市场营销学脱胎于传统的产品市场营销学。早期的服务市场营销概念强调服务市场营销管理的核心是服务质量,服务市场营销的首要管理对象从传统的 4P 转变为服务质量和顾客。1990 年,格罗斯在《服务管理与营销》一书中,从心理学的认知的基本理论出发,提出了顾客感知服务质量的概念,论证了服务质量从本质上讲是一种感知,是顾客的服务期望与服务经历比较的结果,服务质量的高低取决于顾客的感知,服务质量的最终评价者应该是顾客而不是企业。这一理论构成了现代服务市场营销理论体系的基础。

目前,市场营销学界所广泛认同的服务市场营销的概念范畴,是指企业在市场细分的基础上,根据个人的特定需求来安排服务市场营销组合,向顾客输出非有形产品或者便捷、愉悦、省时、舒适或健康等形式的附加价值或利益,以满足每一个顾客的特定需求的经济活动。服务市场营销的过程涉及服务提供者产品设计、展示、输出和传递的过程,也是顾客接受、消费、感知和评价的过程,是企业寻求差异化竞争优势的重要手段。

三、服务市场营销组合要素

传统的产品市场营销策略是指将产品、价格、渠道和促销等营销组合要素进行组合形成所谓的市场营销策略。实际上,任何营销策略的实质都是对一系列营销要素的组合运用,产品市场如此,服务市场也是如此,只不过,两个市场所运用的营销要素和要素的策略重点有所不同而已。

著名营销学家布姆斯和比特纳在对传统市场营销策略的 4P 要素进行修订与扩充的基础上,将服务市场营销组合修改和扩充为七个要素,分别为产品、定价、地点或渠道、促销、人员、有形展示和过程(表 11-1)。

表 11-1 服务市场营销组合的要素与内涵

要素	内涵
产品	服务领域,服务质量,服务水准,品牌,服务项目,保证,售后服务
定价	水平,折扣,支付条件,顾客认知价值,质量/价格,差异化
地点或渠道	所在地,可及性,分销渠道,分销领域
促销	广告,人员促销,销售促进,宣传,公共关系
人员	人员配备:训练,选用,投入,激励,外观,人际行为;态度;其他顾客:行为,参与程度,顾客/顾客的接触度

续表

要素	内涵
有形展示	环境：装潢，色彩，陈设，噪声水准；装备等有形产品；实体性线索
过程	政策，手续，机械化，员工裁量权，顾客参与程度，顾客取向，活动流程

资料来源：Bernard H. Booms and Mary J. Bitner. Marketing Strategies and Organization Structures for Service Firms in James Vices. Chicago：American Marketing Association，1981

（一）产品

产品是服务市场营销中最基本的要素，它决定了企业要满足市场中的哪些需求。企业服务的领域、质量和水准三个方面是企业服务产品策略最基本的组成。除此之外，服务产品策略还需要考虑品牌、项目、保证以及售后服务等内容。即便是同一领域的服务提供商，通过对产品要素中的子要素进行变化和组合，所提供的同类服务之间的差别也可能是相当大的。例如，同样是提供餐饮服务，小餐馆和五星级大饭店内无论是菜系、服务质量、目标顾客群还是满足的消费者需求都是不同的。

（二）定价

服务的价格水平、折扣、支付条件、顾客认知价值是服务价格要素需要考虑的内容。价格是影响消费者服务感受质量的重要因素之一，因此，价格与服务质量之间的关系需要谨慎处理。对于高价格，消费者通常会期望更多的服务内容和更高的服务水平。

（三）地点或渠道

服务市场营销的渠道要素设计会直接影响服务的可达性和服务消费的便利性。可达性要求服务能够通过渠道顺利地递送至目标顾客群，递送的服务数量能够满足目标市场的需求，这是渠道设计最基本的要求。不同的服务领域，消费者对于服务的便利性要求不同。例如，随着收入水平的提升，女士美容服务开始成为常见的服务消费项目，但通常女士对于这类项目的便利性有很高的要求，她们不愿意将太多的时间和精力放在去往消费的途中。

（四）促销

与传统市场营销一样，服务市场营销包括广告、人员推销、销售促进或其他宣传形式的市场沟通，还包括同公共关系营销一样的一些间接沟通。

（五）人员

人员是服务市场营销中非常重要的因素。人员是服务提供过程中不可缺少的因素。企业所配备的服务人员（一线的服务员工）必须与服务生产的要求相匹配，包括基本学历、素质、服务技能等方面的表现。另外，服务人员的态度对于消费者感知的服务质量也会产生重要影响，所以，企业还需要加强对服务人员态度的管理，保持微笑服务。经验表明，高素质的员工、和蔼可亲的服务态度能够在一定程度上弥补由于服务环境缺陷为消费者带来的缺憾感。

（六）有形展示

服务是无形的，为了让消费者了解服务的内容、产生消费的欲望，企业需要将无形的服务通过各种有形的介质表现出来。企业通过有形的展示向消费者提供与企业服务相关的各种信息，刺激顾客产生消费欲望，达成消费行为。有形展示的要素包括实体环境（包括装潢、色彩、陈设、噪声水准等）、提供服务时所需要的装备等有形产品、其他实体性线索。例如，干洗店为洗干净的衣服提供简易包装。

（七）过程

服务的生产过程就是服务的消费过程，是消费者进行质量感知评价的依据。这就要求服务人员在服务过程中合理设计服务流程，企业应给予一线服务人员权力以便服务具有弹性，满足消费者的个性化需求。服务人员在服务过程中应该重视消费者的态度和行为反应，及时调整可能导致消费者不满意的行为或言语。

四、服务市场营销战略

（一）服务市场营销战略的概念

服务市场营销战略是指服务企业为了谋求长期的生存和发展，根据外部环境和内部条件的变化，对企业所做的具有长期性、全局性的计划和谋略，是企业在组织目标、资源和它的各种环境机会之间建立与保持一种可行的适应性的管理过程。服务营销的范围包括市场的确认与测量、市场特征分析、市场预估、评测个体市场成功的必要条件等。

与产品市场营销战略一样，服务市场营销共有两种战略可供选择。

1. 总成本领先战略

总成本领先战略是一种内涵积累式战略,是指通过降低成本的努力,使成本低于竞争者,以便在行业中赢得总成本领先的优势,获得高于行业平均水平的收益。

2. 多角化战略

多角化战略亦称多元化战略,是指一个企业同时经营两个以上行业的服务产品的市场经营战略。多角化战略是在企业内部各项功能高度分化和专业化并拥有协调方式的情况下采取的分散风险的战略。

(二)服务市场营销战略的管理

(1)加强内部管理、提升服务质量。优质的服务是顾客满意的保证,也是顾客忠诚的重要依托,更是核心竞争力的所在。因此服务质量管理尤为重要。一方面,应对顾客进行服务承诺,制定高标准的服务规则,不惜以高赔偿为代价。另一方面,加强对员工的管理和培训,加强内部的监控控制。

(2)提高服务生产率,为双方创造更高价值。企业是以盈利为最终目的,因此通过对服务生产率的管理,可以取得更好的经济效益。在服务业中,生产率是指在服务或者制造过程中将投入的资源转化成客户价值的效益,包括内部效益和外部效益。为了取得更好的经济效益,应该提高服务生产率。一方面,要加强对员工的培训,同时合理设置服务过程中的技术难度和销售难度。另一方面,在服务过程中加强顾客的参与程度。让顾客能够掌握更多的信息,也让顾客感受到更加优质的服务。

案例 11-1

首旅如家,迈向顾客+大未来

2015 年 12 月 7 日,如家与首旅发布消息,双方已达成合并的最终协议。2016 年 4 月 4 日,首旅酒店集团对如家酒店的私有化购买交易完成交割,首旅如家酒店集团诞生。合并后的首旅与如家实现了优势互补、资源整合,达成了产品全系列、信息全覆盖、会员全流通、价值全方位的整合效果,带动首旅如家酒店集团的整体业务进行升级,并加速以酒店为主的住宿产品的迭代更新。截至 2016 年 12 月,首旅如家酒店集团在国内 360 余个城市运营近 3200 家酒店,覆盖"高端""中高端""商旅型""休闲度假""长租公寓""联盟酒店"全系列的酒店业务。

1. 住宿+

如家酒店集团和首旅酒店集团的合并重组,最先能为两家集团带来变化的便是住宿。未来在首旅如家,消费者可以体验价格优惠的连锁快捷酒店,可以体验商务体验式的中高端品牌酒店,还可以体验五星级服务的建国酒店,更加可以体验个性化的首旅寒舍酒店、如家小镇空间。

总之,在首旅如家,消费者可以体验到任何层级的住宿空间。

2. 旅游+

住宿是旅行消费者的刚需，在首旅如家布局完住宿板块的地图后，可以想象旅游+将是首旅如家顺势而为的发展路径。未来在首旅如家，消费者可以场景化地体验购买景区的门票以及目的地的特产，可以体验VR（virtual reality，虚拟现实技术）式的电影及智能的运动健身设备，还可以体验足不出酒店就有星级大厨制作的美食，更加可以体验推开窗就是景区风景的住宿环境，未来的首旅如家将形成吃住行游购娱一体化的大旅游场景。

3. 顾客+

如家首旅合并后，如家酒店集团近亿的会员价值和覆盖全国的3000多家酒店的网络价值就会被无限放大，从而成为合并后拥有集首商、首汽、首航、首酒、首食、首展等数百亿资产近千家成员企业的共同入口和线下链接点；与此同时，首旅酒店集团涵盖酒店服务业、旅游商业、餐饮服务业、旅游旅行服务业、汽车服务业、景区服务业和旅游地产等全业态全产业链业务，又可以为这些用户提供更多更强、黏性更高的产品和服务，最终实现从单品规模连锁化，发展到多品链条式覆盖，再到全品深度粘连化的顾客生态圈的构建，从而实现品类垂直到人群垂直的旅游全产业链平台商的跨越和升级。

如家和首旅的合并重组，既是帮助首旅酒店集团从北京走向全国，也是帮助如家酒店集团从快捷连锁酒店品牌升级成高、中、快捷全覆盖的连锁酒店品牌。同时，如家依托首旅集团酒店、餐饮、旅行社、景点、汽车、地产构建"吃""住""行""游""购""娱"六大板块围绕用户价值提升的生态圈系统。

未来，在首旅如家我们不仅能住上舒适的酒店，还能有可口的美食、便捷的交通、丰富的景区、场景式的购物和各式各样的社交娱乐活动，总之首旅如家将不再是一家酒店，而是一种生活方式的提供方。如家和首旅的合并是战略的导向，更是首旅如家酒店集团的凤凰涅槃，将会进一步引领未来中国的大住宿行业！

资料来源：编者根据世界经理人网站资料编纂. http://blog.ceconlinebbs.com/BLOG_ARTICLE_247025.HTM

第二节　服务市场营销组合策略

一、服务产品策略

（一）服务产品的概念范畴

1. 服务包

服务的无形性特征使得服务产品变得很抽象，服务产品的概念范畴到底包括哪些内容？格罗鲁斯提出了服务包模型来解决这个问题。服务包理论认为一项服务产品应该包括三个层次的服务内容，分别为核心服务（core service）、便利性服务（facilitating service）和支持性服务（supporting service），如图11-1所示。

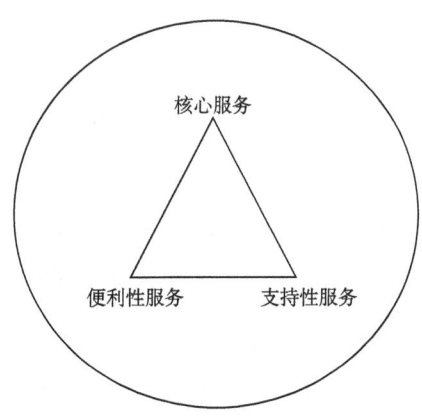

图11-1 服务包模型

（1）核心服务。核心服务是指企业提供服务所具备的基本功能。例如餐馆提供的是餐饮服务，旅店提供的是住宿服务，而铁路公司提供的是运输服务。核心服务是企业存在于市场的原因。

（2）便利性服务。便利性服务是指企业为了顾客更方便地消费核心服务所提供的配套活动。例如铁路公司提供的电话订票服务、网络订票服务和送票上门服务，银行为了客户更方便地办理储蓄、取款和转账等业务所推出的自助柜员机服务与网上银行服务。

（3）支持性服务。支持性服务是指企业为了提升服务的价值或增加本企业服务与竞争者服务的差异化程度而开展的活动，支持性服务的最终目的是增加服务产品的市场竞争力。例如酒店为顾客提供早餐，银行设置大堂经理负责客户咨询，解答客户疑问。支持性服务与便利性服务之间并没有严格的区分界限，甚至同样的服务在不同条件下可以在便利性服务和支持性服务之间相互转化。但相对而言，便利性服务要比支持性服务更加重要，因为便利性服务的缺失会对服务的影响更大，所以便利性服务是服务产品的必要组成部分，不可缺失；而支持性服务则显得相对不那么重要。

2. 顾客利益

实物产品通常具备明确的实用功能，并可以通过功能的实现程度来判定产品的质量。服务是一种无形的产品，企业服务的供给过程就是顾客的消费过程，也是顾客对服务质量的感知过程，每一个人对同一项服务质量的感知结果很可能是不一致的。从服务质量的感知角度出发，服务的概念可以分为两个部分：一是服务企业所提供的服务，二是顾客所感知到的服务。现代市场营销学的基本观念为通过营销活动满足市场需求，这一观念同样适用于服务市场营销。因此，服务企业必须从顾客利益的层面出发，以顾客感知到的服务来审视自己提供的服务，以期为顾客带来更大的利益。

(二)服务包规划

企业要向市场提供什么样的服务来满足市场需求?服务包决策是对这一问题的全面、系统的回答。

服务包规划涵盖服务整体统筹和服务包确定两方面的内容。

1. 服务整体统筹

服务企业的发展经验表明,服务企业在同行业中竞争优势并非单纯来自核心服务,而是企业在对服务包整体,包括核心服务、便利性服务和支持性服务的统筹中确立了自己的竞争优势。服务整体统筹战略就是指企业把握顾客感知质量的各个触发点,从整体的角度把握服务产品,通过持续地改善核心服务与边缘服务之间,以及边缘服务之间的协调和匹配程度来不断提升企业服务质量或促进服务更新换代。这些边缘服务可以是便利性服务,也可以是支持性服务。服务整体统筹的目的是使核心服务与边缘服务所形成的整体产品与市场需求相适应,并且各种服务之间相互依托,互相汲取力量,依靠 1+1>2 的效应,产生强大的市场竞争力。核心服务与边缘服务共同构成了企业的"服务之花",如图 11-2 所示。

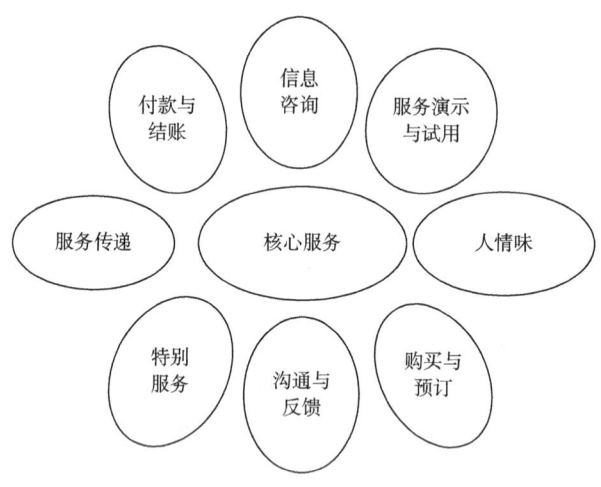

图 11-2 核心服务与边缘服务

企业服务整体统筹分为核心业务规划和边缘服务规划两部分。

(1)核心业务规划。核心业务规划就是确定核心服务的内容,明确核心服务能够实现的功能及其为消费者带来的利益。核心业务规划需要企业首先发掘和甄别消费者的服务需求,进而设计核心服务满足市场需求。随着社会生产技术水平的不断提高,居民的社会生活方式也呈现出加速变化的趋势,市场不断涌现出新的服务需求。例如,各种公交工具之间的距离,以及公交终点与目的地之间的距离,催生了城市中利用公共交通出行的人们对超短途、廉价交通工具的需求,共享单车服务应运而生。即便在传统服务领域，居民的需求也在发生着巨大的变化。例如酒店的核心服务是提供住宿服务，现在为了提升旅途效率，越来越多的人会选择在出行前预订整个行程或目的地的住宿酒店，那些不能为顾客提供便捷的预订渠道的酒店就会失去这部分潜在顾客，现在，便捷的预订服务几乎已经成为星级酒店的标配服务。

需要说明的是，和实物产品一样，企业在开发和设计核心服务时，一定要考虑目标市场的需求规模是否足够支撑企业产生满意的盈利水平。

（2）边缘服务规划。下面是八种比较重要或常见的边缘服务。

①信息咨询。通常情况下，顾客只有在获得他们认为足够多的信息，并对信息进行分析和评价后才有可能产生购买行为。因此，企业是否为顾客或潜在顾客提供良好的信息咨询服务，会对企业的服务销量产生重要影响。基本的服务信息包括服务地点或渠道、服务时间、服务价格和服务特点等内容。

②服务演示与试用。多数顾客会希望在进行某项服务消费前能够对服务有直观了解，因此，企业应该在成本约束的前提下，尽可能为顾客展示其服务，好的服务演示与试用甚至可以成功吸引顾客进行服务消费。一部电影在宣传过程中，往往会通过展示剧照或精彩片段的方式吸引顾客观影；通过网络预订酒店服务时，通常可以看到酒店不同房型内部照片，既方便顾客进行服务比较，又通过良好、整洁的房间设施吸引顾客。

③人情味。多数顾客在消费过程中都会掺杂感情因素，企业应该积极让顾客感受到企业对于顾客的关心和人情味。例如微笑服务、雨天为顾客提供雨伞的借用服务等。

④购买与预订。为顾客提供快捷、准确和周到的购买与预订服务，尽可能减少顾客因为预订或购买所花费的时间和精力。例如酒店在携程网站上推出的预订服务，可以使顾客随时随地预订酒店服务；进入 KFC 的顾客可以通过智能手机上安装的 KFC App 实现自助点餐，再也不需要到柜台前排队等候点餐。

⑤付款与结账。在付款与结账方面，企业首先要确保账单的准确性，其次要不断提升结账业务的便利性。随着微信支付和支付宝支付的兴起，很多服务提供商提供了自助结账服务，顾客扫码后就可以进行账单支付，无纸币化的电子支付简单快捷，节省了交易双方的时间和精力。

⑥服务传递。企业要确保服务可以安全、舒适、便捷地递送至顾客，这包括服务网点的可得性、易进入性、服务环境的舒适性三个方面的内容，实际上这部分内容也是顾客评价某种服务利益的重要组成部分。

⑦沟通与反馈。企业在服务交易过程中和交易结束后，都应该积极与顾客沟通，了解顾客消费服务所获取的利益。尤其是服务售后的回访有助于增强顾客对企业服务的忠诚度，对企业与顾客建立更紧密的联系也有很大帮助。

⑧特别服务。特别服务是指常规服务之外的一系列附加服务，如饭店为饮酒的顾客提供联系代驾的服务。

2. 服务包确定

服务包的确定就是对服务包的宽度、长度、深度和相关性等方面进行全方位决策。

下面以某酒店提供的服务项目来理解服务线、服务包的宽度、长度与深度的概念，如表 11-2 所示。

表 11-2　某酒店服务组合宽度和服务线长度

	服务组合宽度			
	住宿服务	住宿服务子项	餐饮服务	集会服务
服务线长度	双人间	标准双人间	中餐服务	研讨会
		大床间	西餐服务	展销会
		豪华双人间	酒吧服务	冷饮会
	三人间		咖啡厅	鸡尾酒会
	套间	双套间		婚礼
		多套间		
	总统套房			

服务线是一组高度相关的服务，这些服务出自同一生产过程，或针对统一的目标市场，或在同一销售渠道里，或属于同一服务档次。例如表 11-2 中酒店提供的不同房间服务在同一销售渠道中销售，这些房间服务就是一条服务线。服务的宽度是指企业所提供服务的大类数量，即产品线的条数，酒店提供的服务包括住宿服务、餐饮服务和集会服务三个大类，所以该酒店服务包的宽度为 3 条产品线。服务线的长度是指服务线内包含的服务项目的数量，而服务包的长度则是所有服务线长度的总和，表 11-2 中共有 3 条服务线，住宿服务线的长度为 4，餐饮服务线的长度为 4，集会服务线的长度为 5，酒店服务包的长度为 13。服务的深度是指每个服务项目下所包含的子项目数，酒店的住宿服务线下的双人间服务项目包括标准双人间、大床间和豪华双人间 3 个子项目，双人间服务项目的深度就是 3；以此类推，套间服务项目的深度是 2。

企业根据企业资源、市场环境调查结果，考察现有服务包的宽度、长度和深度，以及相关性是否与市场的发展态势相匹配，如果需要，企业可通过扩大或缩减服务包、服务定位延伸等策略来改善服务包。另外，服务产品也存在生命周期，分为投入、成长、成熟和衰退四个阶段，和实物产品的生命周期基本相同。随着社会生产和生活方式的变化，以及市场竞争的加剧，服务生命周期呈现出缩短的变化趋势。因此，企业要不断地修正和改善服务包结构与服务质量，保持企业服务活力。

（三）服务形象规划

服务形象规划是一个系列工程，包括服务人员形象、服务设备形象、服务场所设施形象、服务过程形象等一系列与服务形象相关的要素的整体规划。服务品牌规划是服务形象规划的核心。

案例 11-2

2017年初,国家邮政局发布《2016年快递服务满意度调查结果》,在"快递企业总体满意度和得分"榜上,顺丰速运排名第一,得分84.6。这已经是自国家邮政局2009年首次公布快递服务满意度排名以来,顺丰控股连续8年第一,且得分远超其他国内竞争对手。

根据国家邮政局《关于邮政业消费者申诉情况的通告》数据统计,2016年度,顺丰控股月平均申诉率为3.42件(每百万件快递有效申诉数量),远低于全国平均的9.32件。顺丰控股近两年申诉率连续处于国内同行最低水平。

2017年1月,国家邮政局发布《2016年快递服务时限准时率测试结果》,对比了行业中10家快递公司全程时限、寄出地处理时限、运输时限等6项指标情况,顺丰控股在6项指标排名中全部位列第一。这是自国家邮政局2013年首次公布快递全程时效排名以来,顺丰控股连续4年第一。

顺丰良好的市场口碑增强了客户黏度,进而带来收入持续稳定增长。

顺丰一直以客户为中心、以满足客户实际需求为出发点,实践"365天、7×24小时"的服务承诺,确保春节假期等各个假期为客户提供良好的服务。经过20多年的经营,顺丰品牌已经在快递行业内享有广泛的美誉度和知名度,顺丰在快递行业内已经成为"快""准时""安全"的代名词,是企业客户和中高端个人客户的首选品牌。

顺丰控股优异的品牌形象和良好的服务口碑为顺丰控股带来大量优质企业客户,在3C(computer,电脑;communication,通信;consumer electronic,消费性电子)、服装、金融保险、汽配等行业赢得了苹果、华为、小米、优衣库、中国平安、戴姆勒等一大批国内外知名企业的长期合作。公司充分发挥自身"快、准时、安全"的产品优势及三流合一的综合能力优势,不仅为中高端客户提供高质量的物流服务,而且根据部分客户需求,提供包括库存管理、协助销售预测、供应链对账结算等一体化综合解决方案,高峰期也能保障服务质量和时效,帮助客户提升收入的同时,增强了客户黏度。

资料来源:搜狐网. http://www.sohu.com/a/128603549_545697,有改动

二、服务定价策略

(一)服务定价的特殊性

在定价方面,实物产品的定价概念和定价方法均适用于服务定价。但由于服务产品本身的无形性、不可储藏性、差异性特征,服务定价策略又具备一些不同于实物产品定价的特征。

1. 多样化的定价目标和定价哲学

竞争性企业追求的终极目标是利润最大化,为了实现这一终极目标,企业的短期目标却可能是多样化的,有可能是市场占有率目标,还有可能是产品知名度目标,抑或是收入最大化目标。在制造业,无论企业的短期目标是什么,企业对产品的定价至少会保证企业实现盈亏平衡。与制造业的这一特点相比,服务业中却有更多的企业并不在乎在盈亏平衡点以下长期经营。很多服务企业会在一个相对于制造业能够忍受的更长时期内偏离利润最大化目标,服务企业的定价目标表现出多样化特征,追求投资回报或滚动发展、市场份额、社会效益和顾客满意度等目标是一些服务企业常见的服务定价目标。

2. 服务定价的形式多样化

企业提供的服务产品往往是一个服务包,而服务包中实际上包含了多种服务,各种服务是以不同的形态提供给顾客的。根据企业定价的服务要素范围不同,企业的服务价格体系可分为以下三种形式。

(1) 对整个服务包采取"一揽子"收费制度。
(2) 对每一项服务要素单独定价。
(3) 以上两种收费方式结合使用。

企业可以根据市场需求、竞争者策略以及服务项目特征等因素,选择不同的定价方式。

(二) 服务定价的主要依据

成本、需求和竞争是企业进行服务定价的主要依据。

1. 成本因素

服务的成本分为固定成本、变动成本和准变动成本三个部分。在既定的产出水平下,服务的总成本等于固定成本、变动成本和准变动成本的和。服务固定成本和变动成本的概念范畴与制造业的成本概念相同,固定成本是指不随服务产出而变化的成本。变动成本是指随着服务产出的数量的变化而变化的成本。服务准变动成本是服务成本的一个特殊存在,是指介于固定成本和变动成本之间的那部分成本。例如,上门清洁服务的出行费用、员工的加班费用,这些费用既与服务的消费数量有关,又与顾客的数量有关。服务准变动成本的大小取决于服务的类型、顾客的数量和对额外设施的需求程度。不同服务产品的准变动成本差异也比较大。

2. 需求因素

需求价格弹性是服务企业在定价过程中需要考虑的一个重要因素。需求价格弹性反映的是消费者对于服务价格变动敏感程度的一个指标,需求价格弹性的大小直接反映的是服务价格变动1%会引起消费者需求数量变动百分之多少。现代市场营销学认为消费者对价格的敏感程度取决于消费者购买时的选择余地大小,而消费者的选择余地又取决于顾客对服务信息的获取程度。消费者能够容易、便捷地获取服务信息,那么消费者在购买时的选择余地往往较大,其对价格反应也越敏感;反之,消费者对价格的反应敏感程度会下降。然而在大多数情况下,消费者对于涉及服务专业知识的信息获取能力是很差的,因此,在缺乏其他信息的情况下,价格往往会成为消费者比较不同服务的依据,这时,消费者对价格的敏感程度会很高。对于服务而言,当其定价水平过低时,人们会怀疑其价值;而当其定价水平很高时,又会超出目标顾客的消费能力;只有当定价水平适中时才能带来最大的需求量。

3. 竞争因素

因为服务的无形性特征,消费者对不同企业的同类型服务之间进行比较难度相对较大,大多数消费者都很难掌握和了解与服务相关的专业知识,很多消费者的比较重点会放在服务的价格上,这往往会导致同类服务之间的价格竞争更加激烈。服务业竞争的激烈甚至会反映在更大领域中,如交通运输服务竞争,不仅涉及同类交通运输工具运营者之间的竞争,还包括不同运输工具经营者之间的竞争。例如,一个消费者要从一个城市到达另一个城市,他可以选择乘坐通勤巴士、火车、城际高铁,甚至是飞机。企业服务的定价水平一定要关注竞争者的定价及服务特征。

三、服务渠道策略

(一)服务网点的选择

服务市场营销活动的核心是使服务被消费,从而为企业或组织带来利润。服务必须要通过服务网点和渠道才能到达消费者,服务网点和渠道策略是企业营销战略的重要组成部分。企业服务的服务网点和渠道策略包含如下内容。

1. 服务网点的数量和区位分布

服务网点的数量和区位分布需要从企业营销战略与经营战略两个方面来考量。从营销战略角度来看,服务网点的数量和分布区位会直接影响顾客服务获取的便利性,服务网点的可达程度与便利程度需要与企业服务包的消费特征相匹配。例如,很多女士对于美容服务的便利性有很高的要求,美容店分布于生活社区内就有助于提升服务的便利性。此外,服务网点的分布还要和企业的经营战略匹配。如果企业想要建立全球服务体系,那么就需要企业在全球范围内多点定位和全线发展;如果企业希望以某一区域市场为基础逐步扩张业务,那企业就需要以区域市场为重点设置服务网店,采取梯度扩张策略。

2. 网点定位的策略

现代服务营销理论中,网点定位的策略主要包括以下几种。

(1)分散策略,即采取多店铺和多点化策略。分散策略可以扩大目标市场覆盖率,提升企业知名度,提高竞争力。

(2)群落策略,又包括竞争群落策略和饱和群落策略。网点定位的竞争群落策略是指在众多的竞争者集中的地方设立店铺,这样会利用共赢现象产生更多的需求。饱和群落策略是竞争群落策略的更进一步,是指在繁华市区、交通流动率高的街区集中、饱和地汇聚众多相同服务场所或店铺。如著名的北京王府井小吃一条街,就是这一策略运用的体现。

(3)替代策略,是指企业利用网点抢占市场先机,用最低的成本为最大范围的目标顾客服务。例如通过众多营销代理中介替代网点,通过委托和授权替代网点,还可以利用通信和运输替代网点。

(二)服务分销方法的创新

与传统市场营销方法相比,服务市场分销方法出现了一系列的创新,主要体现在以下几个方面:第一,租赁服务业的增长和租赁服务的多样化,是服务经济市场中一个比较显著的现象。第二,特许经营模式的开展。许多服务开发了与市场需求相适应的服务包,也建立了合理的经营管理制度,但受自身经营成本等因素的限制,没有能力或不想直接服务于更多区域的市场,这类服务商可以通过向其他经营者进行授权,允许其他经营者使用自己的商标、标识向市场提供同类服务。这些被授权的经营者通常会接受授权者的培训,以统一的形象开展服务。第三,网络服务营销。随着网络时代的到来,越来越多的服务商通过网络展示和宣传自己,也出现了很多优秀的第三方网络服务营销平台,如影响力比较大的美团网、携程网和百度外卖等。

四、服务促销与沟通

(一)服务市场促销工具组合

服务促销与沟通是专门针对顾客设计的,以提升服务消费数量为目标的各种促销工具的综合运用。与产品市场营销的促销工具一样,服务市场促销的工具也包括广告、人员推销、公共关系和营业推广四个工具。但是上述四个促销工具在不同场合中的重要性是明显不同的。营销学界普遍认可的四个促销工具分别在消费品市场、工业品市场和服务市场中的重要性如图11-3所示。

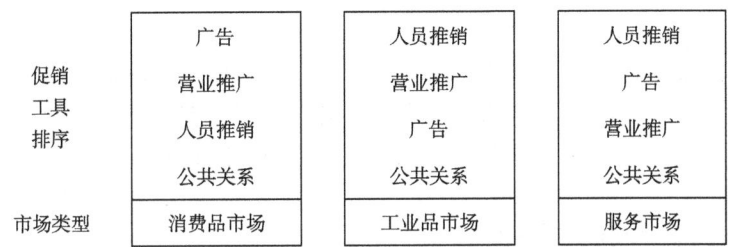

图 11-3　四个促销工具分别在消费品市场、工业品市场和服务市场中的重要性

除此之外，与其他市场相比，服务市场的一个重要特征就是服务口碑显得更加重要。服务的无形性导致顾客的消费行为决策对服务口碑的依赖程度较高。因此，服务业近些年兴起了所谓的"口碑营销"。例如电影市场，尤其是在竞争激烈的档期，各大影评网站对于在线电影的评分对消费者的观影选择会产生很大的影响。实际上，现在几乎所有的电影宣传方都会非常重视豆瓣、烂番茄等主流影评网站的评分结果，于是在网络口碑营销领域出现了所谓的"水军"，这些"水军"冒充消费者，对相关电影做出非真实性的评价，以此提升自己电影的口碑，或打击竞争对手的口碑。在网络口碑营销领域，除了必要的市场监管外，更多的还需要企业的道德自律。

（二）服务促销的设计与规划

在选择一项服务的促销方式并确定后，营销人员需要进一步考虑促销活动的具体设计和规划问题。服务促销设计就是在促销目标的基础上，对促销的产品范围、市场范围、促销价值、促销时间、受益对象以及竞争防卫六个方面进行设计和规划，如有需要，对不同的设计和规划方案进行评估，选出最优方案。

企业为了通过服务促销活动实现预定目标，还需要对促销的过程进行有效管理，避免在促销实施过程中出现人力、物力和财力的浪费。在对促销的管理过程中，企业可以通过采取限制促销目标、限制促销时间、联合促销、搭配促销、激励分销渠道等措施减少浪费现象的发生，提升促销效率。在促销结束后，企业要对促销活动进行评估，并思考可能的改进措施，为将来的促销活动积累经验和基础。

五、服务的有形展示

（一）服务有形展示的作用

服务的有形展示是指在服务营销管理的范畴内，服务企业通过可视的介质向顾客展示一切可传达的服务特色及优点。有形展示作为服务企业实现其服务有形化、具体化的一种手段，在服务市场营销中占有重要地位。第一，服务有形展示有助于通过感官刺激让顾客了解服务能够为自己带来的利益；第二，服务有形展示有助于引导顾客对服务消费产生合理的期望;第三,服务有形展示有助于顾客产生良好的第一印象;第四,服务有形展示有助于提高顾客的服务感知质量;第五,作为环境的一种重要构成,服务有形展示有助于提升顾客与服务人员的互动质量;第六,服务有形展示有助于塑造服务企业的市场形象;第七,对内的服务有形展示有助于协助培训服务员工。

(二)服务有形展示的类型

目前,营销学界普遍认可将服务有形展示分为三类:物质环境、信息沟通和价格。

1. 物质环境

物质环境包括三种因素:第一,环境因素,是指那些不易引起顾客立即注意的背景条件,包括空气的质量、噪声、气氛和整洁程度等。环境因素是最基础的物质环境条件,直接影响顾客的生理适应性,一旦这些因素令人不愉快,很快就会引起顾客的不满意。第二,设计因素,是指顾客最易察觉的因素,包括美学因素和功能因素两大类。美学因素主要是指建筑、颜色、尺度、材料、形状及风格等,功能因素包括陈设、舒适和标识因素等。这些因素有助于培养顾客对于服务的积极感觉。第三,社交因素,主要是指环境中的人,既包括顾客、听众,也包括服务人员,这些人员在数量、外貌和行为上的表现综合构成了社交因素。社交因素会直接影响顾客对服务的满意或期望程度。

2. 信息沟通

信息沟通是另一种服务展示形式,这些沟通的信息来自企业内部或其他与服务相关的领域。信息沟通包括服务有形化和信息有形化两个层面。服务有形化主要是强调与服务有关的有形物和创造服务的有形性展示。信息的有形化包括口头传播对公司有利的信息,向顾客提供服务保证和在市场营销活动中创造性地运用易被感知的展示。

3. 价格

在购买或消费服务时,顾客通常把价格看作服务的第一条信息线索。服务的无形性会使得顾客通过对服务价格的评估来获取服务消费的期望价值。价格可以提高人们的期望,如有些人会认为昂贵的价格对应的是良好的服务;价格有时也可以降低人们的期望,如面对高昂的价格,人们会考虑付出这么多钱能得到什么。

六、服务人员与内部营销

(一)服务人员在服务营销中的重要性

在提供服务的过程中,服务人员是一个不可或缺的因素。营销学家格罗斯将服务人员、服务企业和顾客列为服务营销的三个组成部分（图11-4），足见服务人员在服务营销过程中的重要性。

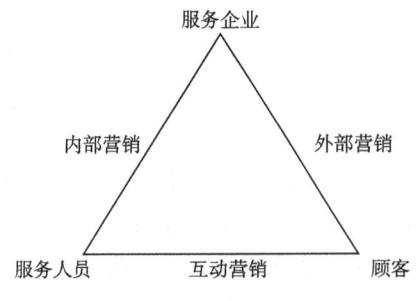

图 11-4　服务营销三角

服务营销由外部营销、内部营销和互动营销三个部分组成，如图11-4所示，这三个营销过程分别在不同的主体之间开展。外部营销主要指服务企业提供的服务准备、服务定价、促销、分销等内容；内部营销指服务企业培训服务人员及为促使服务人员更好地向顾客提供服务所进行的其他各项工作；互动营销则主要强调的是服务人员向顾客提供服务的技能。从这个角度来看，服务人员的重要性涉及内部营销和互动营销两个过程。因此，在服务营销组合中，企业需要根据服务的特点和服务过程的需要，合理组合企业内部人力资源，以向顾客提供一流的服务为目的开展企业的内部营销。

（二）内部营销

内部营销的实质是通过对内部服务人员资源的整合与培训，使服务人员自动自发地具有顾客意识，对外提供更好的服务。服务企业内部营销的开展可以分为两个层次。

1. 策略层次

企业策略层次的内部营销目标一般是通过制定科学的管理方法、升降有序的人事政策、企业文化的方针指向、明确的规划程序，创造一种内部环境来激发服务人员主动为顾客提供服务的意识。

2. 战术层次

从战术层次来看，服务企业的内部营销目标应该为向服务人员推销服务，支援服务，宣传并激励营销活动。企业首先要建立"服务人员是服务业的第一级市场"的概念，认识到服务人员的重要性。其次，一项服务推出之前，必须有充分的准备并让内部人员完全接受，企业内部必须要有通畅的信息沟通渠道。服务人员必须了解必要的服务态度以及与服务相关的事项，以期服务人员在与顾客接触的过程中能够支持这些服务及相关活动。

（三）内部营销管理

企业内部营销管理分为态度管理和沟通管理。态度管理是指有效管理服务人员的服务态度，增强服务人员服务顾客的意识，并对自觉进行服务的行为给予激励。沟通管理则是指企业的各级工作人员，包括管理层、一线服务人员和后勤服务人员能够相互协调，以高度的责任感完成与职位相符的工作，为内部顾客和外部顾客提供服务。

在内部营销管理过程中，服务企业为了实现有效的态度管理和沟通管理，需要构建内部营销体系。一个完善的内部营销管理体系通常包括导向层、运作层和支持层三个层次（表11-3）。

表 11-3　内部营销管理体系

导向层	作用	在组织内部形成一种顾客导向和服务意识的企业文化
	方法或途径	培育企业文化，企业通过培训、宣传、创造良好工作氛围、传授沟通与互助技巧等措施使员工理解和认同企业文化
		保持企业文化，通过一系列宣传、沟通和培训管理等手段鼓励与强化员工对企业文化的认知和传承
运作层	作用	在企业组织的各个内部职能中贯彻以顾客为导向的价值观
	方法或途径	服务企业通过在组织人力资源管理、组织内部对话沟通、员工授权、内部服务补救等领域开展工作进行内部营销管理的运作与监管
支持层	作用	为整个内部营销系统的有效运行提供必要的支持
	方法或途径	服务企业需要在内部营销管理过程中提供管理、技术和知识三个方面的支持

案例 11-3

携程攻略社区：视频内容营销让 PGC 变现成为可能

2017 年 4 月，携程攻略社区在携程 App 上正式推出了"携程二楼·行者俱乐部"，这个小剧场每周会为用户更新一集与旅行相关的小短剧。"行者俱乐部"是携程攻略社区 2017 年重点打造的一个内容营销项目，它从"旅行"切入，试图通过 9 个风格迥异的旅行故事感染观众，让用户对短剧中提到的旅行路线产生参与的兴趣。

根据携程攻略社区的官方数据，"携程二楼·行者俱乐部"上线的第一天，访问量就突破 20 万；上线一周后，总访问量突破 160 万，每集短剧的平均播放量超过 3 万。截至 2017 年 4 月 26 日（上线不到两周），第二集短剧中的同款旅行路线销量已较上月翻了 2 倍。

"行者俱乐部"上线后对流量和订单的有利影响，让内容营销有可能让 PGC（professional generated content，专业生产内容）变现。

1. 从别人的故事到自己的旅程

观看目前已经上线的短剧，从第一集记录蔡澜先生前往日本大阪寻找美食之旅，到第二集讲述著名摄影师蔡志勇在旅行中获得摄影灵感，不难看出，"行者俱乐部"尝试从摄影、美食等多个角度全面地发掘关于旅行这一话题，尽力在心灵上接近拥有不同旅行兴趣点的用户，激起用户的共鸣；与此同时，也为有旅行意向的用户提供多个审视旅行意义的新方向。

从风格和内容来看，"行者俱乐部"是在讲述几位对旅行中某一元素非常有心得的旅行者的故事。《美食林饕客·寻味》一集中，美食专家朱老师为了一只看似哪里都能吃到的鸡，专程前往广州各处，开启寻鸡之旅，并在旅行中产生"美食九成在食材，余下一成才是厨师"的心得。

"看别人旅行的故事，会让用户将自己带入故事情景中去，进而促使用户对故事中提及的旅游行程产生兴趣，这是采用视频内容营销的思路。"携程攻略社区COO李文说，"当用户看到一段旅行可以被赋予更多的意义，可以引领人去探索一个不同寻常的新世界，用户的旅行兴趣和参与意向就会被激发。"

2. 视频营销让PGC变现成为可能

众所周知，携程攻略社区一直以来都是国内最大、最优质的旅行者游记内容分享平台之一，这里聚集了海内外旅行经验和经历最丰富的旅行者，这些旅行者对于攻略社区来说无疑是一笔有待开发的资源。如何将旅行者的经历与购买结合起来，是攻略社区长期研究并期望攻克的课题。

推出"行者俱乐部"，正是攻略社区对这一课题的尝试。攻略社区扮演PGC的角色，将旅行者丰富的旅行经历转化成利于传播的视频内容，利用携程App这个拥有巨大流量的平台，让尽量多的用户看到内容，进而影响用户的消费行为，这无疑是对攻略社区旅行家资源的良好利用。另外，内容共鸣所产生的用户黏性不容小觑，这次"行者俱乐部"内容营销将会对携程的用户留存率产生深远的影响。

资料来源：Tech Web，http://www.techweb.com.cn/news/2017-04-26/2517277.shtml，有改动

第三节　服务营销管理

一、服务营销规划与组织

（一）服务营销规划

服务营销规划是服务企业有目的、有计划地应用营销资源以实现服务营销目标的系统化方法。其主要的内容包括以下几个方面。

1. 确定企业的市场目标

企业有了明确的目标才会有明确的行动方向,并产生内在驱动力。企业的经营目标通常是一个目标体系,可能会包括如下几个方面:①市场地位目标,可以用销售额、市场占有率、服务质量水平和服务范围的可拓展性等指标衡量;②创新目标,包括营销方式的创新、营销手段的创新和营销理念的创新;③生产效率目标,可以用服务劳动效率和资本产出率等指标衡量;④资源开发利用目标,可以用设备利用率、技术目标和成本下降率等指标衡量;⑤利润目标,采用利润率、新资本吸引等指标衡量;⑥管理者的业绩和发展目标;⑦职工的业绩和态度目标。

2. 考察环境发展态势

服务营销规划中企业需要考察的环境通常包括外部环境、内部环境和发展态势三个方面的内容。对环境考察和评价方法可以使用营销审计、SWOT分析等方法。

3. 选择战略

企业服务营销常用的战略包括成本领先战略和多元化战略。成本领先战略的主要内容是通过降低成本,使服务成本低于竞争对手,在行业中赢得成本领先的优势,获得高于行业平均水平的收益。多元化战略是指企业同时经营两个或两个以上的行业服务,分散企业的经营风险。

4. 组织设计

企业服务营销组织设计的目标是,通过创造坚实的组织结构和组织运行保障机制,为服务营销的顺利开展提供组织基础,具体包括组织设计、组织再造等内容。

5. 方案实施

方案实施过程要求企业做好营销规划各阶段执行时间的安排,明确每一阶段的行动目标及相关的战略支撑原则和要点的统筹性、纲要性方案。

(二)服务营销管理组织

1. 服务营销管理组织的概念与特征

服务营销管理组织是指企业为了实现服务营销的目标和企业任务,通过职能的分配和人员的分工,并授予人员相应的权利与职责进行协调服务营销活动的有机体。随着市场竞争程度的加剧,企业需要更好地从顾客的利益价值出发来进行营销活动,这就对传统的自上而下式的组织结构提出了挑战。很多企业为了更好地满足顾客需求,建立了能够更加充分地接触顾客的倒三角式组织结构(图11-5),这种倒三角式的组织结构被称为市场导向型服务营销组织。

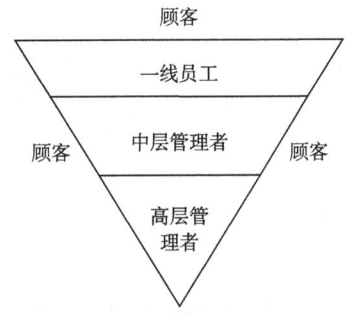

图 11-5　市场导向型服务营销组织

市场导向型服务营销组织结构具备以下三个特征。

（1）企业运营的核心为顾客，决定服务战略成败的核心因素为服务生产的一线员工。

（2）服务生产一线的员工被称为"管理者"，他们把握服务生产接触面上的问题和操作决策；高层管理者的工作集中于企业文化和发展战略层面。

（3）组织中的中层管理者为一线员工或支持系统员工。

2. 服务营销管理组织的建立

新型服务营销管理组织强调市场导向原则，这就要求一线服务人员能够及时地将接触到的顾客需求内容或需求变化传达给上层决策者，信息的双向沟通及对顾客关系的管理在服务营销管理组织中显得十分重要，因此，服务营销管理组织的建立应该包括如下内容。

（1）营销沟通创新。加强企业纵向部门之间的沟通，建立有效的信息沟通渠道。

（2）定期召开部门联系会议，促进企业横向部门之间的信息沟通。

（3）建立顾客关系管理系统，对顾客特征、顾客态度和顾客的关系进行有效管理。

（4）以问题为导向建立跨部门的营销管理团队，目标明确、直接授权和角色分工。

（5）建立着眼于培养与供应商、分销商的互惠伙伴关系的营销系统核心。

二、服务过程管理的效率和结果

（一）服务过程的管理与控制

与传统产品营销一样，作业管理的原则和技术同样适用于服务业。但服务的无形性和不可感知性等特征，使得服务的作业管理难度增加。服务营销界通常从服务产出的角度对服务过程实施管理与控制。

1. 服务产出数量控制

服务的最优产出数量也应该遵循产出与需求相等的均衡原则。服务企业可以通过对供给和需求两个方面的调整实现供给与需求的均衡。对供给进行调节的措施，如增加服务人员储备、调整员工排班、提供自助服务和改良服务过程等；对需求的调节措施包括：让顾客在有利的环境中等候，设立预约制度，鼓励和引导顾客使用自助服务，通过差别定价疏散高峰时段的需求量等。

2. 从顾客角度控制服务质量

在服务的供给和消费过程中，顾客与服务人员之间存在交互作用的关系。顾客的态度或行为可能会对服务人员生产的服务质量产生影响，因此，除了从服务人员角度控制服务质量，还需要从顾客的角度考虑来控制或提升服务质量。这要求服务人员在服务过程中对顾客的反应保持高度敏感，这需要服务人员取得顾客的信任，了解顾客消费习性和影响顾客消费行为的主要因素有哪些，引导顾客使用服务中的创新，如自助设备的使用等。

（二）服务生产过程的效率

1. 顾客容忍区

服务效果的好坏，主要以顾客对服务质量的感知情况作为评价标准，受多种因素的影响。关于顾客对服务质量的感知，服务营销理论提出了顾客容忍区（zone of tolerance，ZOT）的概念。顾客容忍区是指一种顾客的心理接受跨度，在这个跨度中，顾客认为所得到的服务是可以接受的，而且顾客在容忍区内对服务质量变化的感知敏感性要低于在容忍区之外时的情形。顾客对服务的期望分为两个水平：第一个是理想服务，是指顾客渴望得到的服务水平；第二个是适当服务，是指顾客可以接受的服务水平。理想服务水平和适当服务水平分别构成了顾客容忍区服务质量的上限与下限。

容忍区是顾客认为满意的服务执行区域，在容忍区之下的执行水平会使顾客产生沮丧的心理并减弱顾客的忠诚度。容忍区之上的执行水平会使顾客感到惊喜，并会增加顾客的忠诚度。

需要指出的是，顾客的容忍区并不是一成不变的。随着社会经济的发展，顾客的容忍区通常会有向上移动的趋势，但其上限和下限具有不同的弹性。通常情况下，容忍区的下限更易发生变化，渴望服务的水平变动幅度相对较小。

2. 顾客容忍区的输出结果

英国沃维克大学商学院的教授罗伯特·约翰斯顿对顾客容忍区进行了进一步的划分，依据服务所传递的绩效，顾客对服务质量的感知水平自上而下被分为"愉悦""满意"和"不满意"三种状态。顾客在购买或消费服务之前，会根据对服务信息的分析形成服务"可接受"或"不可接受"的消费期望，顾客消费服务后，其消费过程的体验会和期望进行比较，从而输出不同的感受结果（图11-6）。

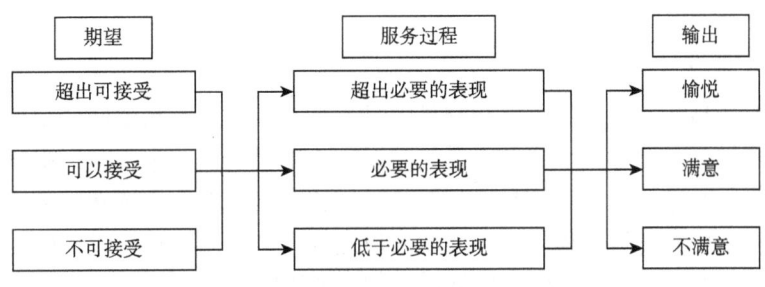

图 11-6 顾客容忍区输出结果

约翰斯顿提出,顾客参与服务的程度和容忍区的宽度成反比。一方面,顾客参与服务的程度越高,或者顾客预见的风险越高,顾客对服务满意或不满意的敏感性就越高;另一方面,顾客参与服务的程度越高,获取的相关信息与专业知识越多,对预期的修正的余地越大。所以,顾客参与服务程度越高,顾客输出满意结果的可能性越大。

三、服务质量管理

(一)服务质量的内涵与特征

关于服务质量的概念,也经历了一个发展的过程,在这个过程中,根据研究的角度,不同的专家学者对于服务质量给出了不同的定义:刘易斯和布姆斯(R. C. Lewis and B. H. Booms)将服务质量定义为衡量企业服务水平能否满足顾客期望程度的评价工具;格罗鲁斯将服务质量定义为一个主观范畴,认为服务质量的优劣取决于顾客对服务质量的期望与实际感知质量之间的差距。截至目前,关于服务质量并没有一个统一的定义,但营销界人士认为服务质量的内涵应该包括以下内容:服务质量是指顾客感知的结果;服务质量可以通过对可观测指标的衡量来进行评价;服务质量发生在服务的生产与传递过程中;服务质量在服务企业与顾客交易的真实瞬间实现;服务质量的提高依赖于内部有效的管理和支持。

(二)影响服务质量的因素

影响服务质量的因素主要包括如下几个方面。

1. 设计

服务的设计会影响到服务的职能,进而影响顾客获取的利益。一项好的服务设计可以更好地满足顾客需求。企业可以采取让顾客或潜在顾客参与企业服务设计过程的方式来改进服务设计,这样既有利于服务职能的优化,又能改善企业与顾客的关系,让顾客感受到企业对顾客的重视程度。

2. 生产和交易过程

对于有形产品而言,产品生产和交易的过程都会影响到产品整体的质量,对于服务产品而言也是如此。但服务生产和交易的同时性,使得在实践中很难严格区分服务的生产与交易环节。服务的生产和交易过程就是顾客体验服务消费、感知服务质量的过程,因此,服务的生产和交易过程是服务质量的决定性因素。而在这一过程中,服务人员的服务技能、服务态度等因素是顾客感知质量的重要影响因素。

3. 顾客关系

企业应与顾客建立更加紧密的关系,高效的顾客关系管理可以使服务人员能够更好地了解顾客对于服务的期望以及顾客在服务过程中可能的反应行为,这些都有助于服务人员针对顾客的特性提供更加有个性的服务,提升顾客感知质量。通过对顾客的售后回访,了解顾客对于服务消费的满意程度,既可以为服务的改进提供依据,也可以提升顾客再次消费的质量感受。

(三)服务质量评价

服务质量评价是服务市场营销学中比较新的研究领域,它实际上是对顾客感知质量的评价。对不可见的质量感受的评价的关键是建立一个有效的、可观测的指标评价体系。1998年一篇题为"SERVQUAL(service quality,服务质量):一种多变量的顾客感知服务质量度量方法"的文章为我们提供了一个较为全面的评价体系,被称为 SERVQUAL 模型。

SERVQUAL 模型将顾客感知质量的评价划分为有形性、可靠性、响应性、保证性和移情性五个维度的评价,每一个维度评价的子项目如表 11-4 所示。

表 11-4 服务质量评价——SERVQUAL 模型评价维度

评价维度	评价子项目
有形性	服务设施;员工形象;设施与服务的匹配程度
可靠性	对顾客承诺的完成程度;顾客面临困难时,企业对顾客的关心程度;公司是否可靠;能否准时提供服务;能否正确记录相关服务
响应性	能否准确告知顾客提供服务的时间;员工是否愿意帮助顾客;员工是否能够立即为顾客提供服务
保证性	员工是否值得信赖;顾客对交易是否放心;员工是否有礼貌;员工是否可以从公司得到支持,以便为顾客提供更好的服务
移情性	公司能否为顾客提供个性化服务;员工是否能够给予顾客个别的关怀;员工是否了解顾客的需求;公司是否会优先考虑顾客的利益;公司提供的服务时间是否符合所有顾客的需求

资料来源:A. Parasuraman, V. A. Zeithamal and L. L. Berry. "SERVQUAL: A multiple-item scale for measuring consumer perceptions of service qualitu". Journal of Retailing, Vol. 64, No. 1, Spring, 1988: 12-40, 有改动

根据上述五个评价维度,SERVQUAL 模型提出了量化评价方法来测量企业的服务质量。主要程序如下。

（1）测定顾客的服务期望。
（2）测定顾客的感知质量。
（3）确定服务质量：服务质量＝顾客的服务期望－顾客的感知质量。
企业可以采用访谈和问卷发放等方法测定上述的数据。

★ 本章案例

白亮，18岁到B银行工作，已经有9个年头了。虽然没有荣升到高位，但他在行里一直名声不错，从分行行长到差不多一起进入银行的同事，没有谁不从内心深处夸赞他为人的，说他爱护、体贴下属，对同事真诚、友善。此时，白亮正和几个同事一起趴在要开张的支行大厅地上费劲地清除残存的顽渍，如油漆印、石灰印等，虽然这活不轻，但他抑制不住内心的兴奋。这也难怪，他以前待过的几个业务网点要么自己不是负责人，要么就是几乎没有潜力可挖的老点，年年完不成任务，人也闲着。这下好了，这个B银行定于5月8日开张，而且他是主管，银行左边是一家信用社，好像生意不错，不过，它的位置不如B银行，再有就是它没有B银行的名气大，所以，尽管它开业比B银行早，白亮也不担心在以后的业务发展中，它能竞争过自己。不过，听说右面的农行也要在最近开业，它的规模比B银行大，因为农行几乎将能被兼并、撤销的都处理了，剩下的差不多都是直属支行一级的了。还有马路对面的工行也计划着要开业，看样子，这个地段是个黄金宝地，在如此集中的时间和地区几乎同时巍然耸立出数家上规模的国有商业银行，就是个最好的见证。白亮不是很担心这两家银行，因为，论位置，B银行最佳，靠近马路边，在过往车辆的路口；论实力，B银行无论在声望上还是在现有人力资源的配置上，都有优势。既定的9名业务人员平均年龄也只有24岁，均未婚，有几名是跟随自己工作多年、有深厚感情的朋友式同事，其余的都是财经院校毕业的大学生，综合素质都很高，所以这次崭新的经历，对所有人都是一种锻炼。白亮相信大家能和自己同心协力，达到事业的一个新高点。

B银行提前开张了，因为要赶在旁边的农行开业前抢个势头。在做好柜台工作的基础上，白亮利用休息时间，走访了一些重要的客户，争取他们对B银行的支持。白亮以诚心诚意的沟通服务的确赢得了不少的忠实顾客，他们逐渐地把其他行分散的存款也转移到了B银行。看来，B银行已经形成了一定规模的客户群，不论是客户基础还是员工对客户群的习惯，都已经形成。

白亮坐在亲手擦拭过的办公室里，透过玻璃窗看着外面的员工有条不紊地接待着形形色色的顾客，他的嘴角泛起了稍许得意。

事件一：信用卡风波

两年前从某重点财经院校毕业的小杨像往常一样哼着歌儿轻快地走进营业部，收拾打扫卫生，整理要用的用具和文件。小杨毕业后在基层网点实习锻炼了一年，就被抽调到了机关科室，做业务监督工作。小杨在工作中发现，自己的那一年基层经验远不足以使自己做好本职工作，在学校就是优等生的小杨，不甘示弱，主动要求到这个新成立的重点网点学习业务。她接待客户热情、主动、不厌其烦、耐心细致，客户都愿意把自己遇到的事跟她商量，让她出个主意。这样一来二去，她清楚地掌握了重点客户的资料以及一些有潜力的客户。其中，华盛集团的会计朱烨引起了她的注意。通过观察与接触，小杨了解到，朱烨所在的公司——华盛集团是B银行少数几个大客户之一，在B银行开立基本账户，平常的余额一般也都保持在三四百万元的水平；它同时在全市的其他银行也都有不同金额的存款。她私下走访了华盛集团几次，不过，只有财务室的科长马建伟与她谈了谈。从几次交谈中得到的消息与其对外所宣传的情况差不多，具体到资金和在各银行的存款，不得而知。为了平衡方方面面的关系，华盛这么将余额分散也无可厚非。

小杨大致掌握了朱烨的工作情况后，就主动打电话与朱烨联系。逐渐地，小杨能感觉到，朱烨很信任自己，财务室由她经手的大额支票现金现在很少交存隔壁农行了。小杨在与朱烨"随意地"交谈中得知，她正在为总经理出国准备美元。小杨抓住这个机会，在总经理很偶然来银行办理外币业务时，她主动上前推荐专供客户国外使用的双币卡。总经理本人对此卡颇有兴趣，委托朱烨送来身份证要求办理此卡。按照惯例，银行卡由专门的外勤小贺负责处理。次日，小贺回来称工作太忙没有时间仔细查找那张卡，所以空手而归。怎样能够让朱烨按时来取卡呢？想着，小杨就很烦，而且越想越对小贺有意见。这样的情况也不是头一遭了。很多次，前台很不容易收进来急需办理的信用卡，总是在顾客来催了好几次后，才被取回，小杨很不满她的做法。

小杨与白亮谈了今天这个情况，白亮对能争取到华盛总经理的这个关系感到很兴奋，但没有对小贺的行为做任何评价。他第二天早上去拿回这张卡，然后亲自送到华盛。小杨对此没说什么，但心里总觉得不舒畅，本来很好的一件事，也很容易做，怎么就弄成自己不高兴呢？

其实白亮对手下这几个人的工作情况很了解，他清楚小杨对工作的敬业，但小贺是个老员工，工作也很认真，她每天跑来跑去也很不容易，她是干完了分内活就要求走人的那种员工，不愿多负一点责，不想多操一份心。人很聪明，对自己的本岗工作没什么可挑剔的，所以白亮不打算对这件事再深究下去。

事件二：人事部门新来的大学生

考虑到业务量大的问题，分行人事处又给B银行分来一名财经学院毕业的大学生小杜，主修会计。在分行经过半个月的职业道德和综合技能岗前集中培训后，他已经具备了办理业务的基本技能。小杜待人接物慢条斯理，凡事喜欢讲个道理，再加上受过高等教育，满脑子现代意识，对待工作愿意动脑筋，讲求付出必得回报。小杜在业务上谦虚地向各位前辈学习，工作之余刻苦练习技能，他认为拥有过硬的技能才能成为优秀员工，经常缠着业务精湛的老员工请教各种问题，那些老员工被他刻苦钻研的精神打动，都拿出自己的看家本领教他。凭借这种精神，他很快掌握了储蓄上的技术和方法，成为优秀柜员。而且，他平常对电脑很感兴趣，除了每天完成他所负责的那部分工作，他还主动要求做B银行的电脑维护员，经过分行几次电脑系统开发和调试的培训，他对B银行整体的电脑系统运作程序以及相关业务问题的处理了解得非常清楚，并具备了解决问题的丰富经验。

虽然B银行所在的分行并不准备对职员大动裁员之干戈，也不打算实行提前买断工龄政策，但小杜很快就和其他很多银行职员一样感到自身危机重重。该行很多员工早就开始了"充电"，业务技能且不说，上夜校、自学考试、进修研究生课程、苦练外语的比比皆是，让单位知道自己除干本职工作之外，还有更多的特长，这样，即使遇到裁员，自己也会比较安全一些。与一些积极应对的员工相比，还有不少员工选择了"跳槽"。小杜也在时刻准备着有好机会就跳。但他目前对 B 银行的工作氛围以及待遇比较满意，他打算在 B 银行先干着，看情况而定。同时，他也在忙着准备注册会计师考试。

一天刚开门营业，一名男顾客就冲进来要求马上提出一笔大额现金，小杜有礼貌地告诉他应该提前一天通知银行做好取现准备。这名要求提款的顾客瞪着小杜，使劲地敲着玻璃窗，都妨碍了旁边的顾客，小杜再次起身，希望这名顾客能坐在后面的长椅上安心等候。不料，这名已经在气头上的顾客当场破口大骂，指责小杜的态度恶劣，并立刻拨打了柜台上的投诉电话。正逢全行抓优质服务的关口，分行对此很重视，指示白亮要对此事严肃处理。白亮考虑到小杜是个新人，一定要给个提醒，让他牢记，错误不能重犯，他对小杜进行了严厉的批评，并处以罚款，最后亲自带领小杜找那名顾客道歉。但小杜对此处罚表示完全不能理解，辛苦工作的结果到底是什么呢？

资料来源：道客巴巴网. http://www.doc88.com/p-3137513494410.html

思考：1. 办卡事件中，你认为问题在哪？如何评价主管最后的处理方式？
2. 在处理新来的大学生小杜事件中，你如何看待分行的处罚？
3. 运用所学知识为 B 银行的主管出谋划策，如何提高员工的服务质量？

★本章实训

（一）内容

模拟商品销售：学生自选商品，自愿分组进行角色扮演，模拟演示销售某商品的全过程。

（二）要求

（1）演示得体，语言流畅，重点突出，卖点独特可信。
（2）声音洪亮，表情和站姿自然，现场气氛活跃，反复训练，达到声情并茂的境地。
（3）每组现场模拟演示 10 分钟。

★本章思考题

1. 什么是服务？服务的特点有哪些？
2. 什么是服务市场营销？
3. 服务营销的组合要素有哪些？
4. 服务包的概念是什么？
5. 市场导向型服务营销组织与传统营销组织的区别有哪些？
6. 如何理解服务质量的概念？
7. SERVQUAL 模型主要从哪几个方面评价服务质量？

第十二章 网络营销

学习目标：了解网络营销的概念；掌握网络营销发展演变过程、网络营销的常用工具；熟悉网络营销内容和网络营销策略。

关键术语：

网络营销　e-marketing

网络营销计划　e-marketing plan

网络消费者　online consumer

E-mail 营销　E-mail direct marketing，EDM

微博营销　micro-blog marketing

网络社区营销　network community marketing

搜索引擎营销　search engine marketing，SEM

案例导入

百事新营销：多元体验连接年轻客群

从时尚、音乐到运动、美食，百事在跨界合作上的频繁动作，源自其对品牌营销的深刻洞察——品牌有界，消费者无界。跨界不是目的，而是为了将品牌的边界延伸至更广的层面，更具生命力和创造力。"百事盖念店"是百事可乐首个线上和线下结合的潮流文化体验空间，在进行线上活动时，百事打破常规的单一奖品兑换机制，消费者可以在线上平台通过兑换、抽奖、竞拍、众筹等方式赢取限定潮品。新颖的玩法让百事获得了非常不错的参与量与互动量，品牌合作实物类奖品兑换尤为火爆，众多奖品在几分钟内一抢而空，活动在数字平台总曝光高达近14亿次。

"百事盖念店"的线下活动注重体验设计，精准解读消费者的心智信号，汇聚跨界时尚单品，与消费者在产品、平台、空间、环境的互动中完成情感连接，营造全开放的沉浸式体验。百事在全国所有渠道都推出相应的主题活动，包括路演和快闪店。在快闪店，投入一枚百事可乐最新款的可乐瓶盖，即可进入店内体验；店内不仅集中陈列了大量百事可乐合作主题的限量罐，还展出了多款跨界合作的单品，进一步为消费者提供更为直观、可触摸的型格体验，以更好地满足年轻人乐于尝鲜的心理。

在打造多维体验空间时，百事致力于在商业生态圈里不断发掘合作伙伴与拓展合作内容。2017年夏天，百事在长期战略合作伙伴上海迪士尼度假区引入"趣泡"体验创新活动,以旗下百事可乐和七喜饮料为基底混搭多种配料,为消费者提供全新饮用体验的同时,将口感、调制体验和音乐派对结合,加深百事可乐与音乐场景的强关联。短短50天内,趣泡站共售出4.5万份趣泡调饮,独特的调配创意与趣味十足的造型还赋予趣泡极大的社交属性,激发了消费者在社交平台自主分享的意愿。

日新月异的新零售时代,消费品品牌传播已经成为挑战不断的全新课题。在百事大中华区饮料品类副总裁叶莉看来,如今的消费市场已经进入大品牌时代,品牌调性不明晰,就会失去号召力。面对信息碎片化的传播环境,跨界合作能够有效丰富品牌的消费触点,抓住年轻人的注意力。在营销策略上,品牌需要兼顾媒体覆盖的广度和深度,不仅要通过一些大媒体投放和大型内容的植入来扩大影响面,还要让现有用户对品牌有更深的接触愿望。百事所开展的一系列体验化、定制化、差异化的品牌沟通活动,都颇有成效地扩展了品牌的广度和深度,通过在音乐、运动、时尚等领域的跨界行为,深入了解年轻人不断变化的消费需求和消费心理,以巩固品牌和他们的情感连接,持续引领年轻生活方式,将百事的产品基因、品牌理念渗透到他们的生活中。

资料来源:搜狐网.http://www.sohu.com/a/211362852_99967922,有改动

第一节 网络营销概述

随着互联网、通信技术、数字交互技术和计算机技术的不断发展,营销环境和消费者的消费行为都发生了巨大的变化,这就要求企业必须重视网络市场,以新的思路和新的思维方式制定新的营销策略。

一、网络营销的概念

网络营销是指以互联网为基础,利用数字化的信息和网络媒体的交互性来辅助营销目标实现的一种新型的市场营销方式。网络营销与传统营销在本质上是相同的,都需要企业通过一系列营销活动达到促进商品销售的目的。但是网络营销这种全新的营销方式是以互联网为媒体,以新的方式、方法和理念,通过一系列网络营销策划,制定和实施营销活动,更有效地促成个人和组织实现交易活动的新型营销模式。

二、网络营销的特点

网络营销作为新型的营销模式,与传统营销方式相比有如下特点。

（一）媒体多元性

互联网被设计成可以传输多种媒体的信息，如文字、声音、图像等，使得为达成交易进行的信息交换能以多种形式存在，可以充分发挥营销人员的创造性和能动性，极大地刺激消费者需求，激发购买欲望。

（二）市场跨时空性

无论是传统营销还是网络营销，其营销的最终目的都是占有市场份额，由于互联网具有连通性和开放性，所以具备超越时间约束和空间限制进行信息交换的特点，因此使得脱离时空限制达成交易成为可能，企业能有更多的时间和更大的空间进行营销，可以全天随时随地提供全球性营销服务。

（三）资源整合性

网络营销可对多种资源进行整合，将商品从信息浏览至收款、售后服务全部在线完成，因此也是一种全程的营销渠道。另外，企业可以借助互联网络将不同的传播营销活动进行统一设计规划和协调实施，以统一的传播咨询向消费者传达信息，避免不同传播的不一致性而产生的消极影响。

（四）成本经济性

网络营销具有快捷性，因此，将极大地降低经营成本，提高企业利润。形成和促成网络营销成本经济性有诸多原因：如通过互联网进行信息交换，代替以前的实物交换，一方面可以减少印刷与邮递成本，可以无店面销售，免交租金，节约水电与人工成本；另一方面可以减少由于迂回多次交换带来的损耗。此外，资源的广域性，地域价格的差异性，交易双方的最短连接性，市场开拓费用的锐减性，无形资产在网络中的延伸增值性都将极大地降低交易成本，给企业带来经济利益。

（五）信息交互性

互联网为产品联合设计、商品信息发布，以及各项技术服务提供最佳工具，通过展示商品图像、商品信息资料库提供有关的查询，来实现供需互动与双向沟通。还可以进行产品测试与消费者满意调查等活动与顾客做互动双向沟通，收集市场情报，更好地了解消费者需求，改善产品。

（六）营销高效性

电脑可储存大量的信息，待消费者查询，可传送的信息数量与精确度远超过其他媒体，并能适应市场需求，及时更新产品或调整价格，因此能及时有效了解并满足消费者的需求，并通过信息提供和交互式交谈与消费者建立长期良好的关系。

三、网络营销的常用工具

（一）企业网站

企业网站是企业在互联网上进行网络营销和形象宣传的平台，是企业最基本的网络传播工具，可被用来进行企业宣传、产品资讯发布、树立品牌形象、网络销售等。企业网站具有自主性和灵活性，是其他网络营销手段和方法的基础。

（二）搜索引擎

搜索引擎（search engine）是指根据一定的策略、运用特定的计算机程序从互联网上收集信息，在对信息进行组织和处理后，为用户提供检索服务，将用户检索相关的信息展示给用户的系统。合理地利用搜索引擎可以帮助企业在搜索结果中排名靠前，增加用户的点击率，将浏览者转化为潜在顾客。

（三）电子邮件

电子邮件是互联网提供的最常见的服务，企业通过向目标顾客发布电子邮件的形式，向目标客户介绍产品的信息，包括产品的征订、会员制的建立、产品宣传的广告等，还可以收集市场信息，做市场在线调查。电子邮件作为营销的一种形式，营销成本低廉，排除了其他新闻文字干扰，并具有针对性强、投递准确、受众广、信息攻势猛烈、免费阅读等优势。

（四）博客

博客是基于互联网的信息发布和传递的工具，可以直接带来潜在用户，降低网站推广费用，为用户通过搜索引擎获取信息提供了机会，增加企业网站的链接数量，实现以更低的成本对读者行为进行研究。与企业网站相比，博客文章的内容题材和发布方式更为灵活；与门户网站发布广告和新闻相比，博客传播具有更大的自主性，并且无须直接费用；与供求信息平台的信息发布方式相比，博客的信息量更大，表现形式灵活，而且完全可以用"中立"的观点来对自己的企业和产品进行推广；与论坛营销的信息发布方式相比，博客文章显得更正式，可信度更高。

案例 12-1

通过博客营销，捐款 1 个亿的王老吉品牌迅速红遍全国，而王石名为"捐款不能成为负担"的博文却使万科集团的市值蒸发了 204 亿元。我们看到了博客营销的巨大威力，它既可以使一个普通品牌瞬间走红，也可以让一个知名品牌一落千丈。博客营销无疑是一把锋利的"双刃剑"，企业应该好好研究如何利用博客进行营销。

（五）其他网络营销工具

随着互联网技术的发展，网络营销工具也日新月异，随着新媒体注册的用户不断增长，越来越多的新媒体网络营销工具进入我们的视野。包括微博、QQ、微信等既是企业文化交流的工具，也是企业开展在线顾客服务，进行企业内部与外部信息沟通的重要途径。

当网络营销从流量时代过渡到了用户时代，用户在哪里，网络营销就运营到哪里，包括今日头条、小红书等年轻消费者喜爱的移动端平台，成为网络营销的重要工具。

与此同时，5G 的到来也意味着传输速度的提升以及更高信息密度的社交，交际交流的方式会得到更大范围的应用和普及。最直观的表现形式是社交的载体会从图文逐步跃迁到视频，因为视频的信息密度更大，所以抖音、快手等视频平台日益成为网络营销新战场。

案例 12-2

中国南方航空公司（以下简称"南航"）总信息师胡臣杰曾表明："对今日的南航而言，微信的重要程度，等同于 15 年前南航做网站！"也正是因为对微信的重视，如今微信已与网站、短信、手机 App、呼叫终端同时变成南航五大服务途径。

关于微信，胡臣杰表明："在南航看来，微信承载着交流的任务，而非推广。" 早在 2013 年 1 月 30 日，南航在微信发布第一个版本时，就在国内首创推出微信值机效劳。随着功用的不断开发完善，机票预订、处理登机牌、航班动态查询、路程查询与兑换、出行攻略、城市气候查询、机票验真等这些通过其他途径可以享受到的效劳，用户都可通过与南航微信互动来完成。

四、网络营销内容

（一）网上市场调查

网上市场调查是指企业针对特定的营销环境利用 Internet 的交互式信息沟通渠道来

实施的市场调查活动。所采取的方法包括直接在网上通过发布问卷进行调查得到一手资料，也包括企业在网上收集市场调查中得到的各种二手资料。网上市场调查的重点是利用网上调查工具，提高调查的效率和效果，同时利用有效的工具和手段收集与整理资料，在 Internet 浩瀚的信息库中获取想要的信息和分析出有用的信息。

（二）网上消费者行为分析

网上消费者是网络社会的一个特殊群体，与传统市场上的消费群体的特性是截然不同的，因此要开展有效的网络营销活动必须深入了解网上用户群体的需求特征、偏好、购买动机和购买行为模式。互联网作为信息沟通的工具，正成为许多有相同兴趣和爱好的消费群体聚集交流的地方，在网上形成了一个个特征鲜明的虚拟社区，网上消费者行为分析的关键就是了解这些虚拟社区的消费群体的特征和喜好。

（三）网络营销策略的制定

网络营销策略在基本模式上同传统的营销策略没有本质区别，但在用户关注度、传播途径上不同。企业在采取网络营销实现企业营销目的时，必须制定与企业相适应的营销策略，因为不同的企业在市场中所处的地位不同。企业实施网络营销需要进行投入，并且也会有一定的风险，因此企业在制定本企业的网络营销策略时，应该考虑目标市场的规模及特点、消费者的特征、产品生命周期等因素对网络营销策略制定的影响。

（四）网络营销管理和控制

网络营销管理和控制就是要使网络营销进行得有条不紊。网络营销依托互联网开展营销活动，必将面临传统营销活动无法碰到的许多新问题，如网络产品质量的保证问题、消费者隐私保护问题，以及信息的安全问题等，这些都是网络营销必须重视的管理和控制问题，否则企业开展网络营销的效果就会适得其反。

（五）网络营销顾客服务

网络营销顾客服务是指企业通过网络营销渠道，为满足顾客的需求，提供的包括售前、售中、售后等一系列服务。网络营销顾客服务最重要的就是顾客关系的管理，可以通过建立顾客数据库，积极管理顾客关系，提供网上自动服务系统，提高顾客满意度，也可以利用在线聊天室、电子邮件列表等方式，提高顾客的满意度，发展忠诚顾客，增进顾客关系。

第二节　网络营销策略

网络营销策略是企业根据自身所在市场中所处地位不同而采取的一系列网络营销组合。对于开展网络营销的企业来说，正确的营销策略是保证网络营销成功的关键，在网络营销环境下，传统的市场营销策略被赋予了新的内容，成为新形式的网络营销策略。网络营销策略主要包括产品策略、价格策略、促销策略和渠道策略。

一、产品策略

网络营销中的产品包括实体产品和无形产品。产品涉及范围广泛，如服饰、家电、食品等，特别是网络作为信息有效的沟通渠道，可以成为一些无形产品（如软件和远程教育服务等）的载体；产品既有标准化产品，也有个性化产品，能更好地满足网上消费者需求；有购买时就能确定和评价的可鉴别产品，也有使用后才能确定和评价其质量的经验性产品。因此企业在网络营销产品选择策略上或者网络销售上要充分考虑每种产品的特性、实物产品的营销区域范围及物流配送体系等，根据具体情况制定企业网络销售的产品策略，如企业在产品销售服务上可根据需要提供售前服务、售中服务以及售后服务，在销售过程中采用适用的服务策略，如提供网上自助服务系统、建立网络消费者论坛、建立信息自动传递系统等，信息服务性产品可以建立"虚拟展厅"，网上软件提供一段时间的免费试用期，酒店、电影票预订等预约服务型产品也要充分考虑该如何保障客户应该享有的服务，使消费者能够得到收益，提高消费者忠诚度。

二、价格策略

相对于其他营销模式的价格策略，网络营销的价格策略也是在考虑产品定价因素的基础上制定的。电子商务的成本优势和网络的公开化，使得网络营销具有价格优势并容易受到市场竞争的影响，所以企业应该慎重考虑该如何制定价格策略，在确保自身利益的前提下凸显出网络营销的活力和持久力。网络营销中，企业一般采用的定价策略有以下五种。

（一）免费价格策略

免费价格策略是网络营销中常用的价格策略，它主要用于促销和推广产品，这种策略一般是短期和临时性的，目的是吸引更多的消费者参与，增加产品或企业的知名度。免费价格策略有以下几类形式：一是产品和服务完全免费，即产品（服务）从购买、使用和售后服务所有环节都实行免费服务；二是对产品和服务实行限制免费，即产品（服务）可以被有限次使用，超过一定期限或者次数后，取消这种免费服务；三是对产品和服务实行部分免费；四是对产品和服务实行捆绑式免费，即购买某产品或服务时赠送其他产品或服务。

免费价格策略能在互联网上流行，是有其深刻的背景的。一方面，由于互联网的发展得力于免费策略实施；另一方面，互联网作为20世纪末最伟大的发明，它的发展速度和增长潜力都是巨大的，而免费策略是最有效的市场占领手段。目前，企业在网络营销中采用免费策略，一个目的是让用户免费使用形成习惯后，再开始收费。另一个目的是发掘后续商业价值，主要目的是先占领市场，然后再在市场上获取收益。一般说来，免费产品具有易于数字化无形化、零制造成本、成长性、冲击性、间接收益等特点。免费价格策略一般与企业的商业计划和战略发展规划紧密关联，企业要降低免费价格策略带来的风险，提高免费价格策略的成功性。

案例 12-3

360通过提供免费的杀毒软件，最终占据中国杀毒软件70%的市场。360有很多用户，如果开发了什么新产品，它只需要在自己的用户中做一个介绍，可能在一夜之间就会有很多用户去使用。表面上它提供了免费杀毒服务，实际上却节省了庞大的市场推广成本。360依靠免费杀毒软件获得了海量用户，然后向庞大的用户群推荐使用360浏览器，在360浏览器中建立了导航、搜索、网页游戏等业务，它一年几十亿元的收入不是靠杀毒软件赚回来的，而是靠浏览器业务平台做出来的。

最初杀毒软件基本上都是按照每套几百元收费，而向用户收费则无形中设置了价格门槛，所以杀毒软件用户数量一直发展不起来。结果360进入杀毒软件市场后全部免费，这一举措迅速吸引上亿用户。用户基数是所有互联网模式的基础，通过免费可以迅速积累大量的用户，有用户作为基础，在互联网找到很多方法把用户变现，这才是免费商业模式的核心精髓。

（二）低价定价策略

低价定价策略分为两种：一种是直接低价定价策略，就是定价时大多采用成本加一定利润，有的甚至是零利润，因此这种定价在公开价格时就比同类产品要低。它一般是制造业企业在网上进行直销时采用的定价方式。采用这种定价策略的目的是尽可能地抢占市场份额，吸引更多的消费者。另一种是折扣策略，它是在原价基础上进行折扣来定价的。这种定价方式可以让顾客直接了解产品的降价幅度以促进顾客的购买。这类价格策略主要用在一些网上商店，它一般按照市面上的流行价格进行折扣定价。这种低价定价策略可以充分地利用消费者都有的趋利心理，对于企业满足消费者需求、吸引更多消费者参与网上购物而言不失为一种好的策略。另外，比较常用的折扣策略还包括有奖销售和附带赠品销售。

在网络营销过程中，使用低价定价策略应该注意几个问题：首先，在网上不宜销售那些顾客对价格敏感而企业又难以降价的产品；其次，在网上公布价格时要注意区分消费对象，要针对不同的消费对象提供不同的价格信息发布渠道；最后，因为消费者可以在网上很容易地搜索到价格最低的同类产品，所以网上发布价格要注意比较同类站点公布的价格，否则，价格信息的公布会起到反作用。

（三）个性化定价策略

个性化定价策略是指在企业能实行定制生产的基础上，利用网络技术和辅助设计软件，帮助消费者选择配置或者自行设计能满足自己需求的个性化产品，同时承担自己愿意付出的价格成本。这种策略是利用网络互动性的特征，根据消费者的具体要求，以定制的方式选择自己最为满意的产品或服务并确定商品价格的一种策略。网络的互动性使个性化定价成为可能，也将使个性化定价策略有可能成为网络营销的一个重要策略。

（四）竞拍定价策略

竞拍定价策略是指将商品以竞拍的方式在互联网上销售的定价策略，拍卖价格是最能反映消费者愿意支付的产品价格，也就是消费者感知价值最大的价格，是一种消费者和企业双赢的价格策略。网上拍卖是目前发展比较快的领域，具有较大的体验价值，是一种最市场化、最合理的方式。同时，网上拍卖由消费者通过互联网轮流公开竞价，在规定时间内价高者赢得。根据供需关系，网上拍卖竞价方式有下面几种。一是竞价拍卖：最大量的是C2C（customer to customer，消费者到消费者）的交易，包括二手货、收藏品，也可以是普通商品以拍卖方式进行出售。如HP公司也将公司的一些库存积压产品放到网上拍卖。二是竞价拍买：是竞价拍卖的反向过程，消费者提出一个价格范围，求购某一商品，由商家出价，出价可以是公开的或隐蔽的，消费者将与出价最低或最接近的商家成交。三是集合定价模式：是一种由消费者集体议价的交易方式。随着互联网市场的拓展，越来越多的产品将会通过互联网拍卖定价。由于目前购买群体主要是消费者市场，个体消费者是目前拍卖市场的主体，因此，这种策略并不是目前企业首要选择的定价方法，因为它可能会破坏企业原有的营销渠道和价格策略。比较适合网上拍卖定价的是企业的一些原有积压产品，也可以是企业的一些新产品，可以通过拍卖展示起到促销作用。

（五）使用定价策略

使用定价策略是指顾客通过互联网注册后可以直接使用某公司的产品，顾客只需要根据使用次数进行付费，而不需要将产品完全购买的价格策略。这种策略减少了企业为完全出售产品而进行的不必要的大量的生产和包装浪费，同时还可以吸引那些有顾虑的顾客使用产品，扩大市场份额。顾客每次只是根据使用次数付款，避免了购买产品、安装产品、处置产品的麻烦，还可以节省不必要的开销。

三、促销策略

网络营销促销策略是指企业以利用各种信息传播手段刺激消费者进行购买，促进产品销售的方式来实现其营销目标。企业常用的促销策略有网络广告、销售促进、站点推广和关系营销。

（一）网络广告

网络广告是企业最常用的网络促销方法，企业通过运用专业的广告横幅、文本链接、多媒体的方法，在互联网刊登或发布广告，通过网络传递给互联网用户。网络广告的核心思想在于引起用户关注和点击。

（二）销售促进

销售促进就是企业利用可以直接销售的网络营销站点，采用一些销售促进方法如价格折扣、有奖销售、拍卖销售等方式，宣传和推广产品。

（三）站点推广

站点推广就是利用网络营销策略扩大站点的知名度，吸引网上流量访问网站，起到宣传和推广企业以及企业产品的效果。站点推广主要有搜索引擎注册、建立链接、发送电子邮件、发布新闻、提供免费服务、发布网络广告、使用传统的促销媒介等多种方法。

（四）关系营销

关系营销是把营销活动看成一个企业与消费者、供应商、分销商、竞争者、政府机构及其他公众发生互动作用的过程，其核心是建立和发展与这些公众的良好关系。利用互联网，可以实现低成本的沟通和交流，是关系营销的有效保障。

四、渠道策略

目前，企业网络营销渠道主要有直接分销渠道和间接分销渠道。直接分销渠道是指企业和消费者通过网络直接交易，企业通过企业网站或网络中介服务商提供的销售渠道进行直销，营销人员利用网络工具，如电子邮件、网站信息栏等发布产品信息，开展多种形式的促销活动。企业和消费者直接接触，能及时了解消费者对产品的意见和建议，能直接充分地向消费者展示销售的产品。间接分销渠道则是企业通过某网络中介机构将商品或服务销售给消费者，这类网络中介机构有市场资源，有专业的知识，有大量的供求信息，有完善的支付、物流服务等，可以使商品在从企业推向消费者方面比生产企业自己推销更简化，也更经济。企业网络营销在渠道策划上要结合企业自身资金状况、技术实力、客户资源等，在选择网络中介服务商或网络中介机构时要谨慎。

★本章案例

江小白的线上营销之道

从"我是江小白"的营销轨迹我们可以探寻到，正是"江小白"深谙网络营销和话题营销之道，才得以以较小的成本，在短短一年的时间引起业内业外的广泛关注和消费者的认同，这大大缩短了传统的食品饮料长达3年以上的新产品培育期。陶石泉通过线上（微博等）与线下的结合，探索与消费者沟通的新方式。这个方法的第一步，是找出意见领袖。通过线上或线下的关系，找到一两个意见领袖。这些意见领袖可能是当地的大V，或者是草根大号。他们一般在某一区域或某一领域（如某项运动或娱乐）有一定的号召力，并经常会有一些线下的聚会活动。因此，在这些意见领袖背后，有一个真实的社交圈。找出意见领袖后，下一步就是跟他在线下交流。在线下交流中，"我们的产品很容易被对方喜欢上，喜欢上之后他会通过微博或微信在自己的朋友圈中分享。"不过，结交意见领袖更大的好处，是可以以合适的身份参加圈子活动。"我只要抓住圈子里的一两个事件点。"如2014年5月，重庆当地一个卡丁车俱乐部举办了一场卡丁车大赛，吸引了当地一些"时尚达人"参与，陶石泉自己也参加了比赛。"要把自己混成他们一样的人。"在成为社交圈的"名人"后，陶石泉与圈内的朋友分享自己打造的江小白产品，就变得顺其自然。没有了时间和空间限制，通过网络载体进行营销能够吸引更多、范围更广的参与者，因此其影响力也远远大于平面广告等传统载体的影响力。在微博、微信已经成为80后网友网络生活标配的今天，通过微博、微信进行营销有着成本低、传播广、见效快的优势。微博营销的精髓在于话题营销，而话题营销的精髓在于引发网友共鸣和互动。时而卖萌，时而自嘲，关键时刻不忘传递一下正能量，颇能引发目标受众的共鸣，形成话题实现多次转发。"江小白"团队借助拟人化手法将品牌塑造成一个典型的80后青年的形象，借助各种网络热点事件、融合多种网络流行元素，在嬉笑怒骂中表达真实、简单的生活。

资料来源：百度文库. https://wenku.baidu.com/view/dacb6d0e52d380eb62946db8.html，有改动

思考：江小白的网络营销有哪些成功之处？

★ 本章实训

（一）内容

（1）小组为自己设计的产品进行网络促销。

（2）尝试采用不同的促销方法并进行比较。

（二）要求

（1）50分钟内完成。

（2）注重团队合作。

（3）完成实训总结。

★ 本章思考题

1. 什么是网络营销？
2. 网络营销有哪些特点？
3. 网络营销的主要内容是什么？
4. 网络营销策略有哪些？

参 考 文 献

阿姆斯特朗 G, 科特勒 P. 2017. 市场营销学（第 12 版全球版，中国版）[M]. 王永贵, 郑孝莹, 等译. 北京：中国人民大学出版社.
艾登伯格 E. 2003. 4R 营销——颠覆 4P 的营销新理论[M]. 文武, 穆蕊, 蒋洁, 译. 北京：企业管理出版社.
丁洪福，战颂，张德亮. 2014. 市场调查与预测[M]. 大连：东北财经大学出版社.
杜向荣. 2014. 服务营销管理[M]. 北京：清华大学出版社，北京交通大学出版社.
郭国庆，孟捷，姚忠福. 2012. 服务营销管理[M]. 2 版. 北京：中国人民大学出版社.
郭国庆，旺晓凡. 2009. 市场营销学通论[M]. 4 版. 北京：中国人民大学出版社.
郭振鹤. 2014. 营销管理：观念介绍与个案探讨[M]. 台北：沧海图书.
贺继红，白建磊. 2012. 市场营销学通理[M]. 北京：清华大学出版社.
科特勒 P, 阿姆斯特朗 G. 2015. 市场营销[M]. 楼尊, 译. 16 版. 北京：中国人民大学出版社.
科特勒 P. 2017. 营销管理（精要版）[M]. 6 版. 北京：清华大学出版社.
陆娟，乔娟. 2013. 市场营销学[M]. 2 版. 北京：清华大学出版社.
吕一林. 2011. 市场营销学原理[M]. 北京：高等教育出版社.
麦德奇 D, 布朗 P B. 2014. 大数据营销[M]. 北京：机械工业出版社.
倪自银，胡洪亮，王启万. 2012. 新编市场营销学——理论与实务[M]. 北京：电子工业出版社.
沈蕾. 2013. 消费者行为学：理论与实务[M]. 北京：中国人民大学出版社.
王永贵. 2007. 服务营销[M]. 北京：北京师范大学出版社.
张书乐. 2015. 实战网络营销[M]. 2 版. 北京：电子工业出版社.
张育绮. 2013. 二维码营销[M]. 北京：中信出版社.
照占波. 2013. 市场营销学学科前沿研究报告[M]. 北京：经济管理出版社.
郑玉香，范秀成. 2014. 市场营销管理：理论与实践新发展[M]. 北京：中国经济出版社.
茱立. 2012. 市场营销经典案例[M]. 北京：高等教育出版社.